Historia de los vikingos y mitología nórdica

Un apasionante viaje para descubrir los secretos de los vikingos y los mitos, dioses y diosas nórdicos

© Copyright 2024

Todos los derechos reservados. Ninguna parte de este libro puede ser reproducida de ninguna forma sin el permiso escrito del autor. Los revisores pueden citar breves pasajes en las reseñas.

Descargo de responsabilidad: Ninguna parte de esta publicación puede ser reproducida o transmitida de ninguna forma o por ningún medio, mecánico o electrónico, incluyendo fotocopias o grabaciones, o por ningún sistema de almacenamiento y recuperación de información, o transmitida por correo electrónico sin permiso escrito del editor.

Si bien se ha hecho todo lo posible por verificar la información proporcionada en esta publicación, ni el autor ni el editor asumen responsabilidad alguna por los errores, omisiones o interpretaciones contrarias al tema aquí tratado.

Este libro es solo para fines de entretenimiento. Las opiniones expresadas son únicamente las del autor y no deben tomarse como instrucciones u órdenes de expertos. El lector es responsable de sus propias acciones.

La adhesión a todas las leyes y regulaciones aplicables, incluyendo las leyes internacionales, federales, estatales y locales que rigen la concesión de licencias profesionales, las prácticas comerciales, la publicidad y todos los demás aspectos de la realización de negocios en los EE. UU., Canadá, Reino Unido o cualquier otra jurisdicción es responsabilidad exclusiva del comprador o del lector.

Ni el autor ni el editor asumen responsabilidad alguna en nombre del comprador o lector de estos materiales. Cualquier desaire percibido de cualquier individuo u organización es puramente involuntario.

Índice

PRIMERA PARTE: HISTORIA DE LOS VIKINGOS 1
   INTRODUCCIÓN 2
   PRIMERA SECCIÓN: LA ERA VIKINGA: PANORAMA GENERAL
   (793-1066 E. C.) 4
   CAPÍTULO 1: ¿QUIÉNES ERAN LOS VIKINGOS? 5
   CAPÍTULO 2: ¿QUÉ FUE LA ERA VIKINGA? 14
   CAPÍTULO 3: LAS CONQUISTAS VIKINGAS 22
   CAPÍTULO 4: LA CAÍDA DE LOS VIKINGOS 31
   SEGUNDA SECCIÓN: LA VIDA VIKINGA NORMAL 39
   CAPÍTULO 5: ESTRUCTURA DE LA SOCIEDAD 40
   CAPÍTULO 6: LA VIDA EN LAS ALDEAS 47
   CAPÍTULO 7: LA LITERATURA Y EL ALFABETO RÚNICO 55
   CAPÍTULO 8: ARTE, DISEÑO Y ARQUITECTURA 62
   TERCERA SECCIÓN: GUERRA Y ARMAMENTO 70
   CAPÍTULO 9: LAS PRINCIPALES BATALLAS VIKINGAS 71
   CAPÍTULO 10: ARMADURAS Y ARMAS 77
   CAPÍTULO 11: BARCOS VIKINGOS 84
   CAPÍTULO 12: MÁS QUE GUERREROS - COMERCIANTES
   VIKINGOS 93
   CUARTA SECCIÓN: MITO Y MITOLOGÍA 101
   CAPÍTULO 13: COSTUMBRES, RITUALES Y RELIGIÓN 102
   CAPÍTULO 14: LAS GUERRAS DE LOS DIOSES 110
   CAPÍTULO 15: LOS NUEVE REINOS EN LA MITOLOGÍA

NÓRDICA 117
CAPÍTULO 16: SÍMBOLOS Y POSESIONES DE LOS DIOSES
NÓRDICOS 125
CONCLUSIÓN 133
SEGUNDA PARTE: MITOLOGÍA NÓRDICA 134
INTRODUCCIÓN 135
CAPÍTULO 1: EL COMIENZO DEL COSMOS NÓRDICO 138
CAPÍTULO 2: YGGDRASIL Y LOS NUEVE MUNDOS 145
CAPÍTULO 3: LA CREACIÓN DE LOS HUMANOS Y LA GUERRA
DE LOS DIOSES 154
CAPÍTULO 4: ODÍN Y THOR 162
CAPÍTULO 5: TÝR Y LOKI 171
CAPÍTULO 6: HEIMDALL Y HERMOD 179
CAPÍTULO 7: BALDUR Y VIDAR 186
CAPÍTULO 8: FREYJA Y FRIGG 191
CAPÍTULO 9: HEL Y SIF 199
CAPÍTULO 10: EL VALHALLA Y LAS VALQUIRIAS 208
CAPÍTULO 11: LAS FORTIFICACIONES DE ASGARD 217
CAPÍTULO 12: EL SACRIFICIO DE ODÍN Y EL HIDROMIEL DE LA
POESÍA 224
CAPÍTULO 13: LA ATADURA DE FENRIR 232
CAPÍTULO 14: THOR EN EL PAÍS DE LOS GIGANTES 239
CAPÍTULO 15: THOR Y MJÖLNIR 249
CAPÍTULO 16: LA MUERTE DE BALDUR Y LA ATADURA DE
LOKI 258
CAPÍTULO 17: RAGNARÖK 268
CONCLUSIÓN 275
VEA MÁS LIBROS ESCRITOS POR ENTHRALLING HISTORY 277
BIBLIOGRAFÍA 278
FUENTES DE IMÁGENES 283

Primera Parte: Historia de los vikingos

Un apasionante recorrido por la era vikinga

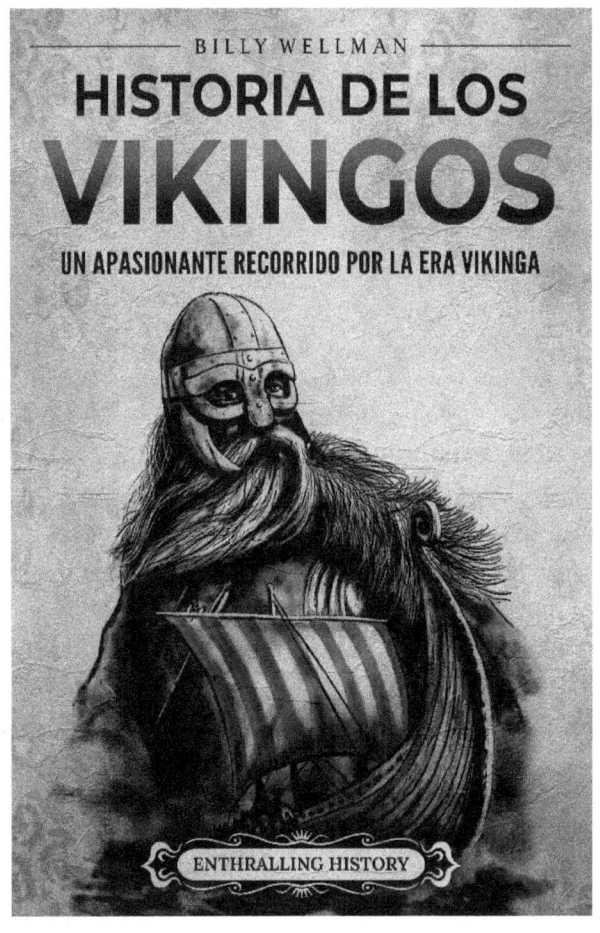

Introducción

Vikingos, guerreros, pueblos nórdicos, escandinavos. Estos son términos que se utilizan indistintamente para referirse a las personas que vivieron en la actual Escandinavia durante el apogeo de la era vikinga. No todos esos términos se aplican a los vikingos. Solo los que participaban en las incursiones eran vikingos porque iban «a vikinguear» («ir de expedición»). Sin embargo, los habitantes de Escandinavia y de otros lugares formaron parte de la experiencia vikinga colectiva.

Debido a sus asombrosos logros y atrevidas hazañas, los vikingos son uno de los grupos de personas más conocidos de nuestro pasado colectivo. Sus aventuras son fuente de inspiración. Un espíritu independiente dio a estos pueblos escandinavos la fuerza y la visión necesarias para explorar el mundo más allá de sus costas inmediatas.

Más allá de las incursiones y los saqueos, sus aventuras a vela forjaron increíbles artesanos. La construcción naval y las herramientas de navegación que desarrollaron demuestran su conocimiento del mundo natural que los rodeaba. Sus armas demostraban la misma curiosidad intelectual y la capacidad de crear artefactos bien fabricados y que respondieran a sus necesidades.

A menudo se describe a los vikingos como salvajes combatientes sin ley. Sí, ciertamente dejaron a muchos temblando a su paso. Pero una vez asentados en una zona de la que se apoderaban, los escandinavos traían respeto, lo que dio lugar a los inicios de una democracia. Tenían leyes que cumplían, castigos para los infractores y asambleas en las que los aldeanos participaban.

Los escandinavos tenían expectativas sobre cómo debía tratarse a cada persona. La ética del trabajo y una vida honorable eran algunas de las virtudes que ensalzaban. No eran perfectos, pero tampoco eran monstruos sedientos de sangre.

Dioses y diosas los guiaban en su camino. Un sistema de creencias profundamente arraigado daba sentido a sus vidas, y su creencia en una vida después de la muerte para los guerreros honorables en el Valhalla guiaba a los combatientes en la batalla. Los nueve reinos del mundo vikingo enmarcaban sus conexiones con sus deidades, antepasados y orígenes.

Comprender a quienes nos precedieron es importante para conocernos mejor a nosotros mismos. Puede que no estemos de acuerdo con todas sus creencias, pero enmarcar sus principios en su época es fundamental para conocer mejor esta cultura.

PRIMERA SECCIÓN:
La era vikinga: Panorama general (793-1066 e. c.)

Capítulo 1: ¿Quiénes eran los vikingos?

El 8 de junio de 793 e. c. se produjo el primer ataque vikingo registrado en suelo europeo. Los vikingos se materializaron aparentemente de la nada y asaltaron brutalmente el monasterio de la isla de Lindisfarne, situada frente a la costa noreste de Inglaterra. Ese día comenzó la era vikinga y el terror que la acompañó.

La magia y la hechicería no fueron la causa de que los vikingos aparecieran de repente en aquella isla. Los arqueólogos han reconstruido lo que creen que son los orígenes de los vikingos, la cultura que se hizo tristemente famosa por sus temibles incursiones. Sin embargo, sus antepasados habían prosperado durante miles de años antes de la era vikinga.

Las formaciones del terreno resultantes de la Edad de Hielo hicieron que partes de la zona conocida hoy como Escandinavia fueran habitables para los primeros humanos. Esta transformación se produjo hace más de doce mil años y se clasifica como la Edad de Piedra. Durante miles de años, algunas zonas de Escandinavia estuvieron pobladas por cazadores y recolectores. Los pueblos antiguos emigraron desde la Europa moderna, Siria y Rusia.

Durante la Edad de Bronce, los antepasados de los vikingos desarrollaron habilidades para trabajar el metal. Se convirtieron en expertos en la fabricación de herramientas mucho más resistentes y capaces de realizar más tareas. Con el desarrollo de nuevas herramientas, se construyeron edificios más resistentes. De este modo, los cazadores y recolectores nómadas pasaron a dedicarse más a la agricultura. Además, hacia el 1700 a. e. c. empezó a surgir una sociedad más estructurada y jerarquizada.

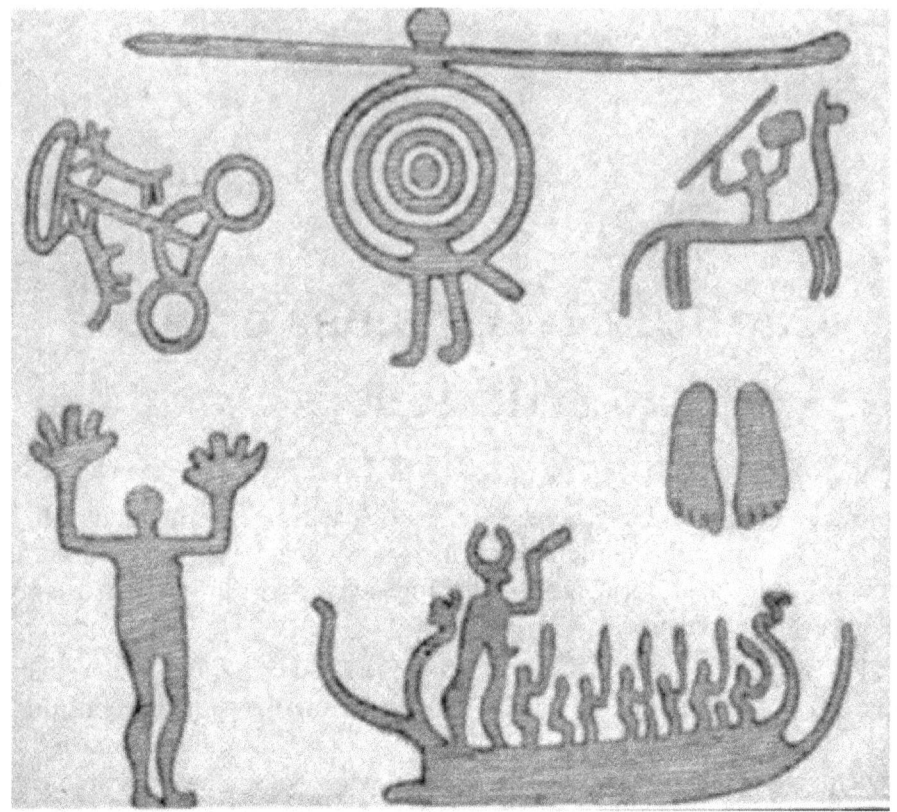

Escultura rupestre de Suecia[1]

Gran parte de la interpretación de cómo vivía la gente de la Edad de Bronce escandinava se ha proporcionado a través del análisis de los petroglifos, es decir, grabados rupestres. Al principio, muchos creían que los petroglifos habían sido grabados por los antepasados de los vikingos; sin embargo, investigaciones más actuales demuestran que los grabados datan de la Edad de Bronce. Esta nueva interpretación de las pruebas sugiere que las culturas comerciaban ampliamente entre sí durante la Edad de Bronce.

Para facilitar el comercio y las transacciones, los barcos transportaban a los compradores o vendedores y sus mercancías a otros países. Los nórdicos construyeron barcos de distintos tamaños. Por los dibujos rupestres, se cree que los barcos más grandes construidos por los antepasados vikingos tenían capacidad para una tripulación de más de cincuenta personas.

Debido al creciente comercio, otros países se familiarizaron con sus vecinos del norte. Se cree que Plinio el Viejo, un antiguo historiador romano, se refirió a las tierras de Noruega y Suecia como *Scatinavia* cuando describió los territorios que encontró. Más tarde, el explorador griego Piteas llamó a estas tierras *Scandiae*.

Los habitantes de las tierras conocidas como Escandinavia continuarían desarrollando su comercio con otros países durante la Edad de Hierro, que tuvo lugar entre 500 a. e. c. y 800 e. c. Los escandinavos prosperaron gracias al aumento del comercio con otras culturas y tierras durante esta época, incluido el Imperio romano. Algunos asentamientos de Escandinavia se transformaron en centros comerciales para satisfacer las necesidades de compradores y vendedores.

El hierro era aún más resistente que los metales utilizados durante la Edad de Bronce, y el nuevo metal transformó muchas sociedades antiguas. Durante la Edad de Hierro se asentaron más comunidades, en parte porque las herramientas de hierro facilitaban la agricultura y la construcción.

La aplicación del hierro fue más allá de su uso como utensilio para alimentar, vestir y dar cobijo a los habitantes. El hierro también se utilizaba para fabricar armas. Con la capacidad de producir fácilmente artefactos de hierro, los pueblos disponían de armas poderosas. La proliferación de armas de hierro provocó un aumento de las guerras.

Además, durante la Edad de Hierro se produjo la desaparición del Imperio romano de occidente. En 476 e. c., Roma cayó. Sin el fuerte gobierno de Roma que controlaba gran parte de Europa, surgieron conflictos regionales. Surgieron muchos reinos más pequeños que competían por el poder y la tierra. Ya no se mantenían las carreteras entre los pueblos, lo que dificultaba los viajes y el comercio. Las vías marítimas ya no estaban bajo el control del Imperio romano, lo que aumentaba el poder de los piratas y otras culturas.

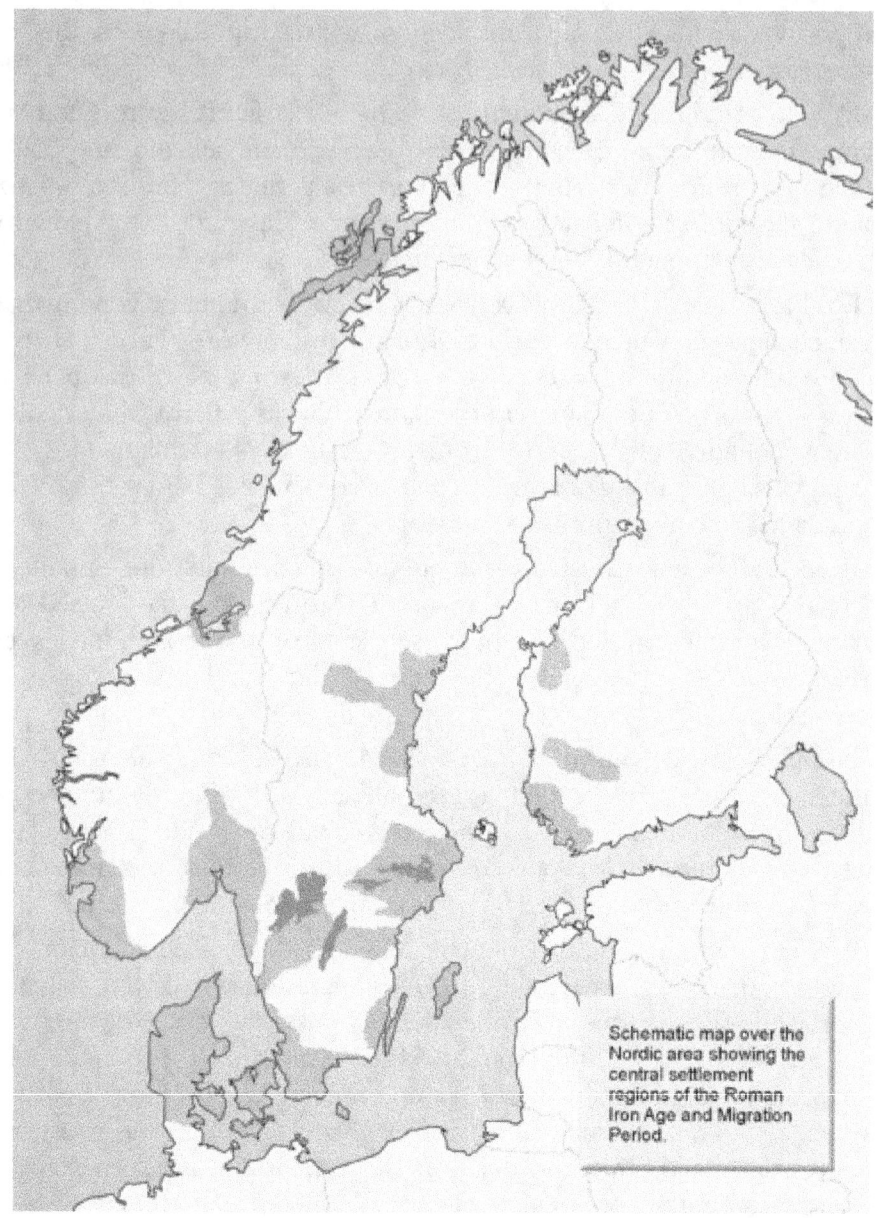

Mapa de los asentamientos escandinavos durante el periodo de las grandes migraciones[a]

El periodo de las grandes migraciones contribuyó al declive y caída final del Imperio romano de occidente. Entre los años 300 y 700 de nuestra era, miles de tribus emigraron por toda Europa. Numerosas tribus germánicas, a las que se atribuye el colapso de Roma, remodelaron el paisaje político y cultural de Europa. La transformación de un gobierno centralizado en otro descentralizado provocó la formación de diversos pequeños territorios o reinos. El resultado fue una guerra continua entre los líderes.

El comercio de Escandinavia con Europa, antaño abundante, cayó en picado. Las pruebas encontradas por los arqueólogos sugieren que su riqueza y prosperidad económica disminuyeron drásticamente durante el periodo migratorio. Las excavaciones de tumbas revelaron que muchos enterraban sus tesoros con los muertos. Esconder los objetos de valor de la familia de esta manera apoya las teorías de agitación política, que era similar a lo que ocurría en Europa. Se cree que las familias sentían que estaban protegiendo su riqueza durante esta época de inestabilidad.

La sociedad escandinava también experimentaba inestabilidad social y su estructura se veía cuestionada. De las pequeñas granjas y aldeas se pasó a una sociedad más estratificada, con menos responsables. Las familias influyentes luchaban por convertirse en la élite gobernante. Esta época de transición entre el periodo migratorio y la era vikinga se conoce como el periodo de Vendel.

La información sobre este periodo y su nombre procede de antiguos cementerios situados en Vendel (Suecia). En este yacimiento y en Valsgärde (Suecia), los arqueólogos han reconstruido elementos de la sociedad que surgió del periodo migratorio y preparó el terreno para la era vikinga. Los ideales que se valoraban y fomentaban en esta época eran el prestigio, el poder y la riqueza material.

Para obtener y conservar el poder, los caciques o *jarls* ascendentes tenían que consolidarlo. Para mantener el control de una región, los gobernantes necesitaban guerreros fuertes que los protegieran a ellos y a sus bienes. Las reuniones y encuentros se celebraban en las casas comunales que construían los caciques. En estos grandes salones, los líderes locales exhibían su estatus con fastuosos banquetes y vestimentas deslumbrantes.

Se invitaba a los campesinos y comerciantes locales a las celebraciones y rituales religiosos. Estas muestras de grandeza elevaban el estatus del *jarl*. Los líderes también aprovechaban estos acontecimientos para demostrar la fuerza de sus guerreros. Con los continuos cambios de lealtades, una región y su *jarl* necesitaban combatientes poderosos para proteger a su pueblo y sus tierras. Los caciques tenían que demostrar continuamente su capacidad para derrotar a los atacantes. Cualquier signo de debilidad era perjudicial para la supervivencia del líder.

La construcción de fuertes y anillos de protección en las colinas comenzó durante el periodo Vendel. Estas estructuras fortificadas, generalmente circulares, almacenaban alimentos y animales. Los aldeanos se quedaban en los fuertes cuando sus hogares eran atacados. Y esto ocurría cada vez más a medida que los líderes vecinos luchaban entre sí por el dominio de la región.

Los objetos militares descubiertos en tumbas de toda la zona ilustran el arte del pueblo y su creciente veneración por los guerreros. Los cascos ganados por los guerreros demostraban el estatus de su destreza militar. Estos cascos estaban adornados con gemas preciosas e inscritos con escenas de mitos del pueblo escandinavo. Los cascos del periodo Vendel reflejan la evolución de las creencias y los objetivos de la época.

Casco del periodo Vendel[8]

Además de impresionantes cascos, los artesanos escandinavos eran hábiles trabajando con muchos metales. Los artesanos crearon obras en oro, bronce y hierro, y los comerciantes desempeñaron un papel decisivo en el resurgimiento del comercio, que se había tambaleado desde la caída de Roma. La capacidad de comerciar con bienes e importar tesoros de otras tierras aumentó el estatus del *jarl* o caudillo. Las victorias en las batallas, la ostentación de riqueza, la celebración de suntuosos banquetes en la casa comunal y la protección de los habitantes de la región garantizaban que el jefe conservara su posición de poder. El *jarl* necesitaba la longevidad y el apoyo de los lugareños si quería convertirse en rey.

La glorificación de los guerreros en la cultura escandinava anterior a la era vikinga puede encontrarse en el poema épico *Beowulf*. La única versión escrita conocida del poema data del año 1000 de nuestra era.

Aunque se trata de uno de los primeros escritos anglosajones, el escenario del relato son las tierras de Escandinavia. Figuras históricas, como el rey danés Hrothgar, proporcionan a los investigadores una estimación de la época en que los bardos narraron el poema.

No hay pruebas de que Beowulf fuera una persona real. Tal vez fuera una recopilación de varios guerreros que comían, bebían y celebraban victorias en los grandes salones de los reyes escandinavos. Los narradores ambulantes contaban las increíbles hazañas de Beowulf mientras viajaban de pueblo en pueblo. El bien luchó contra el mal en la forma de Beowulf conquistando monstruos. Eliminó a Grendel, «una criatura de las tinieblas», así como a la madre de Grendel. Para salvar a los demás, Beowulf mató a un dragón, hecho que acabó con su vida.

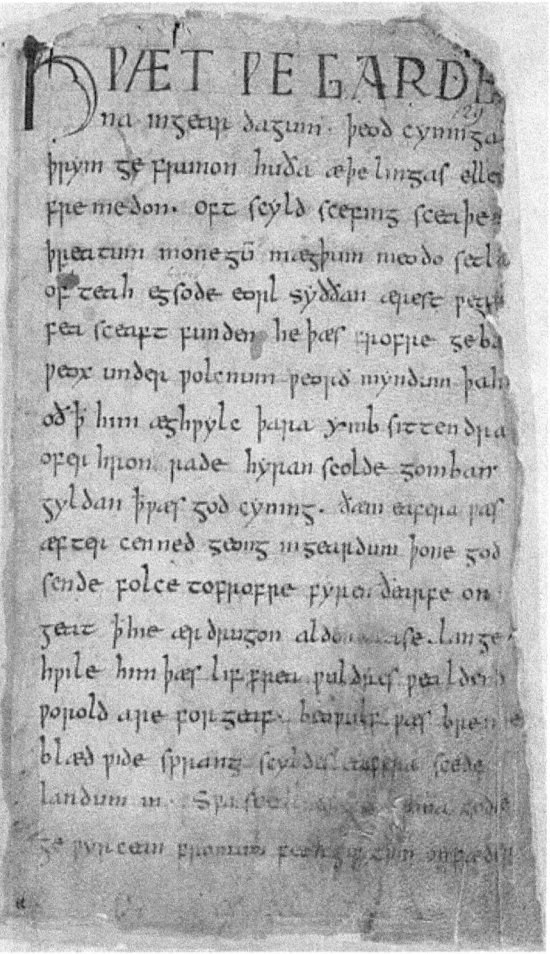

La primera página de *Beowulf*, fechada aproximadamente en el año 1000'

El saqueo y el pillaje característicos de la era vikinga quedaron reflejados en la historia de *Beowulf*. Las hazañas de Beowulf se convertirían en historias de guerreros reales que se enfrentaban al mundo.

Al principio de la era vikinga, los vikingos no se llamaban a sí mismos vikingos. Tampoco estaban unificados bajo los auspicios de un rey o líder. Cada región estaba separada en diferentes tribus o clanes. La gente era leal a su jefe local o *jarl*. La mayoría de los aldeanos vivían y trabajaban en sus granjas o como comerciantes. Los *jarls* eran los terratenientes libres de la sociedad escandinava que participaban en las incursiones vikingas. A los siervos y esclavizados se los llamaba *thralls*.

La vida de la gente seguía las estaciones y el ciclo de la agricultura. La primavera era la época de la siembra y las cosechas se recogían en otoño. Los inviernos, fríos y oscuros, eran tiempos de refugiarse en las casas comunales. Las historias de las hazañas estivales de comercio y pillaje se compartían en las hogueras invernales. Estos relatos perpetuaban la gloria de las incursiones y garantizaban que la secuencia se repitiera al verano siguiente.

Se desconoce el origen definitivo del término «vikingo», pero muchos investigadores creen que su raíz es la palabra nórdica *vík*. Otras palabras estrechamente relacionadas con *vík* son *víka* y *víkja*, todas ellas relacionadas con el mar. *Víkingr* se utilizaba para designar a un aventurero marinero en nórdico antiguo. Este término aparece en relatos, poesía y piedras rúnicas, escritas con el alfabeto rúnico. Estas inscripciones detallan las hazañas de la gente de la época. Cuando se esculpe el término *Víkingr*, se indica a un guerrero marinero, no a todo un grupo de personas.

Algunos de los afectados por las invasiones vikingas empezaron a referirse a las fuerzas atacantes como vikingos. *Wiccinga* o *Wiccingi*, que es la forma singular y plural de vikingo en latín, se ha descubierto en los escritos de los monjes que vivían en Inglaterra durante los ataques. Al principio, otros países llamaban daneses a los guerreros, aunque no todos los vikingos eran de Dinamarca. Los extranjeros, hombres del norte, *Majūs* por misteriosos e incomprendidos, paganos y otros apelativos han sido sustituidos por el término vikingo.

La mayoría de los escandinavos no eran vikingos y nunca participaron en ninguna incursión. Solo eran vikingos los que participaban en las aventuras de pillaje en el mar. Otros escandinavos viajaban como mercaderes, comerciando e intercambiando bienes de su tierra natal con los de otras tierras. Los comerciantes con los que se encontraban los escandinavos los llamaban hombres del norte o nórdicos para referirse a su región de origen.

Saga Oseberg, réplica de un barco vikingo

Durante casi trescientos años, los vikingos dominaron las vías marítimas. Cuando sus impresionantes barcos se acercaban, los gritos de «¡Vienen los vikingos!» o «¡Llegaron los vikingos!» enviaban oleadas de miedo y terror por toda la tierra.

Los vikingos desembarcaron en más de cuarenta países y territorios. Fundaron ciudades-mercado para comerciar con sus mercancías e iniciaron una red comercial mundial. Su influencia en las leyes y la inculcación de la justicia han tenido un impacto duradero. Su destreza en la construcción naval y su espíritu aventurero los llevaron a descubrir tierras desconocidas para ellos, como Groenlandia e Islandia. La tecnología escandinava les permitió llegar a Norteamérica antes que Cristóbal Colón.

Se han explorado numerosas teorías para determinar los acontecimientos que precipitaron a los vikingos a iniciar sus incursiones. La superpoblación, la falta de tierras de cultivo de calidad, el deseo de plata y el sentido de la aventura pueden haber contribuido a las incursiones. Independientemente de las razones, los vikingos tuvieron un impacto indeleble en las comunidades europeas, especialmente en Inglaterra. Tras el fin de los ataques por sorpresa a las aldeas, los vikingos introdujeron cambios en todos los niveles de la sociedad.

Capítulo 2: ¿Qué fue la era vikinga?

Los años comprendidos entre el 793 y el 1066 e. c. son las fechas típicamente asociadas a la era vikinga. En el año 793 se produjo la primera incursión vikinga documentada. Los vikingos atacaron Lindisfarne, un monasterio de la costa de Inglaterra.

Los vikingos eran famosos por sus repentinos y aterradores ataques a ciudades de toda Europa. Hicieron algo más que asaltar y saquear. Los vikingos también se asentaron en pueblos, ampliaron enormemente sus rutas comerciales y exploraron tierras hasta entonces desconocidas para ellos.

Especialmente al principio de la era vikinga, los vikingos no navegaban como un grupo cohesionado que representara a todos los actuales países escandinavos. Los escandinavos compartían una lengua común, ascendencia y habilidad en la navegación y la construcción naval. La geografía de su región determinó el desarrollo de su capacidad para construir barcos y atravesar vías fluviales.

Los habitantes de Suecia, Noruega y Dinamarca se enfrentaban a formaciones terrestres muy diferentes. Sin embargo, todos los territorios tenían cursos de agua, regiones densamente boscosas y montañas impenetrables.

Imagen de un fiordo noruego[5]

Las vías fluviales incluían fiordos, que se formaban a partir de los glaciares. Los fiordos son ensenadas increíblemente profundas y ofrecen estrechas aberturas al mar. Están bordeados por laderas escarpadas de rocas que forman acantilados. Estas difíciles características topográficas hacían necesario el transporte fluvial como medio de transporte más eficaz.

Otras características topográficas de la tierra crearon una separación natural entre tribus. Los nórdicos de Noruega se enfrentaban a estrechas franjas de tierra cultivable entre los bordes de fiordos y montañas. Del mismo modo, Suecia se enfrentaba a pequeñas secciones de tierra fértil situadas entre vías fluviales y montañas. Las temperaturas más frías se sumaban a las dificultades de la vida agrícola. Dinamarca disponía de las mejores tierras para el cultivo y estaba bien situada para el contacto más allá de Escandinavia.

Estas condiciones geográficas desarrollaron fuertes lazos regionales en Escandinavia a medida que el pueblo se adentraba en la era vikinga. Algunas de estas circunstancias pueden haber fomentado la necesidad de explorar otras regiones. Se cree que diversos factores condujeron a las incursiones iniciales emblemáticas de la era vikinga. La destreza de los escandinavos en la navegación y la construcción de barcos contribuyó a la expansión del mundo escandinavo y al éxito de las incursiones.

El aumento de la población en los años anteriores a la era vikinga, junto con la escasez de tierras cultivables, puede haber sido uno de los factores que contribuyeron a las incursiones vikingas. Es probable que los jóvenes estuvieran dispuestos a navegar en los barcos vikingos con la esperanza de encontrar nuevas tierras que cultivar. La práctica de la primogenitura se sumaba a la complejidad de la escasez de tierras cultivables. En este sistema, el hijo mayor heredaba todo el patrimonio familiar. Los demás hijos de la familia quedaban sin tierras. Esto puede haber inspirado a los varones sin tierras que heredar a unirse a las expediciones.

Los terratenientes ostentaban el poder en las sociedades escandinavas. Sin embargo, para que una familia se diferenciara de otros terratenientes, tenía que amasar más riqueza de la que le hubiera proporcionado la agricultura por sí sola. Quien aspiraba a ser jefe local o *jarl*, tenía que buscar materiales obtenidos en otras tierras y países, lo que aumentaría su estatus. Las ropas finas, los tesoros inusuales, los banquetes suntuosos y una casa larga ornamentada mejoraban la posición y la importancia de la persona. Los bienes obtenidos de las incursiones vikingas proporcionaban a los nuevos terratenientes un medio para asegurarse más poder.

Las continuas luchas por el control y las alianzas cambiantes crearon agitación política. Los caciques trataban de añadir tierras a sus regiones de control. Los reyes perseguían un dominio aún mayor y se esforzaban por consolidar a varios caciques bajo su dominio. Los *jarls* que no querían ser controlados por un rey renunciaron a su poder. Estos *jarls* se unieron a los viajes vikingos y se establecieron en otras tierras. Algunos *jarls* fueron exiliados cuando perdieron una lucha por el poder; otros se marcharon voluntariamente para empezar de nuevo.

No solo los jefes deseaban la aventura. El espíritu de independencia y valentía de los escandinavos los llevó a dejarse seducir por el mar. Visitar tierras lejanas daba nuevas ambiciones a quienes buscaban escapar de su sociedad estructurada y estratificada. Regresaban a su patria con extraordinarias historias de nuevos mundos y bienes exóticos, lo que añadía un estatus inestimable a estos legendarios pioneros. Un beneficio añadido para los exploradores era la creencia en el Valhalla, el equivalente del cielo en la religión nórdica. Morir en combate garantizaba que el difunto sería escoltado al Valhalla por Odín, el dios nórdico de la guerra y los muertos.

Aunque no está claramente documentado, se cree que las primeras incursiones vikingas zarparon de Noruega y llegaron a Inglaterra e Irlanda en el año 750. En los años siguientes, los barcos zarpaban de Dinamarca y desembarcaban a menudo en el sureste de Inglaterra, los Países Bajos y Francia. Los vikingos que viajaban desde Suecia solían dirigirse al este, hacia el Báltico y Rusia. Se cree que durante los primeros años de las incursiones, los barcos seguían con frecuencia la línea costera. Sin embargo, gracias al talento de los vikingos, a su pericia en la construcción naval y a los avances de la tecnología náutica, los mares abiertos pronto se hicieron navegables.

Se cree que las incursiones exploratorias de los vikingos comenzaron en el año 750. Hay indicios de desembarco de barcos nórdicos en Kent y Wessex en 753 y 788 o 789, respectivamente, lo que apoya la teoría de que las incursiones se produjeron antes de 793. Durante las décadas siguientes, el norte de Inglaterra sufrió saqueos e incursiones a pequeña escala. La intensidad de las incursiones fue en aumento, y la primera invasión a gran escala documentada se produjo en el año 793. Para muchos, esta fecha marca el comienzo oficial de la era vikinga.

La *Crónica anglosajona* recoge información sobre las primeras incursiones y el ataque al priorato de Lindisfarne. Aproximadamente en el año 890, el rey Alfredo el Grande encargó el registro de los acontecimientos ocurridos en Inglaterra. La *Crónica anglosajona* relata los acontecimientos a partir del año 60 a. e. c.

La piedra del vikingo invasor recibe muchos nombres, como piedra de Lindisfarne o piedra del juicio final. Se cree que esta lápida representa los acontecimientos que tuvieron lugar aquel día de junio del año 793. La lápida fue descubierta en el priorato. Los grabados de la piedra representan a un grupo de guerreros con armas vikingas. El otro lado de la lápida muestra imágenes celestiales y figuras que parecen estar rezando. Las conjeturas implican que el lado de la piedra con guerreros representa a los vikingos que atacaron; la otra cara de la lápida representa a los monjes en oración.

Los escritos de Alcuino de York añaden validez a los detalles de la incursión que dio inicio a la era vikinga. Alcuino, conocido erudito, clérigo y educador de la escuela palatina en la corte de Carlomagno, fue contactado por carta por el obispo de Lindisfarne con detalles del ataque. En la respuesta de Alcuino a la correspondencia del obispo Higbald, expresa su dolor y horror por el espantoso asalto al monasterio.

Solo se conserva la carta de Alcuino. En ella incluye detalles sobre el ataque de los paganos, en referencia a los vikingos. También expresaba su sorpresa por el hecho de que el priorato pudiera sufrir un ataque debido a su lejanía del mar. Alcuino señaló que la iglesia de San Cuthbert, que estaba en Lindisfarne, fue profanada con la sangre de los monjes y saqueada de sus cálices, cruces y otros bienes que demostraban la devoción a Dios.

Aunque el ataque al monasterio conmocionó a los monjes y a otras personas, muchos investigadores no creen que fuera un acto aleatorio ejecutado por los vikingos. El priorato fue fundado por san Aidan en el año 634 e. c. y era muy conocido entre la comunidad cristiana. Los visitantes acudían con frecuencia a rendir culto.

Además de ser lugares de culto, los monasterios cristianos ofrecían espacios para el aprendizaje y la literatura. En estos lugares sagrados se guardaban colecciones de libros y manuscritos imborrables, a menudo copiados a mano por los monjes con bella caligrafía y ornamentadas decoraciones. En los prósperos monasterios se guardaban telas tejidas y bordadas a mano, cálices de oro y copas adornadas con gemas, que se utilizaban en ceremonias religiosas.

Como centro de culto, Lindisfarne floreció en 793. Sin embargo, el reino de Northumbria, donde se encontraba la isla santa de Lindisfarne, sufría una agitación en su liderazgo. En los 58 años que precedieron al ataque y durante casi una década tras la llegada de los vikingos, diez reyes diferentes dirigieron el territorio. Las continuas batallas entre rivales provocaron la deposición de cada rey.

Ominosas tormentas iniciaron el año para los habitantes de Northumbria, seguidas de una mortífera hambruna. Ambas parecían presagiar los catastróficos acontecimientos de junio de 793.

Los nórdicos navegaban a menudo por su ruta comercial habitual, que discurría a lo largo de la costa de Inglaterra. Esto proporcionó a los vikingos una familiaridad con el terreno de la zona, la agitación en curso en Northumbria, y la experiencia con la ruta marítima hacia y desde la isla santa. Se cree que los vikingos planearon su ataque al monasterio gracias a su profundo conocimiento de la situación.

Lo más probable es que en el asalto a Lindisfarne participaran tres o cuatro barcos con un total de más de cien vikingos. En sus incursiones, los vikingos navegaban en palangreros. Además de la velocidad, estos barcos podían desembarcar en las playas, lo que permitía a los vikingos atacar más fácilmente. Las proas, la sección delantera del barco que estaba por encima del agua, a menudo se tallaban para que parecieran dragones.

La mañana del 8 de junio del año 793, los monjes estaban durmiendo en la iglesia, rezando, iluminando manuscritos o labrando los campos. De repente, las campanas de la capilla sonaron, alertando a todos los habitantes de la isla. Los monjes miraron por encima de los muros del monasterio y oyeron el ruido de los barcos chocando contra las playas de arena. Pero lo único que podían ver eran las ominosas cabezas de dragón que los miraban.

Ruinas de Lindisfarne[6]

Pero entonces vieron a los vikingos surgiendo de los barcos. Gritos de batalla rugieron de los guerreros musculosos mientras rodeaban el monasterio. Los monjes se dispersaron y se escondieron, pero fue en vano. Muchos miembros de la comunidad religiosa fueron masacrados durante el ataque. Algunos fueron hechos prisioneros. Antes de regresar a sus barcos, los vikingos saquearon la iglesia de San Cuthbert y el priorato. El saqueo se saldó con un tesoro de reliquias religiosas de oro y plata. Los invasores también se apoderaron de ornamentos de seda bordados y manuscritos adornados.

Lo inesperado y brutal del asalto alarmó e indignó al mundo cristiano. La isla santa era un lugar especialmente importante y simbólico para los primeros cristianos. San Aidan fundó el priorato de Lindisfarne en 635. Desde allí se difundieron las enseñanzas de la Iglesia. San Cuthbert fue enterrado en este lugar, lo que aumentó la importancia de su papel en la iglesia. Cuthbert era considerado el santo patrón de Northumbria y había sido obispo de la abadía. Conocido por realizar milagros como sanador, Cuthbert era venerado por los cristianos. Su tumba no fue destruida en la incursión, y su cuerpo fue trasladado posteriormente fuera de la isla.

La isla santa también guardaba otro tesoro de la Iglesia primitiva: los Evangelios de Lindisfarne. Eadfrith, obispo del priorato, dedicó al menos cinco años a la creación de este manuscrito medieval. Los Evangelios de Lindisfarne estaban llenos de impresionantes ilustraciones y una caligrafía impecable. Afortunadamente, estos evangelios sobrevivieron a la incursión de 793. Sin embargo, su cubierta repleta de piedras preciosas no lo hizo; se especula que la cubierta fue robada durante el saqueo.

Como el monasterio de Lindisfarne contenía tantos tesoros y tenía una historia tan rica, pudo sobrevivir y continuar su misión hasta 875. En esa época, los monjes abandonaron el monasterio debido a la continua amenaza de incursiones vikingas.

Para ser el primer saqueo organizado de los vikingos, tuvieron un éxito increíble. La obtención de plata y oro fue uno de sus probables factores de motivación, y seguramente obtuvieron esta riqueza durante la incursión. Esta nueva riqueza permitió a los vikingos que regresaban a casa obtener un nuevo estatus en su sociedad. Los que participaron en la incursión dispusieron de recursos para comprar sus propias tierras de labranza, lo que mejoró su rango. También servía de incentivo para que otros se unieran a las siguientes incursiones. Otro aspecto de la participación en las incursiones era la obtención de una prestigiosa reputación como guerrero vikingo.

Los asaltos vikingos a monasterios continuaron durante los siguientes veranos, tras los cuales aumentaron el número y la intensidad de las incursiones. La selección de los lugares de culto no se debía a que los vikingos fueran paganos; tendían a atacar santuarios remotos. A menudo, los habitantes, principalmente monjes y otros religiosos, no iban armados, lo que facilitaba el saqueo y la captura de personas para esclavizarlas. Los monasterios también contenían tesoros portátiles. Los artículos utilizados como parte de la liturgia y para el culto se fabricaban con metales codiciados.

Las primeras incursiones vikingas partieron de Noruega. Los primeros emplazamientos de los vikingos noruegos estaban situados a lo largo de la costa noreste de Inglaterra. Tras el ataque a Lindisfarne, al año siguiente, en 794, los monasterios gemelos de Monkwearmouth-Jarrow fueron asaltados, con el resultado de destrucción y saqueo. Al año siguiente, los vikingos saquearon San Columba en Iona. Los vikingos robaron cruces, vestimentas litúrgicas, cálices, candelabros y otras riquezas móviles de estos establecimientos religiosos.

A medida que más países escandinavos entraban en la era vikinga y se unían a la búsqueda de riqueza y poder, los ataques iban más allá de los monasterios. En el siglo siguiente, los vikingos conquistaron partes de Inglaterra y ampliaron su radio de acción al norte de Europa, Islandia y Groenlandia.

Capítulo 3: Las conquistas vikingas

En la década de 800, vikingos de toda Escandinavia participaron en incursiones. Los vikingos noruegos solían atacar Irlanda, Escocia y el noroeste de Inglaterra. Los daneses coincidieron con los noruegos en Inglaterra, pero también navegaron hacia los Países Bajos y Francia. Los vikingos suecos atacaron Rusia y las zonas situadas al este y al sur.

A principios del siglo IX continuaron las incursiones vikingas. Siguieron un patrón similar al que habían infligido a Lindisfarne y otros monasterios a finales del siglo VIII. A lo largo del siglo IX, la intensidad y el alcance de las incursiones aumentaron. A mediados del siglo IX, los vikingos empezaron a invadir y controlar países. Los vikingos se establecieron en muchos países. Construyeron fuertes que utilizaron como centros desde los que organizaban sus ataques. Además, a mediados del siglo IX, hay pruebas de que invernaban, lo que significa que los vikingos pasaban el invierno en casa.

Durante la época de las conquistas vikingas surgieron muchos líderes y guerreros famosos e infames. Las incursiones vikingas tuvieron ramificaciones duraderas. Su impacto se extendió desde las costas de Norteamérica hasta Groenlandia, París, Estambul (Constantinopla) y Kiev. Inglaterra, especialmente Northumbria, sufrió la mayor parte de los ataques.

Mapa del reino de Northumbria[7]

Ragnar Lothbrok o Lodbrok, que atacó en el siglo IX, era la encarnación del guerrero vikingo. Abundan las historias fantásticas sobre sus hazañas. Algunas de las afirmaciones son tan extraordinarias que se ha especulado sobre la veracidad de que Ragnar fuera una sola persona. Tal vez algunas de las historias sobre Ragnar se refieran a Ragnall, a un conjunto de personas o a una figura mítica. Muchos coinciden en que hay pruebas suficientes que apoyan las hazañas de Ragnar, ya que se hace referencia a él en la *Crónica anglosajona*.

Quienes vivían en Inglaterra, Irlanda y Francia a mediados del siglo IX temían al guerrero de fábula. Ragnar modificó las tácticas de los asaltantes que le precedieron. Además de saquear, se cree que Ragnar fue el primer incursor vikingo que intentó controlar la tierra y construir asentamientos.

Ragnar, hábil marino, navegaba con su flota de barcos largos o *långskip* por los ríos que se adentraban en la actual Francia. Estos barcos eran capaces de navegar por aguas menos profundas. Este diseño aumentó el alcance de las zonas que los vikingos podían atacar. Ya no necesitaban flotar en las aguas oceánicas cercanas a la costa. Aumentaron los ataques sorpresa a ciudades europeas, muchos de ellos dirigidos por Ragnar. El miedo a los vikingos se extendió por toda Europa, y la tecnología y la construcción naval vikingas aumentaron la destreza de los guerreros.

Los vikingos atacaron por primera vez el Imperio franco en 799. En los años siguientes, las incursiones fueron más frecuentes y de mayor alcance. Tras la muerte de Carlomagno en 814, se produjeron luchas internas por el control del vasto imperio. Los vikingos eran conscientes del vacío de poder y planearon sus incursiones en consecuencia. El Imperio franco sufrió al menos cinco incursiones importantes antes del asedio de París en 845. Tras una de las incursiones, el rey concedió tierras a Ragnar. Con el tiempo, el rey y Ragnar discutieron, por lo que Ragnar se vio privado de sus tierras. En su camino por el Sena hacia París, Ragnar y sus hombres se vengaron y saquearon Ruán.

Tras propulsar su flota de 120 barcos y más de 5.000 guerreros por el río Sena, comenzó el asedio de París. Fue el mayor asalto de Ragnar y los vikingos al Imperio franco. Consciente del asalto y en un intento de proteger la abadía de Saint-Denis, el rey Carlos el Calvo (Carlos II) separó su ejército en dos divisiones, estacionándolas a cada lado del río.

En respuesta, Ragnar atacó y derrotó al ejército situado a un lado del Sena. Los vikingos rindieron homenaje a su dios Odín. Para enviar un mensaje al rey y a sus tropas restantes, los vikingos capturaron a más de cien soldados. Después colgaron a los combatientes enemigos y los expusieron en una isla situada en el Sena.

Ragnar y sus guerreros se negaron a abandonar París hasta que recibieron más de siete mil libras de plata y oro del rey Carlos el Calvo. Se cree que el pago reembolsaba en parte a Ragnar por las tierras que Carlos le había arrebatado. Se trata del primer pago conocido a los vikingos por retirarse de una tierra que habían invadido. Los vikingos recibirían al menos doce pagos más de este tipo, denominados *danegeld*.

Ragnar cumplió el acuerdo y partió de París en cuanto recibió el pago. Sin embargo, mientras él y sus guerreros navegaban de vuelta por el Sena, saquearon muchas ciudades y monasterios. Las aventuras de Ragnar no terminaron en París. Continuó saqueando zonas de Inglaterra e Irlanda.

No se sabe con certeza la causa real de la muerte de Ragnar. Las leyendas cuentan que el rey de Northumbria arrojó a Ragnar a un pozo de serpientes venenosas. Las evidencias no corroboran del todo la historia, ni tampoco hay pruebas de que los hijos de Ragnar atacaran Inglaterra para vengar la muerte de su padre. Sin embargo, el legado de Ragnar creció gracias a los saqueos que sus hijos llevaron a cabo en Inglaterra.

Inwaer o Ivar el Deshuesado, Halfdan, Björn Ironside, Sigurd Serpiente en el Ojo, Hvitserk y Ubbe son los hijos de Ragnar que lideraron o estuvieron relacionados con el Gran ejército pagano. La leyenda asociada a su invasión de Inglaterra se centra en su búsqueda de venganza contra el rey Ælla. Una vez que los guerreros vikingos capturaron al rey, los hermanos supuestamente le aplicaron un ritual de águila de sangre.

Utilizando armas afiladas, los torturadores abrieron en canal la espalda de la víctima aún con vida, el rey Ælla. Luego le separaron las costillas de la columna vertebral. A continuación, los captores tiraron de las costillas del rey a través de la abertura para crear la forma de alas. Por último, sacaron los dos pulmones intactos de la víctima. Los pulmones se habrían colocado sobre las costillas para completar la creación de un águila. Los investigadores de esta horrible práctica creen que la víctima ya estaba muerta cuando se le extraían los pulmones.

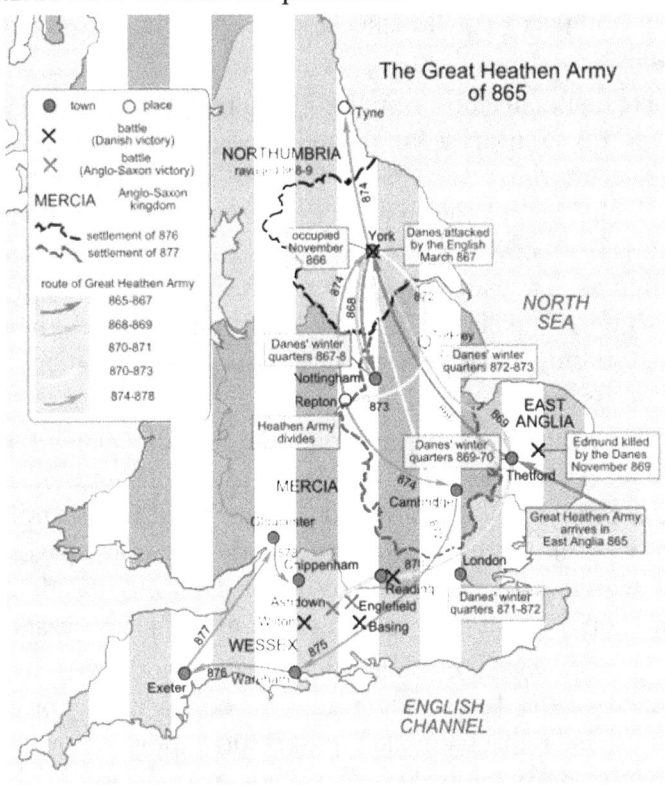

Mapa que rastrea los avances del Gran ejército pagano'

Independientemente de la motivación real de los hermanos para invadir Inglaterra, el Gran ejército pagano (también conocido como el Gran ejército vikingo) irrumpió en Inglaterra en 865. No se sabe con certeza si todos los hermanos lideraban las fuerzas, pero hay pruebas que apoyan que Ivar el Deshuesado y Björn Ironside eran miembros y líderes del formidable ejército.

Las estimaciones sobre el ejército oscilan entre más de mil combatientes y miles de vikingos de una coalición de fuerzas escandinavas. El ejército atacó Inglaterra cuando desembarcó en las costas de Anglia Oriental. A diferencia de otras invasiones, esta fuerza buscaba algo más que el botín. El Gran ejército pagano emprendió el objetivo de conquistar y controlar Inglaterra.

Se presume que el apodo de Ivar el Deshuesado es el resultado de una maldición. Aslaug, madre de Ivar y oráculo nórdico, compartió con Ragnar una visión que tuvo. Antes de casarse con Ragnar, la profecía de Aslaug le decía que ella y Ragnar no debían consumar su matrimonio hasta que él regresara de sus incursiones. Ragnar no escuchó su advertencia. Ivar nació con lo que se cree que era una enfermedad de huesos frágiles.

Sin embargo, su aflicción no suavizó las sanguinarias búsquedas de Ivar como vikingo. En su lugar, se contaban historias de cómo Ivar Ragnarsson luchaba como un *berserker*. Este subgrupo de guerreros vikingos, los *berserkers*, luchaban de forma frenética. Los *berserkers* dedicaban sus batallas al dios nórdico Odín. Creían que el espíritu del oso se unía a sus cuerpos y mentes, haciéndolos invulnerables. Algunos *berserkers* llevaban pieles de oso en la batalla; otros no llevaban nada y desnudaban su piel. Sus gritos y su intensidad hacían que los *berserkers* fueran más que temibles para sus oponentes.

Tras la conquista de Northumbria por el Gran ejército pagano, se hicieron con el control de York, que culminó con el devastador asesinato del rey Ælla. Pero Ivar codiciaba toda Inglaterra. En su camino hacia el control, Ivar y sus hombres dejaron muerte, destrucción y pavor a su paso. El reino de Mercia fue su desafío más difícil. Durante más de un año, los vikingos atacaron Mercia, pero fueron continuamente rechazados.

En 869, los vikingos lograron apoderarse del reino de Mercia. Los que habían luchado contra Ivar desde el interior de los muros protectores de Nottingham fueron brutalmente masacrados por su resistencia. El siguiente objetivo de Ivar fue el rey Edmundo y Anglia Oriental.

Edmund dirigió inútilmente sus fuerzas contra el Gran ejército pagano. Algunas leyendas cuentan que Ivar y sus invasores capturaron al rey. El violento asesinato de Edmund por parte de Ivar le valió al rey el estatus de mártir y santo. Ivar hizo atar al rey a un árbol en el pueblo de Hoxne. Edmundo fue golpeado salvajemente con palos porque se negaba a retractarse de sus creencias cristianas. Luego los vikingos dispararon a Edmundo hasta que su cuerpo se llenó de flechas. Finalmente, Ivar permitió que el rey muriera. Una vez muerto el rey Edmundo, los vikingos lo decapitaron. Como señal de falta de respeto, Ivar hizo que sus hombres arrojaran el cuerpo y la cabeza de Edmund a unos arbustos espinosos cercanos.

Los vikingos masacraron a otros supervivientes y saquearon casas y monasterios. Ivar controló Gran Bretaña e Irlanda. Ivar continuó con sus métodos destructivos hasta su muerte en 873. El liderazgo del Gran ejército pagano pasó a los hermanos de Ivar, que también eran hijos de Ragnar.

Imagen de Erik el Rojo⁹

La familia de Ragnar Lothbrok no era la única empeñada en explorar. Naddoddr era pariente lejano de Erik el Rojo por parte de padre. Naddoddr zarpó de Noruega con el objetivo de establecerse en las islas Feroe en la primera parte del siglo IX. Sin embargo, él y su tripulación se perdieron en el mar y desembarcaron en la costa oriental de la actual Islandia. Los hombres no encontraron señales de vida humana tras explorar la tierra y finalmente regresaron a Noruega. Naddoddr compartió su historia y pronto otros se embarcaron para explorar Islandia, aunque el mérito del descubrimiento de la tierra recayó en Naddoddr.

Unas generaciones más tarde, Thorvald Asvaldsson, pariente lejano de Naddoddr, navegó de Noruega a Islandia. Sin embargo, el propósito de Thorvald no era buscar las islas Feroe y navegar sin rumbo. Thorvald fue desterrado de Noruega hacia 960 por el rey Haakon el Bueno debido a transgresiones que incluían múltiples asesinatos. Declarado culpable de homicidio involuntario, Thorvald se llevó a su familia, incluido su hijo Erik el Rojo, para cumplir su condena en Islandia.

La familia vivió en las tierras salvajes del oeste de Islandia. Con el tiempo, Erik Thorvaldsson (más conocido como Erik el Rojo) se hizo famoso como vikingo aficionado a la exploración. También era conocido por su carácter explosivo, como su padre. Con su pelo y barba rojo fuego y un temperamento a la altura, Erik el Rojo era temido por muchos.

El matrimonio de Erik con la acomodada Thjodhild Jörundsdóttir reforzó su papel como líder de la comunidad. La riqueza de su esposa incluía una serie de siervos o personas esclavizadas que aumentaban su estatus, y que Erik recibió como parte del matrimonio. El vecino de Erik, Valthjof, perdió su casa en un deslizamiento de tierras. La devastación fue atribuida a los recién adquiridos esclavos de Erik.

En represalia, todos los esclavos de Erik fueron masacrados por Eyiolf el Sucio, un pariente o amigo de Valthjof. Erik se tomó la justicia por su mano, negándose a esperar a que se reuniera el consejo gobernante o el *Althing*. Respondió asesinando a Eyiolf el Sucio y a Holmgang-Hrafn, este último implicado en el asesinato de sus siervos. Los parientes del clan Valthjof se indignaron. Erik el Rojo y su familia fueron expulsados de la comunidad. De tal palo, tal astilla.

Erik y su familia se trasladaron a la isla de Oxney, que no les resultó más pacífica. Erik tenía en su poder *setstokkrs*. Estas enormes vigas estaban inscritas con símbolos rúnicos nórdicos paganos que transmitían simbolismo religioso. El cuidado de las *setstokkrs* se encomendó a

Thorgest, vecino de Erik. Sin embargo, cuando Erik quiso que le devolvieran las vigas, Thorgest se negó. De nuevo, en lugar de pedir ayuda al consejo local, Erik reclamó las vigas por la fuerza. En el enfrentamiento murieron dos de los hijos de Thorgest.

El consejo de la aldea debatió qué castigo debía infligirse a Erik. Por sus crímenes, Erik el Rojo fue expulsado de nuevo de la comunidad. Durante tres años, Erik no pudo vivir en Oxney ni en ninguna parte de Islandia. Cansado de las reglas de las comunidades vikingas de Islandia, Erik se hizo a la mar.

Cien años antes, un noruego, Gunnbjörn Ulfsson, había encontrado una gran extensión de tierra, hecho que Erik conocía. Erik navegó más de novecientas millas y se le atribuye el liderazgo del primer grupo que colonizó lo que hoy es Groenlandia. Establecieron su comunidad en un fiordo llamado Tunulliarfik. Durante el resto de su destierro, Erik exploró y cartografió Groenlandia. Al final de su destierro, Erik regresó a Islandia, tratando de animar a otros a unirse a él en la tundra helada que bautizó con el nombre de Groenlandia, con la esperanza de atraer a más colonos.

Los hijos de Erik el Rojo continuaron con el amor de su padre por la navegación y la exploración. Su hija, Freydis, tenía un temperamento similar al de él. Leif Eriksson es conocido por ser el primer europeo en llegar a las costas de Norteamérica. Unos quince años antes de que Leif navegara con una tripulación de unos 35 hombres, Norteamérica había sido avistada por Bjarni Herjólfsson cuando navegaba sin rumbo.

Con esa información, la expedición de Leif desembarcó en Terranova, donde estableció su campamento base. Siguieron otras excursiones. Su hermano, Thorvald, y su tripulación vivieron en Vinland («Tierra del vino»,

Estatua de Leif Eriksson[10]

nombre que proviene de las uvas de la tierra) durante al menos dos años. Thorvald murió en una batalla con los indígenas de la zona, convirtiéndose en el primer europeo en morir en Norteamérica. Thorstein, el tercero de los hijos de Erik, intentó recuperar el cuerpo de Thorvald. Sin embargo, las tormentas se lo impidieron.

En busca de las riquezas que ofrecía la tierra, el último varón vikingo de Groenlandia que dirigió una expedición a Norteamérica fue Thorfinn Karlsefni. Su asentamiento duró unos tres años, hasta que el comercio con los indígenas dejó de ser pacífico.

El último viaje a Vinland lo dirigió Freydis, la hija de Erik el Rojo. Las leyendas cuentan que Freydis navegó en colaboración con los comerciantes islandeses y sus tripulaciones. Otras cuentan que navegó con su marido y los hermanos de este. Los vikingos buscaban uvas en los increíbles viñedos y madera en los frondosos bosques. Independientemente de los hombres con los que navegara, Freydis era muy parecida a su padre. Tenía el corazón frío y era despiadada.

Abundan las leyendas sobre Freydis. Una de ellas es que, después de recoger lo que quería de la tierra, hizo que su jefe de tripulación asesinara a todos los hombres con los que no necesitaba volver a navegar. Ninguno de sus hombres quiso matar a las mujeres, así que Freydis lo hizo ella misma. Amenazó a su tripulación con la muerte si alguna vez compartían la historia de lo sucedido en Vinland. Finalmente, la historia fue revelada. Sin embargo, no fue desterrada, pero Freydis y su familia nunca fueron realmente aceptados después de que la verdad saliera a la luz.

Los vikingos nunca volvieron a navegar a Vinland. Se presume que la distancia, más de 2.200 millas, era demasiado difícil de recorrer. Muchas de las mismas riquezas que ofrecía Vinland podían encontrarse en Noruega. Además, Groenlandia carecía de población suficiente para mantener las aldeas de Norteamérica, sobre todo debido a la distancia y a los enfrentamientos con los indígenas.

Capítulo 4: La caída de los vikingos

Desde el explosivo comienzo de la era vikinga con el asalto al monasterio de Lindisfarne en 793 hasta 1066 con la batalla de Stamford Bridge, la aparición de un barco largo provocó conmociones en pueblos y ciudades. Al igual que ocurrió con la proliferación de las incursiones vikingas, el cese de las mismas se produjo de forma más gradual que terminando dramáticamente en una batalla final. Los pueblos denominados vikingos existieron antes y después de los años 793 y 1066.

Mapa de la expansión vikinga[11]

La mayoría de los habitantes de la actual Escandinavia nunca navegaron en barcos largos ni participaron en incursiones. Por ello, el final de la era vikinga no equivalió a su aniquilación como pueblo. Sin embargo, los días de incursiones, exploración y pillaje se desvanecieron en el siglo XI. Muchos factores en evolución contribuyeron a la desaparición de los vikingos como banda de guerreros.

Bajo el liderazgo de Canuto el Grande, también escrito Cnut y Knut, se produjeron las primeras etapas del cambiante panorama de las incursiones vikingas. De joven, Canuto participó activamente en las incursiones vikingas bajo la dirección de su padre, Svend o Svein Forkbeard. El estilo de incursión de Svend difería de las incursiones anteriores del siglo VIII y principios del IX. No se contentaba con saquear monasterios, sino que sus incursiones tenían objetivos más amplios.

Las violentas incursiones de Svend diezmaron gran parte de Inglaterra. Su rey, Etelredo (Æthelred), pagó a Svend *Danegeld*, un tipo de extorsión. Una vez que los vikingos recibían el dinero, se esperaba que se marcharan. Las fuerzas más grandes cumplieron, pero los grupos de asalto más pequeños continuaron saqueando las secciones del norte de Inglaterra. En represalia, Etelredo ordenó la matanza de todos los daneses en Inglaterra.

Una masacre en el día de San Brice en 1002 mató a la hermana de Svend. En una respuesta brutal, las fuerzas de Svend invadieron Inglaterra al año siguiente. Los invasores llevaron a cabo ataques despiadados. Durante años, las batallas se sucedieron entre ingleses (entonces conocidos como anglosajones) y vikingos. Una vez más, el rey Etelredo recurrió a pagar a Svend para que abandonara Inglaterra.

Las incursiones remitieron, pero no concluyeron hasta 1013, cuando los señores y nobles de Inglaterra cedieron. Declararon a Svend rey de Inglaterra y obligaron a Etelredo a exiliarse. Svend se convirtió en el primer rey vikingo de Inglaterra, añadiendo otro territorio a su control (también era rey de Dinamarca y Noruega). Este nuevo reino, conocido por los historiadores como Imperio anglo-escandinavo o Imperio del mar del Norte, duró solo unos treinta años. Svend solo gobernaría unas cinco semanas.

Tras la muerte de Svend en 1014, Etelredo salió del exilio. Con el apoyo de los nobles de Inglaterra, Etelredo restableció su reino. Esto obligó al ejército vikingo liderado por Canuto a abandonar suelo inglés.

Sin embargo, Canuto reagrupó su ejército e invadió Inglaterra. En 1016, Canuto controlaba gran parte de Inglaterra. Londres estaba gobernada por Edmund, hijo de Etelredo. Una vez que Edmund murió en noviembre de 1016, Canuto asumió el control de toda Inglaterra.

Canuto obtuvo el control de Dinamarca en 1019, y Noruega cayó bajo su liderazgo en 1028. Canuto fue implacable en su búsqueda de poder y control. Durante los primeros años de su reinado, Canuto gobernó a través del miedo. Sin embargo, creció hasta convertirse en un gran líder.

Canuto fue el primer rey que gobernó toda Inglaterra desde los tiempos del Imperio romano. Dirigió exitosamente sus reinos porque mezcló diversas culturas y pueblos en sus cortes. Reconoció y recompensó a quienes lo habían apoyado en Inglaterra, Dinamarca y Noruega. La unificación de estas tierras bajo su dominio cambió el curso de la historia para los vikingos.

Mapa del reino de Canuto[19]

A Canuto y a sus reinos ya no les beneficiaba que los vikingos saquearan y asaltaran Inglaterra. Canuto estableció rutas comerciales que beneficiaron a todos en el Imperio del mar del Norte. Las infraestructuras en sus diferentes dominios mejoraron enormemente. La población de sus reinos prosperó. A su muerte, en 1035, Inglaterra, Dinamarca, Noruega y partes de Suecia eran estables.

Otras zonas de Europa también experimentaron diferentes estilos de liderazgo. Este fue otro componente que influyó drásticamente en los vikingos y en su capacidad para asaltar otros países. En parte, el auge y el poder de los vikingos condujeron a la reestructuración de los gobiernos europeos.

Algunos líderes, como Carlomagno, intentaron unir reinos más pequeños en otros más grandes bajo un liderazgo central. Carlomagno gobernó el Sacro Imperio Romano Germánico. Sin embargo, esos esfuerzos se vinieron abajo tras su muerte. El vacío de un liderazgo unificado tras la desaparición del Sacro Imperio Romano Germánico permitió a los vikingos atacar y saquear tierras con mayor facilidad.

Poco a poco, el sistema de gobierno europeo y el ejército que lo sustentaba cambiaron en parte para hacer frente a la continua amenaza de las incursiones vikingas. El feudalismo fue uno de los factores negativos que condujeron al fin de la era vikinga, pero esta estructura de gobierno surgió para hacer frente a las acometidas de los vikingos.

Durante la Alta Edad Media, Europa no estaba delineada como hoy, con países o fronteras definidos. Los límites entre reinos eran a menudo difusos. El liderazgo centralizado, si existía, no era capaz de defender o proteger a todo el reino. Sin ejércitos formales ni milicias, las ciudades, aldeas y monasterios tenían que encontrar la manera de defenderse. La incapacidad del rey para proteger eficazmente su reino dio lugar al sistema jerárquico del feudalismo.

El control local de las zonas evolucionó hacia un sistema en el que los señores o nobles locales gobernaban la tierra. En el escalón más alto estaban los reyes y reinas. La realeza controlaba todas las tierras del reino. Sin embargo, el rey y la reina no podían proteger las vastas tierras que gobernaban. A cambio de proteger la tierra y de lealtad, el rey y la reina asignaban secciones o unidades de tierra llamadas feudos a un noble o señor.

El noble o señor gobernaba su feudo. A cambio de la tierra, los nobles se convertían en vasallos del rey y la reina, lo que significaba que les debían lealtad. Parte de su lealtad a la corona era el compromiso de proteger a la familia real.

Los caballeros constituían el siguiente escalón del sistema. Los nobles o señores cedían una parte de sus tierras a los caballeros. En lugar de tierras, recibían otras compensaciones, como dinero, vivienda o el equipo necesario para cumplir sus obligaciones militares. A cambio, los caballeros estaban obligados a proteger a los nobles. Los caballeros eran entrenados en operaciones militares y eran llamados a luchar en cualquier guerra para la que los nobles o el rey y la reina los necesitaran. Proteger el castillo o proporcionar una escolta segura a los nobles y a la realeza también entraba dentro de las obligaciones de los caballeros.

En los escalones más bajos de la sociedad feudal sobrevivían los campesinos y los siervos. Como los campesinos tenían movilidad y podían poseer tierras, estaban por encima de los siervos. Los siervos estaban atados a la tierra y eran comparables a los esclavos, aunque tenían más derechos. Las funciones de los siervos eran labrar la tierra y suministrar productos. A cambio de su trabajo en el campo, los siervos estaban protegidos por la milicia del señor.

Este intrincado sistema vinculaba a cada uno de los estamentos de la sociedad entre sí. La división de vastos reinos en secciones manejables que se controlaban localmente proporcionaba protección frente a los vikingos. Se formaron y entrenaron milicias para que pudieran defender sus tierras y a su gente. En otras zonas, las ciudades se alejaron de las orillas de ríos y océanos. Los monasterios fueron reubicados o se construyeron torres en las que se podían esconder objetos de valor y montar defensas. Las ciudades y pueblos europeos dejaron de ser objetivos fáciles para los barcos largos. Para los vikingos, estos obstáculos redujeron la rentabilidad y la facilidad de las incursiones.

Las transformaciones de las tierras natales de los vikingos también afectaron a sus exploradores y a su capacidad para continuar sus incursiones y expansiones. Al igual que en el resto de Europa, las fronteras de los países escandinavos siguieron cambiando a lo largo del siglo XI. Durante este periodo, Dinamarca, Suecia y Noruega empezaron a evolucionar para convertirse en reinos separados. A medida que los reyes escandinavos unificaban sus tierras, la cultura de participar en incursiones vikingas empezó a perder apoyo.

La sociedad al principio de la era vikinga no era tan jerárquica como el sistema feudal que empezó a expandirse por Europa. Los primeros incursores solían ser jóvenes campesinos que viajaban en busca de aventuras y riqueza. A su regreso, los antiguos incursores se establecían en sus granjas y formaban una familia. Con la formación de gobiernos más centralizados en las tierras escandinavas y el desarrollo de la estratificación de la sociedad, estos jóvenes ya no tenían la libertad de unirse a las incursiones.

La fecha utilizada por muchos como la caída de los vikingos fue la batalla de Stamford Bridge. Esta batalla fue otro factor que contribuyó a la desaparición de los vikingos. Tras la muerte de Canuto, su hijo, Harold Harefoot, se convirtió en rey de Inglaterra. Su reinado fue breve y murió menos de cinco años después de asumir el trono. Otro de los hijos de Canuto, Hardeknud, fue nombrado rey; su mandato duró poco más de dos años antes de su muerte. Antes de morir, Hardeknud nombró sucesor a Eduardo el Confesor, hijo del rey Etelredo. En 1042, Eduardo el Confesor se convirtió en rey de Inglaterra.

Y entonces las cosas se complicaron. Cuando Eduardo murió en 1066, no tenía heredero directo, lo que dio lugar a una disputa sobre quién debía sucederle. Tres de los principales pretendientes consideraban que tenían derechos válidos al trono. A algunos se les hicieron promesas; las conexiones familiares hicieron a otros candidatos viables, y la política puso a otros sucesores en liza. Uno de los aspirantes era Harold Godwinson, conde de Wessex, cuñado de Eduardo. Guillermo de Normandía era primo hermano de Eduardo. Y por último, estaba Edgar, el hijo de Eduardo el Desterrado, que pertenecía a la estirpe familiar, pero era muy joven.

La batalla de Hastings resolvió finalmente la disputa entre Harold Godwinson y Guillermo de Normandía. No se sabe con certeza si Eduardo el Confesor tenía alguna preferencia sobre quién debía sucederle. Sin embargo, antes de ese enfrentamiento final, hubo una complicación con otro contendiente, Harald Haardrade, que era el rey de Noruega y descendiente del rey Canuto. Uniéndose y animando a Harald Haardrade en su persecución de la corona de Inglaterra estaba Tostig Godwinson, hermano de Harold, que había sido exiliado por su hermano y buscaba recuperar el poder. En 1066, el rey Harald Haardrade y Tostig lideraron una armada de trescientos barcos repletos con más de diez mil guerreros. En su camino hacia la batalla con el rey Harold, los vikingos lucharon victoriosamente contra Edwin y Morcar, condes de Mercia y Northumbria, respectivamente.

Excesivamente confiados debido a sus recientes éxitos, los vikingos no estaban totalmente preparados para la batalla. En la batalla de Stamford Bridge, Tostig y Harald murieron. Los vikingos fueron diezmados. Hubo tan pocos supervivientes que los vikingos solo necesitaron veinticuatro de los trescientos barcos que utilizaron para navegar hacia Inglaterra.

El rey Harold de Inglaterra y sus tropas mermaron enormemente la capacidad de los vikingos para seguir infligiendo su reino de terror. Sin embargo, la victoria de Harold fue efímera en parte debido a los éxitos iniciales de los vikingos en la batalla de Stamford Bridge.

Otro líder de ascendencia vikinga también se proclamó rey legítimo de Inglaterra. Guillermo el Conquistador, pariente lejano de Rollo, que se convirtió en el primer gobernante de Normandía, afirmaba que su primo, el rey Eduardo el Confesor, le había prometido el trono. Guillermo y sus fuerzas de Normandía invadieron Inglaterra en respuesta a que Harold no reconociera sus pretensiones. En la batalla de Hastings, las tropas normandas mataron al rey Harold Godwinson y derrotaron a las tropas inglesas en octubre de 1066. Guillermo fue coronado rey de Inglaterra el día de Navidad de 1066.

Después de obtener el reinado, Guillermo se enfrentó a numerosas batallas y desafíos a su liderazgo antes de conquistar toda Inglaterra. Guillermo buscaba el control total de Inglaterra para proteger su nuevo reino de las invasiones, y derrotó a sus oponentes. Una de sus últimas conquistas fue contra el rey Svend II de Dinamarca.

Esta última incursión vikinga comenzó en 1069. Las fuerzas inglesas opuestas a Guillermo solicitaron la ayuda del rey Svend. El rey danés envió a sus vikingos a cargo de sus hijos y de su hermano, Asbjørn, para unirse al príncipe Edgar Atheling, bisnieto de Etelredo II, y atacar la costa de Inglaterra y la ciudad de York. Tuvieron un éxito temporal en su toma de York; sin embargo, una vez que Guillermo y sus fuerzas llegaron al lugar, los rebeldes y los vikingos fueron expulsados. Aun así, los vikingos huyeron con los tesoros que saquearon.

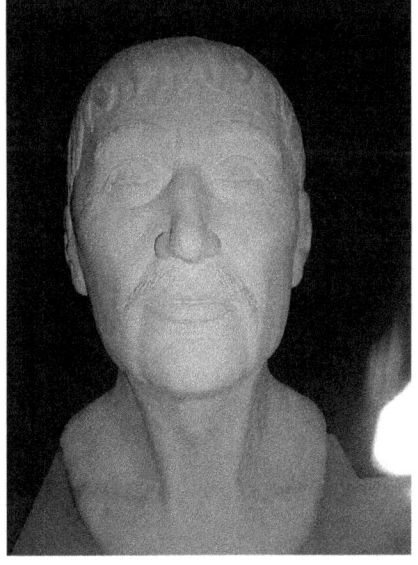

Estatua del rey Svend II[18]

En un intento por evitar que los vikingos regresaran, Guillermo se vio obligado a pagarles y recurrió al *danegeld*. Pasaron el invierno hasta que llegaron refuerzos, liderados por el rey Svend II. Los vikingos unieron fuerzas con otro líder anglosajón rebelde, Hereward. Siguiendo las normas vikingas, asaltaron la abadía de Peterborough. Sabiendo que no derrotarían a Guillermo, los vikingos tomaron sus tesoros y zarparon.

Ya no aparecerían repentinamente naves vikingas a las orillas de los monasterios en busca de oro y tesoros como antes. Los vikingos se reincorporaron a sus tierras natales como agricultores y artesanos. Los asaltos dejaron de ser rentables debido a la dinámica cambiante de las estructuras y normas sociales en los países escandinavos y europeos.

SEGUNDA SECCIÓN:
La vida vikinga normal

Capítulo 5: Estructura de la sociedad

La mayoría de los habitantes de la era vikinga no participaban en incursiones. Durante esta época, la mayoría de la gente vivía en ciudades y pueblos de Escandinavia. Los guerreros que sí participaban en los saqueos regresaban a casa con sus familias. Su mundo estructurado ha sido reconstruido a partir de pruebas descubiertas por arqueólogos y otras sociedades que escribieron sobre los vikingos.

En muchas representaciones de este mundo, había cuatro niveles separados. En la cúspide de la pirámide estaban los miembros de la realeza, reyes y reinas. Esta clase surgió como un grupo más poderoso a medida que avanzaba la era vikinga.

Los nobles y *jarls* formaban la siguiente clase de la sociedad. Dentro de este grupo se encontraban los caciques y líderes militares que poseían grandes propiedades. Los *jarls* solían reclutar su propia milicia para proteger sus tierras. Para fomentar la lealtad, los *jarls* organizaban fastuosos banquetes y festivales en honor a los dioses y para celebrar las victorias militares y las cosechas.

La mayoría de la población de la era vikinga pertenecía a los *karls* o hombres libres. Comerciantes, artesanos, trabajadores calificados y agricultores formaban este grupo. Este grupo, con sus hábiles constructores de barcos, era esencial para el éxito de las incursiones vikingas. La cuarta clase de la sociedad vikinga eran los esclavos, que realizaban los trabajos más duros en las granjas. Sin ellos, las granjas no habrían sobrevivido.

Se nacía en esta clase, pero existía cierta movilidad para ascender o descender en función de la contribución o no a la sociedad. Por ejemplo, si un *jarl* perdía sus tierras o riquezas, se convertía en *karl*. Para proteger su estatus en la sociedad, muchas personas estaban dispuestas a luchar para conservar su nivel de clase. También se infligía violencia a las personas que no demostraban el debido respeto por alguien de un nivel social superior.

La estructura de la sociedad vikinga puede encontrarse en un antiguo mito. En el poema *Rígsthula*, los escandinavos hablaban de las clases. Como ocurre con muchas historias de hace tanto tiempo, existen diferentes versiones. En algunas representaciones, Ríg y sus descendientes formaron una sociedad de cuatro niveles; en otras iteraciones, Ríg creó un mundo con tres clasificaciones.

El dios Heimdal se disfrazó de Ríg y viajó a este mundo, también llamado Midgard o Tierra Media. Durante su estancia en la Tierra, Ríg se alojó en casa de tres familias diferentes durante tres noches. Durante su visita, Ríg durmió entre los cabezas de familia de cada familia. De estas relaciones nacieron varios hijos. Estos niños fueron los antepasados de cada clase social.

Ríg en la casa del bisabuelo¹⁴

La primera parada de Ríg en la Tierra Media fue una pareja empobrecida, Ái (bisabuelo) y Edda (bisabuela). Aunque eran pobres, la pareja compartió con Ríg su escasa vivienda y comida. Nueve meses después de la visita de Ríg, Edda dio a luz a Thrall, que se cree que significa «Esclavo». Realizaba algunas de las tareas más laboriosas en las tierras de Ái y Edda. Más tarde, Thrall conoció y tuvo hijos con Thír.

Thrall, Thír y sus hijos eran físicamente descuidados. Todos realizaban tareas que requerían trabajo manual.

Tras la primera parada de Ríg en la Tierra Media, conoció a Afi (abuelo) y Amma (abuela). Esta pareja vivía en una granja modesta pero limpia. Al igual que en su primera visita, Ríg se quedó tres días y tres noches. Cada noche dormía entre Afi y Amma. Karl, que significa hombre libre, nació de Amma nueve meses después de que Ríg se quedara con la pareja. Karl ayudaba a Afi y Amma en la granja. Se casó con Snør (nuera), con la que tuvo hijos de los que descendieron campesinos.

En su última visita, Ríg se detuvo en una gran casa bellamente decorada. Le invitaron a cenar con Fadir (padre) y Módir (madre). Invitaron a Ríg a espléndidos banquetes. Ríg dormía cada noche entre Fadir y Módir. Nueve meses después nació Jarl (conde). Jarl aprendió a comunicarse con las runas, a fabricar y utilizar armas, y a luchar en las guerras. Debido a su destreza como guerrero, Jarl fue recompensado con la propiedad de dieciocho granjas.

Jarl se casó con Erna, con la que tuvo varios hijos. Su hijo menor, Konr (rey), fue el antepasado de la realeza vikinga. La época de Ríg en Midgard dio origen a los estamentos de la sociedad vikinga. Tuvo tres hijos, cada uno de los cuales inició el linaje de la clase de los *thralls*, *karls* y *jarls*. Su nieto, Konr, fue el primer rey de las tierras nórdicas.

Los reyes no se elegían por su linaje, ni eran una fuerza poderosa al principio de la era vikinga. A lo largo de la era de los vikingos, los países de Dinamarca, Noruega y Suecia surgieron como entidades separadas. Con la evolución de su estructura, también cambió el papel de los reyes y reinas.

Durante la era vikinga, la realeza nórdica debía ser valiente, demostrar liderazgo y ser fieros guerreros. La mayoría de los reyes vikingos eran elegidos entre los jefes locales. Se los elegía por sus logros. La riqueza también contribuía a su poder, ya que los jefes podían financiar más hombres para su ejército. La capacidad de crear y mantener lazos de lealtad era importante para que los jefes mantuvieran su papel y fueran elevados a la realeza.

La lealtad al rey o al cacique también era importante. Sin lealtad, era difícil para un líder proporcionar protección a su reino. El área sobre la que gobernaba un rey en la era vikinga no coincide con las fronteras actuales de ninguno de los países escandinavos. Los dominios sobre los que gobernaban los reyes eran compilaciones de pequeños reinos y diversos cacicazgos. Su capacidad para mantenerse en el poder requería frecuentes batallas con otros líderes locales.

A medida que la era vikinga y el alcance de los vikingos crecían, el papel de la realeza cambiaba. Los reyes se convirtieron en líderes de territorios y pueblos cada vez más extensos. Con una base de poder más centralizada, pudieron reclutar a más hombres para unirse al ejército. Al no existir un linaje de la realeza al principio de la era vikinga, dependían en gran medida del apoyo del pueblo al que gobernaban. La lealtad de los guerreros se basaba a menudo en lo mucho que el rey compartía con ellos festines, armas y alianzas mutuas. Los líderes que no eran generosos con sus riquezas eran susceptibles de ser derrocados.

Debido a su riqueza y poder, los condes o *jarls* se convirtieron en una clase influyente en la sociedad vikinga. Muchos reyes surgieron de este grupo. Los condes solían ser terratenientes, comerciantes de éxito o mercaderes. Los condes utilizaban métodos similares a los de los reyes: recompensaban a quienes trabajaban sus tierras con celebraciones en torno a la comida y la bebida. Los condes también compartían los tesoros de las incursiones vikingas para asegurarse la lealtad de los que vivían en sus dominios. Estos poderosos hombres no se limitaban a consentir a los aldeanos para mostrar su riqueza, sino que esperaban la lealtad de los hombres libres para unirse a ellos en las batallas o en las incursiones vikingas.

Al principio de la era vikinga, había más *jarls* que reyes. Controlar pequeñas propiedades era más fácil que controlar grandes reinos. Además, cuando los vikingos se asentaban en las nuevas tierras que conquistaban, eran gobernados por condes. Los poderosos *jarls* buscaban tierras que pudieran gobernar durante sus incursiones. Una vez al mando de las tierras que capturaban, los nuevos líderes podían imponer las reglas que consideraban importantes.

Ni los reyes ni los condes podían mantenerse en el poder sin el apoyo de los *karls* o los hombres libres. Este tercer nivel de la sociedad vikinga libraba batallas con los condes cuando intentaban conquistar tierras vecinas. Seguían a sus *jarls* en los barcos para participar en incursiones y colonizaban las tierras capturadas en otros países.

La mayoría de los miembros de esta clase eran granjeros. Por ello, las primeras incursiones se planeaban en torno a las temporadas de siembra y cosecha. En estas expediciones de saqueo, los *karls* debían proporcionar su propio armamento. Los *karls* necesitaban escudos, lanzas y hachas. A diferencia de los *jarls*, los *karls* no estaban entrenados para el combate. Los *jarls* también entraban en combate mejor equipados. Solo los guerreros ricos tenían lanzas y ropas protectoras que llevar a la batalla.

Réplica de una granja de la era vikinga[15]

Aunque los *karls* eran hombres libres, dependían en gran medida de sus líderes locales. Los condes o los reyes protegían a los *karls*. Además, los dos niveles superiores de la sociedad también controlaban la riqueza. Los ingresos de los *karls* procedían de las incursiones, pero la cantidad la determinaban los líderes. Además, si los reyes o los condes necesitaban aumentar sus ingresos, podían controlar la cantidad de bienes que vendían los mercaderes. También podían exigir tributos o dinero de protección para permitir la entrada de mercaderes y comerciantes en sus tierras.

Como hombres libres, los *karls* podían poseer sus propias tierras. Si no podían comprar sus tierras, podían alquilarlas a los reyes o condes. Podían elegir vivir donde quisieran. Los *karls* también podían elegir si querían fundar su propia familia o negocio.

A cambio de su libertad, los *karls* debían prestar juramento para comprometerse con el *jarl* o el rey local. Este juramento debía hacerse al llegar a la edad adulta. Esta lealtad también significaba que los *karls* tenían que luchar en nombre del *jarl*. Cada vez que el *jarl* necesitaba ayuda en su granja para plantar o cosechar, podía convocar a los *karls* para que lo ayudaran. A cambio, los *karls* se encargaban de su seguridad. Los *karls* pagaban impuestos en plata o daban una parte de su cosecha para pagar la ayuda de los *jarls*.

El último escalón de la sociedad vikinga estaba formado por los llamados siervos o esclavos. La base de la palabra «thrall» es el nórdico antiguo de *þræll*, que se refiere a una persona que vivía en estado de servidumbre. Se cree que la palabra esclavo tiene su origen en el eslavo porque muchos pueblos eslavos durante la Edad Media fueron capturados y vendidos como esclavos.

En la sociedad vikinga, una persona era esclava si nacía de padres esclavos. Una persona podía ser vendida como esclavo como castigo por ciertos delitos. Si una familia se quedaba sin recursos económicos, podía venderse a otra familia para ser su esclava. Muchas personas se convertían en esclavas porque eran capturadas durante una batalla entre dos *jarls*; los prisioneros del *jarl* victorioso eran vendidos como esclavos. Por último, los prisioneros de los guerreros vikingos se convertían en esclavos cuando llegaban a Escandinavia.

Los habitantes de este estrato de la sociedad no podían poseer tierras y se veían obligados a trabajar para sus propietarios. El éxito de una granja dependía de las personas que trabajaban la tierra. Por ello, en la era vikinga no se solía maltratar a los esclavos. Los esclavos podían casarse y tener hijos. A la mayoría de los esclavos se les permitía tener sus propias posesiones. A veces, los granjeros dejaban que los esclavos trabajaran por su cuenta y ganaran dinero. En ocasiones, los esclavos podían compartir las ganancias de las incursiones. Algunos vikingos liberaban a los esclavos como recompensa por su trabajo, y otros podían ahorrar suficiente dinero para comprar su libertad.

Las mujeres no se identificaban como un estamento aparte en la sociedad vikinga, pero sí desempeñaban funciones importantes para garantizar el buen funcionamiento de la vida cotidiana. Al igual que en otras culturas de la misma época, los hombres se consideraban superiores a las mujeres. Los hombres se encargaban de luchar en las batallas, participar en las incursiones y otras expediciones, cultivar la tierra y cazar. Las mujeres controlaban el hogar. Aunque las esposas no eran iguales a sus maridos, las mujeres tenían más libertad que sus contemporáneas. Las mujeres nórdicas podían tener propiedades a su nombre. También podían compartir la riqueza de sus maridos. Aunque los matrimonios solían ser concertados, las mujeres podían solicitar el divorcio.

En algunos hogares, las mujeres tenían siervos que ayudaban en las tareas cotidianas del hogar. El mantenimiento de una casa incluía todos los aspectos de la preparación y el servicio de la comida. Las mujeres tenían que gestionar el inventario y la preparación de los alimentos que se almacenaban para el consumo entre las temporadas de cultivo. Las mujeres también se aseguraban de que la familia tuviera provisiones suficientes para el largo invierno. Ordeñar las vacas y producir mantequilla y queso formaban parte de sus tareas diarias. Las mujeres también tenían que hilar y tejer para crear telas; luego, tenían que darles forma de prendas de vestir y coser ropa para todos los habitantes de la casa.

Cuando los hombres del poblado salían de incursión, las mujeres se encargaban de todo. Simbólica y públicamente, el marido entregaba las llaves de la casa a su mujer antes de zarpar. Todos en la aldea estaban informados de quién era responsable de la granja y la casa mientras él estaba fuera. Si el marido moría, ella asumía plenamente el control de la granja o el negocio.

Todos, independientemente de su posición social, contribuían al éxito de la aldea. Incluso los niños participaban y tenían tareas diarias que realizar. Los niños no iban a la escuela. En su lugar, aprendían las habilidades que necesitaban para sobrevivir como adultos y tener sus propias familias. Los niños pasaban tiempo con sus padres aprendiendo a cultivar, luchar y pescar. Si el padre era artesano, el hijo aprendía ese oficio. Las niñas aprendían a preparar y almacenar alimentos, confeccionar ropa, coser, hilar lana, tejer y elaborar cerveza.

Capítulo 6: La vida en las aldeas

En las zonas donde los vikingos se asentaban tras las incursiones, instalaban sus cimientos sociales. Parte de su mundo era la estructura de su sistema de clases. Los vikingos también tenían una vida aldeana organizada. Enmarcando el funcionamiento de sus comunidades estaba su método de gobierno, que era tan eficaz que los escandinavos instituyeron su sistema jurídico en las zonas donde se asentaron.

Un componente clave del sistema judicial vikingo era una asamblea llamada Thing o Althing. En las distintas regiones existen diversas variantes de la grafía de «Thing». Todas las variantes proceden de la palabra nórdica antigua *þing*;

Althing de Islandia[16]

que hace referencia a un órgano de gobierno o asamblea. Los gobiernos de algunas partes de Escandinavia siguen basándose en Things. El Folketing o Asamblea del Pueblo de Dinamarca, el Storting o Gran Asamblea de Noruega y el Althing o Asamblea General de Islandia rigen cada país en la actualidad. El Althing de Islandia se creó en 930 y es el parlamento nacional más antiguo que sigue existiendo.

En todas las tierras escandinavas, incluidas las colonias vikingas, las cosas se celebraban en cada aldea o comunidad. Todos los hombres libres, incluidos los *jarls*, debían asistir y participar en la asamblea de su zona. Si no podían asistir, se enviaba a un representante en su lugar o debían pagar una multa. Las mujeres también asistían a la asamblea de su aldea, a menos que fueran viudas. Los que trabajaban o vivían solos no estaban obligados a asistir a menos que el orden del día de la reunión incluyera la elección de un rey o decidir el destino de un asesino.

Las asambleas se celebraban dos veces al año y duraban varios días. Como acontecimiento comunal, las Things eran una reunión social muy esperada. Los artesanos llevaban productos para vender. El maestro cervecero local fabricaba barriles de cerveza e hidromiel. Las reuniones se organizaban cerca de fuentes de agua. Los campos eran accesibles para que pastaran los animales, y la caza y la pesca suministraban alimentos a todos los asistentes. Los miembros de la comunidad compartían las últimas noticias sobre sus familias, lo que a menudo llevaba a concertar matrimonios. Las alianzas se reforzaban o se disolvían.

Aunque estas asambleas tenían un aire festivo, su principal objetivo era elaborar nuevas leyes y determinar la culpabilidad o inocencia de los acusados de delitos. Cualquier miembro de la comunidad podía presentar una queja ante la Thing. Los jefes locales presidían estas primeras asambleas democráticas. El legislador le ayudaba a decidir los casos o situaciones que se presentaban a la asamblea.

Aunque los vikingos no registraban sus leyes ni las ponían por escrito, tenían un conjunto de normas y reglamentos consensuados que regían su sociedad. A cada Thing asistía un legislador. Este podía recitar de memoria todas las leyes vikingas. También podía recordar las decisiones tomadas en reuniones anteriores. Los legisladores proporcionaban esta información a los encargados de decidir el destino de los acusados. Los vecinos y los asistentes a la Thing podían expresar sus preocupaciones sobre los cargos que se discutían antes de que se tomara la decisión final. Los comentarios del público ayudaban extraoficialmente en el proceso de toma de decisiones.

Si el infractor era declarado culpable, se le imponía una multa, se lo convertía en proscrito parcial o en proscrito total. Los proscritos parciales eran desterrados de la sociedad durante un máximo de tres años. El proscrito total era desterrado de por vida. Además de tener que abandonar su ciudad o pueblo, los proscritos perdían todos sus bienes, aunque sus familias no siempre eran desterradas con ellos. Nadie podía ayudar a un proscrito. Este castigo se consideraba una hazaña horrible.

Las Things no tenían poder para hacer cumplir las decisiones que se tomaban. Sin embargo, cada vikingo tenía un sentido del deber hacia su comunidad y normalmente hacía lo que se esperaba de él.

Además de impartir justicia, las Things fijaban las tasas impositivas para los miembros de la comunidad. También se aseguraban de que todos los hombres de sus jurisdicciones estuvieran debidamente equipados con armas para proteger las aldeas. Las Things también votaban a los reyes. Por último, estas asambleas creaban nuevas leyes si lo consideraban necesario. Al concluir la reunión, se demostraba el acuerdo del pueblo agitando y haciendo sonar sus armas (*vápnatak*).

Otra forma de resolver disputas era a través de un duelo o *hólmganga*. Los duelos tenían reglas muy estrictas que eran aplicadas y supervisadas por un árbitro. Los *hólmgangas* solo podían disputarse en un espacio de tres metros cuadrados de un manto. Salirse del manto se consideraba un acto de cobardía (un *nithing*). Las espadas y los escudos eran las armas elegidas por los duelistas. El hombre con más heridas al final del duelo perdía, y tenía que pagar al vencedor con plata. Si uno de los duelistas moría, el vencedor o superviviente asumía el control de todos sus bienes. La mayoría de los *hólmgangas* acababan con la muerte de uno de los combatientes.

Los duelos se consideraron ilegales durante el reinado del rey Canuto. A medida que el papel y el poder de los reyes crecían a lo largo de la era vikinga, se centralizaban más las decisiones legales. La lealtad y el honor eran dos rasgos importantes para los vikingos. La mayoría de los miembros de las sociedades escandinavas seguían unas normas de conducta. El deseo de ser respetado guiaba las decisiones cotidianas.

Las normas sociales dictaban las expectativas de comportamiento de los aldeanos durante la era vikinga. Esto incluía normas de comportamiento para banquetes y otros eventos. Se celebraban banquetes para conmemorar diversas ocasiones, como bodas, funerales, festivales, incursiones y cosechas.

Compartir la abundancia era importante para los anfitriones. El éxito del banquete gracias a la hospitalidad del anfitrión podía elevar el estatus de una persona en la sociedad. Los invitados se sentaban en función de su estatus en la ciudad. Un forastero o visitante a un banquete debía recitar el linaje de su familia para que se pudiera determinar su posición en la mesa.

La distribución de los asientos para un banquete en el gran salón del rey o en la mesa del granjero local no se hacía al azar. Los invitados importantes se ganaban un asiento al lado o enfrente del anfitrión. Tanto si el anfitrión era el rey como el cabeza de familia, se sentaban en el asiento de honor (*hásæti*). Al invitado de menor rango se le asignaba el asiento más alejado del anfitrión. Los errores en la distribución de los asientos podían dar lugar a discusiones airadas si se percibía que uno no era respetado por el anfitrión.

Independientemente de la riqueza de la persona que celebraba el banquete, las celebraciones eran fastuosas. Algunas fiestas y festivales duraban días. Durante ese tiempo, los asistentes comían y bebían copiosas cantidades de alimentos y bebidas. Se consumía hidromiel y cerveza, además de verduras y carne de las granjas.

La agricultura era esencial para la supervivencia de los vikingos. Sí, la agricultura suministraba alimentos para los festines, pero las granjas prósperas y el almacenamiento de alimentos eran necesarios para mantener a los vikingos durante los fríos y oscuros meses de invierno. La mayoría de los agricultores vikingos eran autosuficientes, es decir, criaban suficiente ganado y cultivaban lo suficiente para sobrevivir sin ayuda externa. Complementaban la carne de los animales que criaban con la caza y la pesca.

La mayoría de los habitantes de la era vikinga eran agricultores. Todos los miembros de la familia participaban en las actividades agrícolas. En la mayoría de las granjas había esclavos que ayudaban en algunas de las tareas diarias más difíciles. Los que no se dedicaban a la agricultura, como los herreros, intercambiaban sus bienes y servicios por alimentos.

La falta de tierras fértiles y llanas dificultaba el cultivo de alimentos suficientes para alimentar a una familia. Los inviernos largos, oscuros y fríos se sumaban a las complejidades a las que se enfrentaban los escandinavos. Aunque los veranos ofrecían largos días soleados, eran breves y la temporada de cultivo, corta. La participación en las incursiones vikingas supuso un ingreso adicional para algunos de los granjeros escandinavos. Otros aprovecharon las tierras capturadas en zonas con mejores condiciones para la agricultura y se reasentaron en nuevos países.

En los primeros tiempos de las incursiones vikingas, los pueblos prósperos estaban formados por entre seis y ocho granjas. Estas granjas estaban separadas entre sí y del centro de la aldea. Las granjas de las zonas menos florecientes no se centraban en torno a una aldea, sino que eran granjas aisladas. A menudo, las granjas tenían vallas que identificaban los límites del terreno de la granja. Dentro de la zona vallada había una casa comunal, que era la vivienda de la familia y los animales de la granja. Los animales estaban protegidos en el cobertizo durante los fríos inviernos y daban calor al hogar familiar. También se almacenaban allí los alimentos, el taller del granjero y los utensilios de labranza.

A medida que las granjas crecían, la casa comunal seguía siendo el edificio central de la granja familiar. Sin embargo, con el tiempo se fueron añadiendo otras dependencias. Se construyeron talleres, establos y graneros. La casa comunal pasó a convertirse en el hogar familiar. La mayoría de las granjas familiares funcionaban de forma independiente. Los granjeros cultivaban sus propios alimentos, fabricaban sus propias herramientas y construían sus propios edificios.

Casa comunal reconstruida

Los edificios se levantaban cerca de fuentes de agua. También se situaban en terrenos elevados para permitir un mejor drenaje. Situar los edificios en un lugar elevado también proporcionaba al granjero y su familia una mayor visibilidad. No todo el que se acercaba a la granja era un visitante bienvenido, por lo que los habitantes tenían tiempo de reunir sus armas para protegerse. Se encendían hogueras de señales para advertir a las granjas cercanas de situaciones peligrosas o pedir ayuda. Se esperaba que todos los habitantes de la granja se apoyaran y defendieran mutuamente. Los jefes locales y los vecinos se ayudaban mutuamente.

Los campos de pastoreo y cultivo rodeaban los edificios de la granja. El ganado más importante era el vacuno. Los símbolos rúnicos y la palabra para ganado, las runas *fehu* y *fé*, respectivamente, equiparan a estos animales con el dinero y la riqueza. Para plantar los cultivos se necesitaban bueyes para arar los campos. De las vacas lecheras se obtenía una gran variedad de alimentos, algunos de los cuales podían convertirse en comida que los vikingos almacenaban y consumían durante el invierno. El queso, la mantequilla y el *skyr* (un producto similar al yogur) servían de sustento a los vikingos durante todo el invierno. Algunos productos lácteos también se utilizaban para conservar la carne para su consumo en invierno.

Otro animal criado por muchos granjeros vikingos era la oveja. Además de ser una fuente de alimento y leche, su lana se utilizaba para fabricar tejidos y prendas de vestir. Durante los meses de verano, el ganado era arreado y conducido a pastos situados en lo alto de las montañas. Deambulaban libremente y se alimentaban en las tierras fértiles. Se construían pequeños establos y cabañas cerca de los pastos de verano.

Alguien de la granja familiar o un peón se quedaba en las tierras altas con los rebaños. Ordeñaban las vacas y las ovejas. La leche se almacenaba y se transportaba a la granja principal en sacos de piel. A menudo, los rebaños de diferentes granjas se mezclaban. Al final de la temporada de verano, los rebaños debían separarse por granjas. A continuación, se conducían de vuelta a la granja familiar para pasar el invierno. Normalmente, las vacas lecheras se alojaban en un establo durante el invierno y se alimentaban con heno. De lo contrario, corrían el riesgo de morir de hambre si se las dejaba a la intemperie.

Otros animales de granja criados en las granjas escandinavas eran cabras, caballos, cerdos, gallinas y patos. Todos ellos necesitaban heno para subsistir durante el invierno. El heno era vital para la vida vikinga. Se acordaron leyes que obligaban a cultivar y cosechar suficiente heno para alimentar a los animales. Iba contra la ley escandinava dejar que la tierra en la que crecía el heno se pudriera y no cosecharla antes de que se pudriera.

Réplica de una granja vikinga[17]

Los granjeros se encargaban de asegurar un suministro adecuado de heno para el invierno. Al final de la temporada de cosecha, hacían inventario del heno y del ganado. Si no había suficiente heno para alimentar a todos los animales durante todo el invierno, el granjero sacrificaba a los animales más débiles.

Los cereales eran los cultivos más comunes. La cebada, el centeno y la avena se molían para hacer harina. Las mujeres hacían pan, que se conservaba y almacenaba para su consumo durante el invierno. Los cereales también se utilizaban para hacer gachas, panes planos y cerveza. El lino también se cultivaba en las granjas y se utilizaba para fabricar tejidos.

Las verduras se sembraban en primavera y se cosechaban a finales de verano y principios de otoño. Durante la temporada de cosecha, los vikingos consumían verduras recién cosechadas. Algunas de las cosechas se guardaban para el invierno; esas verduras se secaban. Las mujeres y los niños también recolectaban bayas silvestres, hierbas y otras plantas. Estas verduras y frutas se consumían durante el verano y el otoño. Algunas se reservaban y se preparaban para el invierno mediante salazón o secado.

Los nórdicos comían dos veces al día: el *dagmal*, o comida del día, y el *nattmal*, o comida de la noche. Los alimentos servidos en cada comida eran similares, aunque la época del año influía mucho en la disponibilidad de alimentos. Las verduras, la carne y el pescado guisados eran los platos más comunes y se servían con hidromiel o cerveza. No se solía consumir agua porque se corría el riesgo de enfermar o morir a causa del agua sucia. Los alimentos que no se consumían en la comida se guardaban en la parte más fresca de la casa. Las sobras se recalentaban y se volvían a servir en la siguiente comida familiar.

Los vikingos trabajaban muchas horas. Por lo tanto, necesitaban comer alimentos ricos en calorías y grasas para tener energía suficiente para completar sus tareas diarias. Aunque los vikingos consumían alimentos sin la ventaja de la refrigeración, gozaban de buena salud. Los restos encontrados del pueblo escandinavo no muestran que carecieran de vitaminas o minerales.

Capítulo 7: La literatura y el alfabeto rúnico

Los vikingos eran trabajadores laboriosos y aprovechaban al máximo la tierra que cultivaban. Durante las fiestas familiares y de la aldea, los vikingos se entretenían contando historias y compartiendo poesía. El largo y oscuro invierno permitía a las familias y aldeanos realizar tareas de mantenimiento en sus casas y granjas. Los guerreros practicaban sus habilidades para la siguiente temporada de navegación e incursiones.

Adultos y niños jugaban a diversos juegos. Los escandinavos eran un grupo competitivo. El *hnefatafl*, que era similar al ajedrez, podía acabar en un enfrentamiento físico. Muchas de sus actividades consistían en desafiarse mutuamente en hazañas de salto de acantilados o escalada de rocas. Las partidas de natación podían acabar en intentos de ahogamiento mutuo.

Aunque los vikingos disfrutaban con las actividades físicas y agresivas, también valoraban la poesía y la narración. Estas dos habilidades enmarcaban la diversión de muchos festines. Los anfitriones de los banquetes servían la mejor comida que tenían. Los invitados debían vestir sus mejores galas. Se ponían mesas y tapices bordados a mano en las paredes. Incluso los suelos de tierra, que solían estar sembrados de basura, se cubrían de paja.

La carne se cocinaba en el asador o se hervía. La gente utilizaba todas las partes de los animales. Por ejemplo, se hacían salchichas con los órganos y la sangre de los animales. Las mujeres y los siervos preparaban el pescado de muchas maneras: en escabeche, ahumado o seco.

Las hijas del anfitrión y los siervos de la familia servían hidromiel y cerveza a los invitados. Muchos vikingos bebían de los cuernos, que no se podían bajar hasta vaciarlos. La embriaguez era habitual en fiestas y festivales. En este ambiente animado, el *skáld* o poeta representaba historias. A veces, el poeta componía piezas para honrar la causa de la celebración.

Los poetas eran personas importantes en la sociedad vikinga. Se valoraba su capacidad para relatar los mitos, cuentos heroicos e historias orales de su cultura, sobre todo porque los poetas enfatizaban los rasgos que eran importantes en la tradición guerrera. «Saga» es una palabra en nórdico antiguo que significa «dicho». Las historias compartidas por los poetas se hacían en la tradición oral. Cada generación transmitía sus narraciones a la siguiente. Las familias influyentes de la era vikinga contrataban a su propio *skáld* familiar. El papel del poeta familiar era aprender y memorizar la historia familiar para compartirla con las generaciones futuras. La recitación de la saga familiar solía ser embellecida por el poeta y, con el tiempo, se añadían más adornos y logros.

Más tarde, en la Edad Media, estos relatos se recopilaron y registraron. El grueso de las sagas se escribió mucho después de que ocurrieran los hechos. Los relatos de la era vikinga son una intrincada fusión de aventuras y acontecimientos históricos que incluyen la política de la época. Como ocurre con muchos relatos escritos años después, son una mezcla de realidad y ficción. Sin embargo, gracias a los descubrimientos arqueológicos, algunos de los acontecimientos, como la navegación de los vikingos hasta Norteamérica, han podido verificarse.

Los *skálds* tejieron historias tan increíbles que su formato influyó en el desarrollo de la prosa en la literatura. La mayor parte de la literatura escrita durante la Edad Media era poesía. Pero los cuentos escandinavos trataban de protagonistas cotidianos. No eran los reyes, reinas, dioses y diosas quienes llenaban las páginas de las narraciones escandinavas.

Los protagonistas de los cuentos eran constructores de barcos, granjeros, guerreros y otros personajes de la vida rutinaria. Las sagas de los nórdicos se centraban en contar las historias reales de la gente. Las sagas nórdicas se clasificaban por géneros, según el tema de la narración.

Las historias sobre figuras legendarias o heroicas se agrupan como *fornaldarsögur*. Los oyentes oían hablar de personajes del pasado antiguo. Los elementos fantásticos formaban parte de la trama e incluían dragones, peligrosas misiones y criaturas míticas. Los reyes y reinas ocupaban un lugar destacado en las historias conocidas como *konungasögur*. En estas historias, los acontecimientos reales enmarcaban la narración, junto con detalles sobre los líderes de la época. Otro género de sagas eran las sagas familiares o *Íslendingasögur*. En estas narraciones, las historias y luchas de la gente corriente y la complejidad de la experiencia humana ofrecían a los oyentes verdaderos modelos de conducta.

Portada de la *Edda* en prosa[18]

Otro grupo de relatos basados en la tradición oral escandinava son las *Eddas*. Estas colecciones hablan de los dioses y diosas del mundo vikingo. Hay dos grupos de Eddas. La *Edda Mayor*, también llamada *Edda Poética*, se basa en un documento de la Edad Media, el *Codex Regius*. La *Edda Menor*, también llamada *Edda en Prosa*, fue escrita por Snorri Sturluson. Juntas, la *Edda Poética* y la *Edda en Prosa* proporcionan ricas fuentes de mitología nórdica y antiguos sistemas de creencias de antaño. Los materiales de ambas Eddas se plasmaron en manuscritos en el siglo XIII.

Las obras incluidas en la *Edda Poética* son relatos de mitos nórdicos. Es la recopilación escrita más extensa de historias de la tradición oral de los cuentos escandinavos. Los poemas de la antología hablan de los dioses nórdicos y los orígenes del mundo, así como de leyendas y héroes del mundo vikingo. Snorri Sturluson escribió la Edda «más nueva» o *Edda Joven*. En este volumen, Sturluson compartió relatos que muestran las creencias y costumbres del pueblo escandinavo. Las historias de increíbles guerreros y sus fantásticas hazañas están al alcance de los lectores de hoy, permitiéndoles acceder al pasado heroico de los vikingos y a otros mundos.

Parte de lo que influyó en Sturluson para componer su texto fue el deseo de preservar el pasado poético del mundo vikingo. La poesía se utilizaba para rememorar sucesos increíbles y a sus protagonistas. Su libro de texto enseñó a otros a seguir creando poesía escáldica en la tradición escandinava. Su obra, a veces conocida como *Snorra Edda*, ofrece información sobre los mitos del mundo nórdico, una guía para escribir poesía, cómo elegían las palabras los poetas escáldicos y los esquemas rítmicos empleados por los antiguos poetas.

Los habitantes de la era vikinga no escribían manuscritos. Al igual que los legisladores, que se encargaban de memorizar las leyes, los poetas utilizaban el verso como medio para recordar y compartir ideas. Esto demostró ser un método eficaz de comunicación entre distancias y tiempos. Los poemas y sus mensajes iban desde palabras de alabanza y adulación hasta insultos y vilipendios.

Las palabras creadas por los poetas eran tan importantes que los reyes tenían sus propios poetas como parte de su séquito para conmemorar sus grandes hazañas. Los poetas eran figuras clave en la sociedad vikinga. Tenían el poder de preservar los acontecimientos y afectar a la historia. También amenizaban fiestas y festivales. Si un poeta escribía un verso sobre una persona, sus logros o fechorías quedaban registrados para siempre. Esto elevaba o disminuía el estatus de una persona y la posición de su familia en la comunidad.

Para que los poetas pudieran ver los acontecimientos, los reyes crearon murallas con escudos o *skjaldborgs*. Los poetas observaban las batallas desde una distancia segura. Tomaban notas y componían poemas que relataban la secuencia de los acontecimientos y destacaban las hazañas memorables de guerreros y líderes.

Además de crear nuevos versos, los poetas también eran una fuente de conocimiento del pasado. Las preguntas sobre acontecimientos pasados, líderes o familias podían plantearse a un poeta local, que debía ser capaz de responderlas con precisión. Snorri Sturluson explicaba cómo debían formarse los versos. Los patrones de aliteración, ritmo y rima interna servían de guía a los recitadores. La complejidad en la elección y construcción de las palabras permitía a los transmisores de información recordar correctamente numerosos versos.

Los reyes y líderes utilizaban poemas para inspirar a los guerreros antes de las batallas. Las fusiones creativas de palabras entretenían a la gente en las fiestas reales y de las aldeas. Los poetas honraban a la gente corriente a través de la expresión artística, mientras que despreciaban a otros por sus acciones.

Otra forma de conmemorar personas y acontecimientos era mediante palabras grabadas en monumentos de piedra. Los mensajes escritos en runas se inscribían en diversos materiales con distintos fines. A diferencia de los poemas, que permitían mensajes extensos, las runas solían ser breves y concisas. Al igual que los poetas, los escritores de runas poseían valiosas habilidades que aprendían y dominaban.

Dieciséis runas o caracteres componían el alfabeto vikingo básico. Cada letra estaba formada por una secuencia distinta de líneas. Los distintos patrones de líneas representaban cada una de las dieciséis letras. A veces, el alfabeto rúnico se denomina futhark, que son las seis primeras letras (f, u, th, a, r y k) del alfabeto completo, que contiene dieciséis letras.

Se utilizaban líneas para formar las letras, ya que podían cincelarse fácilmente en muchos materiales diferentes. Cada glifo o símbolo representaba un sonido. Cada línea vertical que formaba parte de una letra se llamaba pentagrama. Las marcas diagonales se llamaban ramitas. Las líneas horizontales no se utilizaban en las letras porque podían malinterpretarse como parte de la veta de la madera.

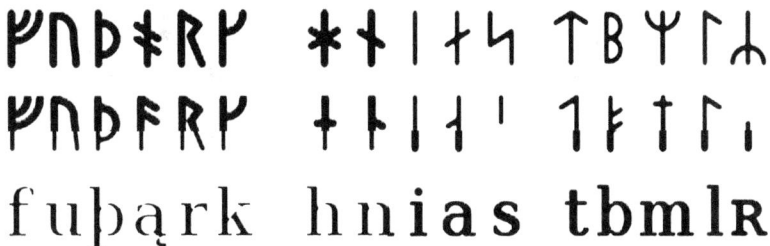

Imagen de las runas[19]

Las inscripciones rúnicas se utilizaban para comunicar muchas ideas diferentes en el mundo vikingo. Algunos mensajes simplemente identificaban al propietario de un objeto. Los mercaderes y comerciantes utilizaban palos rúnicos para registrar la compraventa de mercancías. Se registraban los gastos y se identificaba al comprador o vendedor de la mercancía mediante el uso de runas. Los mensajes informativos, las notas de amor y las quejas se compartían utilizando las runas. Debido al amplio uso de las runas, muchos historiadores creen que los vikingos sabían leer y escribir.

Además del uso de las runas para notas y mensajes cotidianos, también servían para conmemorar a los muertos. A veces, estas breves pero notables líneas se clasifican como otra categoría de poesía vikinga. Las familias de élite podían tener memoriales con inscripciones rúnicas que detallaban los logros del difunto.

Dos de las piedras rúnicas más conocidas se encuentran en Jelling (Dinamarca). La más antigua de las dos piedras, que data del siglo X, fue erigida por el rey Gorm el Viejo en honor a su esposa, la reina Thyre. Una traducción de las runas que celebran a la reina Thyre la reconoce como la salvadora de Dinamarca.

Imagen de las piedras rúnicas de Jelling[20]

Se cree que mientras el rey Gorm y otros líderes participaban en las incursiones vikingas, Thyre lideraba Dinamarca. Para luchar contra las invasiones sajonas, la reina continuó construyendo el Dannevirke defensivo. La construcción de esta muralla protectora comenzó en el siglo VI. Las mayores secciones de Dannevirke se construyeron durante la era vikinga.

Tras la muerte del rey Gorm y la reina Thyre, su hijo, Harald Blatand (más conocido como Harald Diente Azul), se convirtió en gobernante. Mandó construir una piedra rúnica en homenaje a sus padres. En la piedra también hay un homenaje al rey Harald. Este rey gobernó Dinamarca y Noruega. Harald inscribió una representación de Jesús en la piedra para reconocer su papel en la introducción del cristianismo en Dinamarca. Ambas piedras de Jelling han sido declaradas Patrimonio de la Humanidad por la UNESCO.

Parte del legado del rey Harald Blatand fue su capacidad para unir a la gente. Durante su reinado, el rey Harald unió a muchas tribus vikingas. Esta unificación dio forma al país de Dinamarca. Sus símbolos rúnicos se utilizan hoy en todos los dispositivos Bluetooth. Los fundadores de Bluetooth eligieron sus iniciales rúnicas como icono de la empresa.

Otro ejemplo impresionante de piedra rúnica se encuentra en Suecia. La piedra rúnica de Rök es una estructura enorme. Mide más de dos metros de altura y pesa más de cinco toneladas. Los grabados rúnicos de la piedra rúnica de Rök incluyen 28 líneas de texto que incorporan 760 runas. Descifrar las runas ha sido todo un reto, ya que hay diferentes estilos de escritura y versiones del futhark entretejidas en su escritura.

Varin, un cacique local, erigió el monumento en honor a su hijo, Vamoth. La causa de la muerte del hijo de Varin sigue siendo un misterio. La piedra incluye mitos nórdicos, leyendas vikingas y sagas familiares, que se solapan entre sí. En la piedra de Rök se incluyen referencias a acontecimientos históricos. En el siglo VI, el sol se oscureció durante años a causa de erupciones volcánicas. No se sabe si esto hizo creer a Varin que la muerte de su hijo era inevitable o no. Sin embargo, las inscripciones encargadas por Varin sugieren que su hijo estaba destinado a morir. Una vez muerto, Vamoth podría unirse a los ejércitos de los dioses.

Muchos vikingos creían que las runas eran mágicas. El poder que otorgaba la capacidad de escribir se sumaba al aura mística de la comunicación a través de las runas. Se creía que las runas protegían de las enfermedades, en las batallas y contra las hechiceras. Muchos creían que los mensajes inscritos con el alfabeto rúnico contenían capas de significado. Se creía que las letras y los glifos escondían secretos y misterios.

Capítulo 8: Arte, diseño y arquitectura

El arte y el diseño vikingos combinaban fines utilitarios con imágenes que hablaban de un significado más profundo. De forma similar al uso de las runas, que eran letras y símbolos de sonidos, para comunicar ideas cotidianas, los elementos de diseño entrelazaban capas de significado como el poder de las runas más allá del uso literal del futhark. De la palabra nórdica antigua para «secretos», las runas transmitían fuerzas sobrenaturales a los escudos, amuletos y talismanes de los guerreros.

El alfabeto rúnico está estrechamente relacionado con el dios Odín. Se creía que Odín dio esta comunicación sagrada al mundo. Por tanto, los pentagramas y las impresiones en ramitas formaban parte del mensaje y la conexión con el otro mundo. Lanzar runas sobre los palos de una manera determinada era una forma de entender el mundo, ayudar en los problemas y ayudar a resolverlos. Los lectores expertos podían desentrañar el mensaje y ayudar a la gente a encontrar el significado simbólico enviado en la tirada de runas.

Las runas no eran el único medio utilizado durante la era vikinga para comunicar múltiples capas de significado. Las imágenes visuales entrelazaban el sistema de creencias de los pueblos escandinavos con sus iconos culturales. Los símbolos representaban los temas y la moral que se compartían oralmente a través de poesías, narraciones y canciones. Muchos vikingos creían en el impacto de poner símbolos en talismanes y artefactos. Estos recuerdos con símbolos poderosos proporcionaban a su poseedor la seguridad de que podrían afrontar con éxito los retos venideros.

Los vikingos utilizaban muchas imágenes concretas y poderosas para representar conceptos intangibles. Animales, cruces, representaciones de la naturaleza y talismanes de los dioses aparecían con frecuencia en los diseños vikingos. Todos ellos proporcionaban protección y apoyo en el viaje por este mundo y el siguiente. Evocar la ayuda del reino místico era una parte importante del uso de amuletos.

Los motivos decorativos combinaban una mezcla de diseños emblemáticos y pragmáticos. Las representaciones incluidas en objetos y en el arte vikingo revelaban creencias sobre sus dioses y diosas, su estructura social y su cultura guerrera. El arte vikingo se suele examinar en seis periodos estilísticos diferentes. Las fechas y los elementos de cada época se solapan entre sí. Normalmente, el nombre de cada agrupación de estilos artísticos se basa en el lugar donde se encontró el ejemplo más famoso.

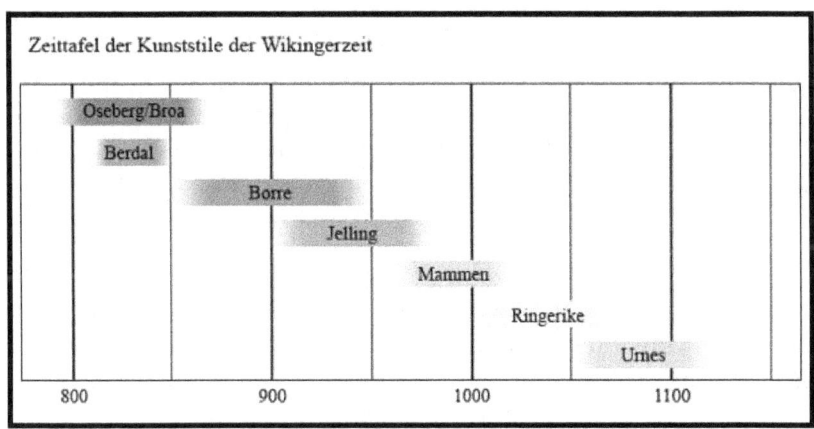

Cronología del arte vikingo[21]

La primera categoría de arte vikingo data aproximadamente de 750 a 850 y se denomina Oseberg/Broa. En la granja de Oseberg, en Noruega, se encontró un barco funerario vikingo, mientras que en Broa, en Gotland (Suecia), se descubrió una brida de caballo con hojas de oro de veintidós quilates.

A lo largo de los seis periodos del arte vikingo se representaron con frecuencia animales en las decoraciones. Los animales grabados durante el periodo Oseberg/Broa eran abstractos y se mostraban de forma deconstruida. Los animales tenían extremidades alargadas y en bucle, ojos saltones y cabezas demasiado pequeñas. Se los conoce como animalescinta. Una mezcla de líneas gruesas y finas y nudos se mezclaba con las formas de los animales.

Arte de la zona de Broa[a]

En la zona de Oseberg se observaron variaciones de las formas de los animales. Las ilustraciones muestran más claramente las garras del animal agarrando un borde de la talla. Dentro de las garras del animal había diseños decorativos que realzaban el motivo. Los detalles son más perceptibles debido a las variantes de superficie.

El periodo Borre se extendió desde 850 hasta 950 aproximadamente. En Borre (Noruega) se desenterraron importantes artefactos de un barco funerario y un cementerio que contenían diseños que enmarcan este estilo artístico. Los animales con garras continuaban el estilo de Oseberg; sin embargo, las cabezas se transformaron en formas triangulares.

Los artefactos muestran un aumento de los diseños geométricos. Tejidos más apretados de intrincadas y entrelazadas líneas casi simétricas muestran el motivo animal. Los diseños de tejido de anillos o cintas se creaban mediante un bucle continuo de trenzas y espirales. Algunos de los remolinos y espirales son distorsiones del cuerpo del animal.

Al estilo Borre se superpuso el estilo Jelling, que surgió a finales del siglo IX y concluyó antes de que finalizara el siglo X. Al igual que los demás estilos artísticos vikingos, el estilo Jelling fue el más popular. Como en los demás estilos vikingos, Jelling indica el lugar donde se encontraron los objetos. En un cementerio de Jelling (Dinamarca) se descubrió una copa de plata con elementos del estilo Jelling.

Las características de los animales son más en forma de cinta y menos apretadas que las del estilo Borre. Se asignó más fluidez a las bestias en forma de S. Para designar las partes del cuerpo de los animales se utilizaban líneas e imágenes geométricas variables. Más parecidos a los artefactos de Broa, los cuerpos y cabezas de las bestias se dibujaban mostrando su perfil; sin embargo, las líneas de las ilustraciones eran más limpias, lo que hacía que el fondo destacara más. El estilo Jelling se diferenciaba de otros periodos anteriores del arte vikingo por los zarcillos o *lappets* que emanaban del cuello de la bestia.

Los descubrimientos realizados en una tumba de Mammen (Dinamarca) dan nombre al siguiente estilo cronológico del arte vikingo. Una cabeza de hacha hallada en la tumba es la representación arquetípica de este periodo, con imágenes que entrelazan cristianismo y paganismo. Los años 950 a 1000 coinciden con el reinado del rey Harald Diente Azul y la infusión del cristianismo en la vida de los vikingos. Las inscripciones de la piedra rúnica de Jelling, encargadas por el rey Harald, incluyen a la Gran Bestia. Los poderosos logros del rey Harald Diente Azul, llevando el cristianismo a Dinamarca y controlando Noruega, se muestran en el motivo de la Gran Bestia.

La Gran Bestia es una fusión de muchos animales y emana fuerza. Se representa como una criatura cuadrúpeda con patas en forma de garras. Alrededor de la Gran Bestia se tejen serpientes enroscadas y en expansión. Diseños similares a guirnaldas y plantas forman espirales con la serpiente, creando una sensación de robusto movimiento.

Las representaciones de la Gran Bestia continuaron en la época de Ringerike, que cerró el siglo X y dio la bienvenida al siglo XI. Las lápidas funerarias conmemorativas descubiertas en Ringerike (Noruega) proporcionan el nombre y el estilo de esta agrupación artística. Las poses vigorosas de animales enérgicos eran la base de los elementos estilísticos. Sin embargo, las ilustraciones de Ringerike eran más estilizadas y menos agitadas que los grabados de Mammen.

Los animales seguían mostrándose de perfil con más complejidad que en los grabados anteriores. Unos zarcillos más finos, parecidos a plantas, se enroscan alrededor de las bestias. El movimiento creado con los mechones simétricos o las astas que emergen de la cabeza de un animal le confiere una fluidez grácil.

El periodo culminante del arte vikingo es el estilo Urnes. Las tallas en relieve halladas en una iglesia de duelas de Urnes (Noruega) ejemplifican las características de este periodo. Este último periodo también se conoce como el estilo de la piedra rúnica, ya que las representaciones se encontraban a menudo en piedras conmemorativas por toda la región.

Imagen de tallas en Urnes

Eduardo, CC BY-SA 2.0 <https://creativecommons.org/licenses/by-sa/2.0>, vía Wikimedia Commons;
https://commons.wikimedia.org/wiki/File:La_pared_original_de_la_Urnes_stavkyrkje_(I).jpg

Durante el periodo de Urnes se esbozaron sofisticadas impresiones de la Gran Bestia. Los animales estaban formados por líneas asimétricas y fluidas. Las criaturas parecidas a serpientes eran más delgadas de lo que se había visto hasta entonces y estaban dibujadas en forma de ocho. Los rasgos alargados generan una postura majestuosa en el animal con aspecto de galgo.

A lo largo de todas las épocas artísticas de la era vikinga, los artesanos utilizaron el arte como medio para añadir elementos decorativos a los objetos cotidianos. Los materiales elegidos eran duraderos y fáciles de conseguir. Una gran variedad de objetos funcionales se transformaba mediante intrincados diseños de animales y líneas abstractas. Se grabaron con ilustraciones objetos como escudos, armas, partes de barcos, piedras rúnicas, vasijas para beber, joyas y otros.

Las tallas en relieve y los grabados eran las técnicas más empleadas por los artesanos vikingos. La yuxtaposición de diferentes materiales y colores era otro método para crear decoraciones ornamentales. Se conservan algunas pruebas del uso de pinturas vivas, pero la mayor parte de la pintura se ha desintegrado.

Además de utilizar materiales fáciles de encontrar, a los vikingos también les gustaba trabajar y llevar adornos de distintos metales. En la era vikinga, los hombres y las mujeres llevaban joyas de oro, plata y bronce. Para obtener estos metales preciosos, los mercaderes y guerreros vikingos comerciaban con ellos o los saqueaban. Las joyas se fabricaban con madera, cuentas, ámbar y vidrio de origen local. A menudo, en las joyas se grababan los mismos diseños geométricos y animales que se utilizaban para decorar los objetos de uso.

Algunas joyas se llevaban para indicar riqueza y estatus. Otras piezas eran funcionales y sujetaban la ropa, como los broches. Los adornos de valor tenían dos finalidades. Las joyas decorativas de plata podían utilizarse como medio para adquirir bienes. El valor del peso de la plata permitía a su portador intercambiar la joya para comprar otros artículos.

Broches usados por las mujeres[28]

Otra prueba de que los vikingos combinaban funcionalidad y diseño es la forma en que estructuraban y construían sus pueblos, aldeas y ciudades. Un estilo de construcción que transmite el ingenio y la artesanía vikingos es la casa comunal. Su diseño era similar al de los barcos en los que navegaban los guerreros vikingos. Las casas comunales vikingas se construían con paredes curvas, lo que las hacía parecer barcos invertidos.

Por término medio, medían entre cuatro y cinco metros de ancho. Sin embargo, su longitud era muy variable. La mayoría medían entre 15 y 20 metros. Las construidas para el jefe local o el *jarl* podían llegar a medir 75 metros. Independientemente de su tamaño, los elementos de construcción eran los mismos.

Aunque se erigían con materiales locales, la mayoría de las casas largas se construían con maderas de roble. Las zonas que no disponían de madera de fácil acceso construían sus casas con piedra o turba, creando un estilo de casa diferente. Se instalaban dos filas de postes de madera a lo largo de toda la casa. Estas vigas soportaban el peso del tejado.

Los tejados de las casas eran de tejas de madera o de paja; a veces, los tejados estaban hechos de vegetación, con musgo y hierba creciendo sobre ellos. Los tejados vikingos eran eficaces y mantenían a los ocupantes calientes y secos durante los fríos inviernos escandinavos. En algunos techos se abría un agujero sobre la hoguera interior para liberar el humo.

Las paredes se construían a menudo con un método llamado «bahareque» o «zarzo y barro». Para unir los huecos entre el armazón de madera, se amarraban tiras finas de madera o palos entretejidos (conocidos como zarzo) entre cada poste. A esta capa de base se le añadía barro, turba, arcilla o estiércol animal. El barro creaba una capa pegajosa que se secaba y endurecía para formar una cubierta protectora.

El interior de la casa era un gran espacio abierto. Las columnas del tejado servían para separar el espacio longitudinalmente de tres en tres. El suelo era de tierra compactada. Las cenizas de las hogueras de la casa se añadían al suelo de tierra. Las brasas ayudaban a absorber la humedad y los olores. El fuego se utilizaba para cocinar y calentarse. Algunas casas comunales tenían varios fogones, mientras que otras tenían uno en el centro; realmente dependía de la longitud de la casa comunal.

Los bancos estaban empotrados en las paredes y se extendían a lo largo de la casa. Estos bancos de madera cumplían múltiples funciones. Reforzaban las paredes. También servían para que los residentes y visitantes comieran, trabajaran, se sentaran y durmieran. El espacio bajo los bancos se utilizaba como almacén. A menudo, las casas carecían de espacio para otros muebles. Las mesas utilizadas para comer eran plegables y se guardaban en las vigas cuando no se utilizaban.

Como la mayoría de los vikingos no tenían establos para sus animales, estos se guardaban en un extremo de la casa comunal. Las herramientas también se guardaban con los animales. Frente a la zona del granero de la casa larga estaba el lugar de trabajo. Allí se tejía, cosía y se realizaban otras tareas domésticas. El equipo necesario para producir materiales, como un telar, se situaba en esta sección de la casa larga.

Los vikingos vivían a menudo en familias multigeneracionales, por lo que docenas de personas podían convivir bajo un mismo techo. Casi todas las actividades se desarrollaban en el interior de estas casas abarrotadas. La gente trabajaba, jugaba, dormía, comía y cocinaba dentro de la casa, especialmente en invierno. En otras estaciones, los animales de granja pastaban fuera. Había que cuidar los campos y a los animales.

El fuego era la zona central de reunión de la casa. Además de proporcionar calor y un medio para cocinar, el fuego proporcionaba la mayor parte de la luz. Las velas eran demasiado caras para la mayoría de las familias vikingas. Después de comer, las familias compartían historias y mitos de los dioses vikingos y jugaban a la luz del fuego. Sin embargo, sin chimeneas, las casas se llenaban a menudo de humo. El respiradero del tejado aliviaba parte del humo, pero las casas vikingas no siempre eran lugares sanos para vivir.

Las casas comunales de los líderes locales eran más grandiosas que la típica casa familiar. En las más grandes y elegantes se celebraban suntuosos banquetes y fiestas, ya que disponían del espacio y los servicios necesarios para albergar impresionantes reuniones sociales. Estas casas comunales eran el equivalente de los castillos medievales.

TERCERA SECCIÓN:
Guerra y armamento

Capítulo 9: Las principales batallas vikingas

Los vikingos aparecieron por primera vez en la escena mundial como talentosos incursores y guerreros con su ataque del año 793 al monasterio de Lindisfarne. Sus ataques rápidos y a menudo despiadados dieron lugar a siglos de asaltos a lo largo de la costa europea, Gran Bretaña e Irlanda. Durante estos años, los vikingos se hicieron con el control de las costas y accedieron a las regiones del interior, donde establecieron asentamientos. Se produjeron numerosos enfrentamientos cuando los líderes y reyes escandinavos lucharon contra los reyes y líderes europeos por el dominio.

Durante los primeros años de la era vikinga, los líderes de las incursiones no se coordinaban con los demás. Las incursiones solían ejecutarse con el objetivo de asegurarse un pago para abandonar el país. Sin embargo, esto cambió en 865. El Gran ejército pagano llegó a Inglaterra. Bajo el liderazgo coordinado de los hijos de Ragnar Lothbrok, este ejército trató de conquistar la mayor parte posible de Inglaterra. Además, trataron de apoderarse de tantas riquezas como fuera posible de los monasterios.

Aunque el reino de Northumbria contaba con un mayor contingente de soldados, los vikingos, curtidos en mil batallas, tuvieron éxito. El Gran ejército pagano capturó el reino de Northumbria y su capital, York. Al formar el reino de Jórvík, los vikingos crearon su primer asentamiento permanente en Gran Bretaña. Los vikingos mantuvieron el control de Jórvík hasta 954. Desde este lugar, los vikingos conquistaron los reinos de Anglia Oriental y Mercia.

Solo el reino de Wessex fue inmune al poder de los vikingos, en parte debido al *danegeld* pagado por el rey Alfredo. Este pago garantizaba que los vikingos dejarían indemne al reino de Wessex.

En 878, el Gran ejército pagano y su líder, Guthrum, ocupaban las secciones norte y este del mundo anglosajón. Con este control, Guthrum obligó al rey de los anglosajones, Alfredo, a exiliarse.

Cansado de perder continuamente tierras a manos de los vikingos, uno de los líderes locales del rey Alfredo, Odda, el ealdorman (un noble de alto rango) de Devin, reunió un ejército para luchar contra los vikingos. Odda dirigió a sus tropas en la batalla de Cynwit, llamada así por la colina en la que se libró la batalla. El líder vikingo en Devan, Ubba, y sus guerreros rodearon a las tropas sajonas occidentales. Los anglosajones sabían que perecerían en su fortaleza sin comida ni agua o morirían en la batalla.

Los anglosajones salieron rugiendo de la fortaleza con tal intensidad salvaje que sorprendieron a los vikingos. Odda y sus soldados mataron a cientos de guerreros vikingos y a Ubba, su líder. La victoria fue una victoria moral para los anglosajones. Sin embargo, su rey seguía escondiéndose de Guthrum.

Guthrum persiguió a Alfredo, entrando por los accesos este y sur del reino de Wessex. Este ataque sorpresa en invierno obligó a Alfredo y a su corte a escapar a Athelney. Mientras estaban escondidos en los pantanos, Alfredo y sus partidarios construyeron un fuerte. Desde aquí, Alfredo reclutó más tropas. Cuando llegó la primavera ya había reunido a su ejército.

Tras convocar una formación en la Piedra de Egberto, Alfredo y sus tropas marcharon a Edington. Se eligió este lugar porque su frontera era la fortaleza vikinga de Chippenham. Los anglosajones formaron una eficaz y sólida muralla de escudos. Los vikingos fueron obligados a volver a la fortaleza y ahora eran ellos los que se enfrentaban a la inanición. Durante dos semanas, Guthrum y sus tropas vivieron bajo asedio. El decimocuarto día, los vikingos se rindieron.

En virtud del tratado que Alfredo y Guthrum firmaron (el Tratado de Wedmore), los vikingos se vieron obligados a retirarse de Wessex. Solo podían vivir en las tierras que ya controlaban en Inglaterra. Alfredo siguió siendo rey de Kent, Wessex y Mercia Occidental. Los vikingos siguieron gobernando las regiones septentrionales y orientales de Inglaterra, que pasaron a conocerse como el Danelaw. La gente que vivía en las zonas estipuladas como el Danelaw seguía las leyes y costumbres vikingas. El control de Inglaterra estaba ahora legalmente dividido entre los vikingos y los ingleses.

Alfredo el Grande comprendió perfectamente el poder y la furia de las fuerzas vikingas. Además de las disposiciones del tratado, Alfredo modificó sus tácticas militares. Reforzó sus defensas y comenzó a instalar fortalezas fronterizas. Se avanzó activamente en el asentamiento y crecimiento de *burhs*, que eran ciudades fortificadas. Esto proporcionó otra capa de protección contra cualquier futuro ataque vikingo.

La mezcla de las culturas vikinga y anglosajona se produjo como parte del Tratado de Wedmore. Otra disposición del tratado era que Guthrum y sus líderes se convirtieran al cristianismo. Una vez que Guthrum fue bautizado, se convirtió en Aethelstan. Guthrum también comenzó a acuñar monedas siguiendo los métodos anglosajones. Esto estimuló un aumento del comercio entre las zonas del Danelaw y los anglosajones.

No todo transcurrió en armonía entre los dos grupos, especialmente tras la muerte de Alfredo el Grande en 899, que se esforzó por unificar Inglaterra. Dos pretendientes declararon su derecho al trono. Uno era el hijo de Alfredo, Eduardo el Viejo; el otro demandante era su sobrino, Ethelwold. Cuando el padre de Ethelwold y hermano mayor de Alfredo, el rey Etelredo I, murió, se decidió que Ethelwold era demasiado joven para asumir el trono. Por lo tanto, Alfredo fue declarado rey en su lugar.

Ahora que Alfredo había muerto, Ethelwold quería lo que consideraba su derecho de nacimiento. La batalla de Holme se produjo como una lucha por el trono. Ethelwold se alió con los vikingos. Fue aceptado como líder por los vikingos y dirigió el asalto contra los anglosajones en Mercia y el norte de Wessex. En respuesta, Eduardo atacó a los vikingos en Anglia Oriental, provocando la huida de los nórdicos a sus propias tierras.

Dando por concluida la batalla, Eduardo se retiró. Sin embargo, algunas de las tropas de Eduardo permanecieron en el sitio. La sangrienta batalla continuó mientras Ethelwold y los guerreros vikingos masacraban a los anglosajones. Sin embargo, Ethelwold murió en la batalla de Holme, poniendo fin a su lucha por la corona.

El hijo de Eduardo, Aethelstan, que se convirtió en rey en 924, y su hermano, Edmund, lideraron las primeras fuerzas inglesas unificadas en su siguiente gran batalla. Los hermanos combinaron sus tropas de Mercia y Wessex contra los invasores. Las fuerzas combinadas de los reinos de Dublín, Escocia y Strathclyde atacaron a los anglosajones.

En esta época, la tierra que hoy es Gran Bretaña tenía una configuración diferente. Los condes de Northumberland, de ascendencia vikinga, gobernaban la parte norte de la actual Inglaterra. Irlanda estaba dirigida por el escandinavo Olaf o Ánláf Guthfrithsson, que era rey de Dublín. Más al norte, en la actual Escocia, se encontraba el reino de Alba, gobernado por Constantino II, rey de los escoceses. La última parte de la coalición era de Strathclyde, que estaba dirigida por Owen I. Strathclyde se encontraba en las tierras que forman parte de Escocia y Gales.

Otra batalla entre los vikingos y los anglosajones tuvo lugar en la batalla de Brunanburh en 937. Fue una de las batallas más mortíferas libradas en tierras británicas, y durante años se la denominó la «gran batalla». Brunanburh fue una victoria fundamental en la continua hostilidad entre las fuerzas escandinavas y los anglosajones. Las consecuencias de la batalla tuvieron efectos duraderos, algunos de los cuales aún se sienten hoy en día.

Antes de la batalla de Brunanburh, los territorios anglosajones estaban gobernados por muchos. Los condes buscaban continuamente el poder, la tierra y el liderazgo, lo que provocaba una falta de unificación frente a los invasores vikingos. Tras esta batalla, los reinos anglosajones pasaron a convertirse en un reino unificado. Comenzaron a trabajar para asegurar mejor sus fronteras al norte y al oeste. Finalmente, los países de Escocia, Irlanda y Gales se formaron fuera de las fronteras de Inglaterra.

Mientras el Gran ejército pagano libraba algunas batallas y otras bandas de vikingos combatían a los anglosajones y a otros, grupos de vikingos seguían asolando y saqueando. El miedo y el temor se apoderaron de muchas ciudades y pueblos vulnerables de la costa. Muchos líderes creían que la mejor respuesta a las incursiones vikingas era pagar a los invasores para que se marcharan. Otros pensaban que debían proteger sus tierras y a su gente.

Uno de estos líderes fue el ealdorman de Essex, Byrhtnoth. En 991, hasta tres mil vikingos desembarcaron en la isla de Northey, frente a la costa de Essex. Separados del continente por el estuario de Blackwater, el rey Olaf Tyrggvasson y sus hombres esperaron a que el río bajara con la marea.

Tyrggvasson y los vikingos exigieron a gritos el pago de oro y plata, diciendo que se marcharían si se satisfacían sus demandas. Aunque Byrhtnoth tenía menos guerreros, rechazó sus demandas. Así comenzó la batalla de Maldon.

A medida que la marea bajaba, los vikingos comenzaron su asalto. Los hombres de Byrhtnoth atraparon a los vikingos en una estrecha franja de tierra, por lo que los vikingos se retiraron. Tras quedar atrapados de nuevo en la isla, los vikingos pidieron que se les permitiera cruzar con seguridad para que la batalla pudiera librarse limpiamente a un lado de la vía fluvial. Muy noblemente, Byrhtnoth accedió y cedió su ventajosa posición.

Una vez que los vikingos se encontraron con las tropas de Byrhtnoth, se desató una feroz lucha. La batalla terminó con la decapitación de Byrhtnoth y una convincente victoria para los vikingos. Tras la batalla, el rey Etelredo pagó a los vikingos en plata. Algunos investigadores estiman que los vikingos se marcharon con hasta cinco toneladas de plata, valoradas hoy en más de tres millones de dólares. Además de derrotar contundentemente a los hombres de Byrhtnoth, la capacidad de los vikingos para obtener rescates, conocidos como *danegeld*, hizo de las incursiones un negocio extremadamente rentable.

Las incesantes incursiones vikingas y las demandas de *danegeld* resultaron debilitantes para el rey Etelredo. Su capacidad para conservar el poder y el reinado estaba disminuyendo. En respuesta, Etelredo estableció su matrimonio con Emma, que era de ascendencia normanda y vikinga. El rey pensó que Emma sería capaz de unir a los daneses y los anglosajones.

La siguiente maniobra política de Etelredo para hacer frente a su menguante poder y a la creencia de que los vikingos estaban tramando su muerte fue ordenar la muerte de los escandinavos que vivían en Inglaterra. Las ciudades fronterizas con los territorios sajones y del Danelaw fueron el objetivo. La directiva de Etelredo se promulgó el 13 de noviembre de 1002, que era el día de San Brice. El evento se conoce ahora como la masacre del día de San Brice. Aunque supuestamente se ordenó una redada de hombres, mujeres y niños, las pruebas arqueológicas demuestran que el objetivo fueron sobre todo guerreros vikingos experimentados.

Se desconoce el número total de muertos; sin embargo, se ha establecido que la hermana del rey de Dinamarca y su marido murieron en la carnicería. La hermana de Svend Forkbeard, Gunnhild, y el ealdorman de Devonshire, Pallig Tokesen, su marido, murieron ese día.

Svend era conocido por su brutalidad, que incluía el violento derrocamiento del reinado de su padre (su padre era el rey Harald Diente

Azul). Durante décadas, Svend había incursionado continuamente en Inglaterra, creando un clima de terror. Ahora que el rey Etelredo había asesinado a su hermana, Svend bombardeó Inglaterra con persistentes ataques como represalia. Sus ataques fueron tan despiadados e implacables que el pueblo de Inglaterra cedió y nombró rey a Svend en 1013. El rey Etelredo, Emma y sus hijos se vieron obligados a escapar y vivir en el exilio.

El reinado de cinco semanas de Svend como primer rey vikingo de las tierras anglosajonas terminó con su muerte en febrero de 1014. Etelredo y su familia regresaron del exilio y obligaron al hijo de Svend, Canuto, a abandonar el país.

Canuto comenzó su búsqueda para recuperar el trono inglés en 1015. Una serie de batallas con el hijo de Etelredo, Edmund Ironside, por la corona de Inglaterra culminó en la batalla de Assandun en octubre de 1016. En los cuatro encuentros anteriores entre Canuto y sus guerreros, así como Edmund y sus tropas, Edmund fue el vencedor de tres de las batallas. Sherston se consideró un empate.

Al entrar en Assandun, el número de fuerzas de Canuto había disminuido considerablemente. Sin embargo, muchos historiadores creen que un traidor de las filas de Edmundo, Eadric Streona, influyó en los resultados de Assandun. Canuto no confiaba en Eadric y, un año después, lo mandó matar.

Edmundo no estaba dispuesto a ceder la corona y el trono, pero se vio obligado a huir. Una última batalla se interpuso entre Canuto y el poder sobre Inglaterra. La batalla de Dane's Wood puso fin a los dos años de lucha por el trono de Inglaterra. Canuto derrotó contundentemente a Edmund.

En su acuerdo para dejar de luchar, los reyes Edmundo y Canuto acordaron repartirse Inglaterra. Edmundo retuvo el control sobre Wessex, y Canuto obtuvo el resto de las tierras anglosajonas. También se detallaba en el tratado la longevidad del trato. El pacto se cumpliría hasta que uno de los dos hombres muriera. El hombre sobreviviente asumiría el control sobre el territorio del difunto.

Apenas un par de meses después de que hicieran las paces, Edmund murió. Canuto era ahora el líder de Inglaterra. Su coronación se llevó a cabo en diciembre de 1016. Para aumentar su poder, Canuto se casó con la madre de Edmund, Emma.

Capítulo 10: Armaduras y armas

Las armas fueron una herramienta esencial durante la era vikinga. Aumentaban la ferocidad del guerrero vikingo. Cuando atacaban aldeas y saqueaban en busca de plata y otros objetos de valor, los combatientes vikingos iban armados con una gran variedad de armas. Las hachas eran la herramienta más común de su arsenal. El acceso a otras armas dependía a menudo de la riqueza y el estatus social de cada uno.

No solo se recurría a las armas en las incursiones, sino que todos los hombres vikingos libres también llevaban armas. Todos los hombres, salvo los siervos, estaban preparados para defender sus comunidades, familias y granjas. Los siervos o esclavos tenían prohibido portar cualquier tipo de arma. Como la mayoría de los escandinavos vivían en granjas durante la era vikinga, las mujeres y los niños tenían cuchillos para su trabajo; en muchas tumbas de mujeres había hachas que se habían utilizado en la granja.

En una sociedad que valoraba una reputación honorable, los hombres escandinavos creían que llevar un arma no solo era su derecho, sino también su deber. Por la noche, las armas se guardaban junto a la cama de cada hombre. Si se producía un ataque nocturno, los hombres podían defender fácilmente a su comunidad.

Como las hachas eran las más asequibles, eran el arma más común. Hombres de todos los estratos sociales llevaban un hacha para protegerse. Las espadas eran el arma más cara, por lo que solo los hombres más ricos tenían acceso a ellas. Algunos vikingos también se adornaban con cascos, lanzas, cuchillos y arcos y flechas.

Cuando los jefes o magnates locales sabían que iban a realizar una incursión, reclutaban a los hombres de la zona. A veces, lo hacían a través de un mensajero enviado por un rey. Como se mencionó antes, este rey era diferente a la realeza actual. No gobernaban un país entero. Estos reyes podían tener más poder, tierras y dinero que los condes locales, por lo que podía formar un ejército. Se esperaba que todos los hombres, incluidos los esclavos, respondieran.

A los cinco días de la proclamación del mensajero, todos los hombres se reunían en el barco de su líder. Se esperaba que los siervos llegaran con armas, pero todos debían presentarse limpios, alimentados y listos para la batalla. Los guerreros utilizaban sus habilidades y armas para amasar tesoros. Tras el asalto, las riquezas se repartían entre la tripulación en función del rango.

Los hombres de todos los rangos llevaban su hacha consigo al barco y a la batalla. Las hachas utilizadas en la batalla se diferenciaban de las empleadas como aperos de labranza y en la construcción naval. Desde el comienzo de la era vikinga hasta que su poder decayó, las hachas utilizadas por los guerreros escandinavos se hicieron más avanzadas. La riqueza del propietario determinaba el estilo, el tamaño y la forma de las hachas.

Normalmente, los hombres vikingos llevaban las hachas en la cintura. Se crearon cinturones para sujetar el hacha. Las hachas diseñadas para la batalla tenían mangos largos y hojas más anchas que las de las herramientas. Al principio, las hachas de batalla tenían filos de acero de entre 7 y 15 centímetros. Con el tiempo, los guerreros lucharon con hachas de acero de 23 a 45 centímetros. Con mangos ligeros y una cabeza de hacha ancha y bien equilibrada, los vikingos

Hachas vikingas halladas en Noruega[24]

tenían una ventaja mortal en la batalla. Las hachas proporcionaban a los guerreros un amplio rango de ataque y un manejo ágil.

Las armas eran tan importantes para los vikingos que a menudo les ponían nombre (como muchos hacen hoy con sus coches o barcos). Una de las hachas de batalla más conocidas perteneció al rey Magnus. En 1042, Magnus fue nombrado rey de Dinamarca. Svend Estridsson impugnó esta afirmación. La noche anterior a la batalla de Lyrskov Heath, el rey Magnus creyó que su padre, Olaf Haraldsson, se le había aparecido en sueños. Usando el sueño como una señal, Magnus se levantó en armas contra Svend por el control de Dinamarca.

Dirigiendo a sus guerreros en la batalla, Magnus utilizó Hel, el hacha de batalla que le dejó su padre, Olaf II el Santo. Confiando en que Olaf y Hel guiarían a sus hombres hacia la victoria, Magnus y sus tropas diezmaron las fuerzas de Svend, matando a más de 15.000 hombres. Snorri Sturluson plasmó la victoria y el uso del hacha en su colección de sagas sobre los primeros reyes escandinavos. En *Heimskringla* («Círculo del mundo»), Sturluson relató numerosas historias sobre el reinado de Olaf, que incluían su hacha mística, Hel.

Otra arma muy utilizada por los guerreros vikingos era la lanza. Las lanzas eran un arma versátil para los escandinavos. Como las lanzas se fabricaban con menos hierro que las espadas, eran más fáciles de conseguir para las clases bajas. Las lanzas se fabricaban en dos estilos. Las más ligeras se arrojaban a los combatientes enemigos. Las lanzas más pesadas se clavaban en el enemigo en combates cuerpo a cuerpo.

Las lanzas tenían un significado especial para los vikingos. Odín, el dios nórdico de la guerra y soberano del Valhalla, iniciaba sus batallas con Gungnir, su lanza. En la primera batalla de los dioses, Odín arrojó a Gungnir sobre el enemigo y gritó: «Odín es dueño de cada uno de vosotros». Otros líderes vikingos repitieron este acto al comienzo de las batallas. Los guerreros vikingos creían que así ofrecían el enemigo a Odín. A cambio, Odín protegería a los vikingos y velaría por ellos. Participar en este ritual aseguraba la victoria con la ayuda de Odín y su lanza.

Al igual que con las lanzas, había dos estilos de cuchillos utilizados por los vikingos. La herramienta más común en el cinturón táctico de los guerreros era un cuchillo. Las versiones más pequeñas de estos cuchillos se utilizaban como herramientas. Casi todo el mundo en la era vikinga llevaba un cuchillo, incluidos los esclavos. Los guerreros más ricos usaban el *seax*, que era un cuchillo más grande y mortífero. Los *seaxes* actuaban más como un machete en combate.

Imagen de un *seax*[15]

Los arcos y las flechas se utilizaban para cazar y combatir. Estos equilibraban las herramientas utilizadas en el combate cuerpo a cuerpo. Esta arma permitía a los vikingos disparar al enemigo cuando estaba más lejos. A partir de los arcos y flechas recuperados de la época, se cree que la fuerza de tiro de estas armas vikingas alcanzaba entre 90 y 120 libras de fuerza. Esta fuerza creaba un alcance de entre 180 y 220 metros de distancia de ataque.

Como parte de la táctica vikinga, los vikingos bombardeaban a su adversario con arcos y flechas, anunciando su llegada. La mayoría de los guerreros escandinavos podían cargar y recargar sus arcos a gran velocidad, disparando doce flechas por minuto. Una vez que los vikingos desembarcaban de los barcos, comenzaba el combate cuerpo a cuerpo. En esta fase de la lucha, los vikingos recurrían a otras armas de su arsenal.

El arma más valorada por los asaltantes era la espada. Dado que las espadas eran las armas que requerían más hierro para su fabricación, eran las más caras de producir. Por lo tanto, solo la élite tenía acceso a las espadas, lo que las convertía en un símbolo de estatus y distinción en la era vikinga. Poseer espadas tenía una reputación tan gloriosa que se regalaban o pasaban de una generación a otra en la misma familia.

Tras participar en una o dos incursiones vikingas, los tesoros saqueados y repartidos entre la tripulación solían permitir a un incursor comprar una espada decente. Los de mayor estatus podían fabricar espadas con elaborados adornos. La creación de una espada podía llevar hasta un mes. En la saga islandesa sobre el pueblo de Laxardal, el costo de una espada equivalía al valor de dieciséis vacas lecheras.

Las espadas no formaban parte del cinturón vikingo. Tenían unos soportes especiales llamados vainas. Estas fundas estaban hechas de cuero o madera. Las vainas se sujetaban al hombro derecho del guerrero. Aunque de este modo las espadas estaban fácilmente disponibles, no se utilizaban a menudo en la batalla. En cambio, muchos guerreros llevaban sus espadas para mostrar su rango.

Las espadas forjadas para las primeras incursiones vikingas se doblaban fácilmente en combate porque se fabricaban con hierro de mala calidad.

Cuando los herreros vikingos empezaron a utilizar el proceso de soldadura de patrón, la calidad de las espadas mejoró.

Gracias a la soldadura de patrón, se consiguió una hoja más duradera. Los herreros unían secciones de hierro de distintas composiciones. A continuación, las enrollaban y les daban forma bajo un calor extremo. Un herrero con talento podía distribuir el hierro con distintos niveles de carbono para generar un equilibrio de maniobrabilidad y dureza en el metal. Luego daban forma a la espada a partir de las mezclas de hierro fundido.

Una espada de calidad aún mayor apareció en el armamento de los vikingos a principios del siglo IX. Los arqueólogos han encontrado algo más de 170 de estas espadas. Las pruebas demuestran que la producción de las espadas Ulfberht finalizó alrededor del año 1000.

Aún no se sabe cómo se forjó el acero para estas espadas. Hay teorías creíbles que explican cómo se fabricaba el acero. Hay pruebas de que el acero de crisol, con el que se fabricaron las espadas Ulfberht, se utilizaba en la zona de la India actual hacia el año 300 a. e. c. El acero aparece de nuevo en la era vikinga y no vuelve a aparecer hasta 1770.

Los expertos creen que los vikingos encontraron este material en sus viajes, ya fuera a los reinos francos cercanos o desde Asia central. Muchos investigadores creen que los vikingos aprendieron la tecnología necesaria para producir este metal y arma superiores. También reunieron los materiales necesarios en sus viajes, razón por la que la producción cesó hacia el año 1000. Este momento coincide con la interferencia de Rusia en las rutas comerciales vikingas.

Independientemente de cómo adquirieran los vikingos esta tecnología y los materiales necesarios, fabricar acero de crisol era una hazaña increíble. La producción de acero para las espadas Ulfberht requería la participación de muchos herreros. Los maestros artesanos y sus aprendices trabajaron con diligencia para llevar a cabo esta tarea, desde la fabricación del acero hasta el moldeado de la hoja, pasando por la formación de las empuñaduras y la creación de adornos enjoyados.

Estas espadas proporcionaban a los vikingos una ventaja superior en la batalla. Las espadas Ulfberht eran más ligeras que las fabricadas con el hierro de otras armas. Los guerreros podían manipular sus espadas sin esfuerzo en la batalla. Como el acero con alto contenido en carbono es algo flexible, las espadas no se rompían o quebraban con tanta facilidad. El hierro de crisol crea un material resistente, por lo que las hojas de estas espadas conservaban su filo durante todo el combate.

El hierro se liquidificaba para eliminar las impurezas. No existen pruebas de hornos que pudieran alcanzar el nivel de calor necesario para el proceso, por lo que se cree que los herreros vikingos martilleaban las impurezas del mineral de hierro. Después añadían carbono al hierro fundido para fortalecerlo. El análisis de las espadas Ulfberht reveló que contienen casi tres veces más carbono que el resto del hierro utilizado en esta época.

Las espadas fabricadas con este acero llevaban estampada la inscripción de Ulfberht (dos cruces y una T). Al principio, algunos investigadores pensaron que se trataba de la marca de un herrero. Sin embargo, dado que las espadas se fabricaron durante más de trescientos años, ahora se cree que la inscripción era utilizada por aquellos que podían crear este acero.

Las espadas fabricadas con hierro de crisol eran tan asombrosas que se hicieron falsificaciones. Las espadas que se han descubierto tienen las dos cruces requeridas y Ulfberht sin la T. Los guerreros que tuvieron la suerte de usar estas espadas y otros que observaban con asombro lo que lograban creían que había elementos sobrenaturales en la creación de las espadas.

Solo los herreros y sus trabajadores entendían el oficio. Esto aumentaba el misterio asociado al poder de las espadas Ulfberht y al trabajo del metal en general. En los primeros años de la era vikinga, la mayoría de los herreros trabajaban con todos los metales. Con el paso del tiempo, los herreros se especializaron más y trabajaron el hierro y el acero. Los artesanos compartían sus conocimientos del oficio con sus aprendices, que a menudo eran miembros de la familia. El misterio que rodeaba sus habilidades aumentaba el aura sobrenatural de las espadas.

Los pueblos que tenían sus propios herreros eran afortunados. Los herreros fabricaban armas para guerreros y propietarios, artículos para el hogar y herramientas para la granja. Tener a alguien con este nivel de destreza aumentaba la autosuficiencia de una comunidad. Los reyes y *jarls* de alto rango tenían sus propios herreros.

Los mitos describen la capacidad mágica de los herreros para forjar herramientas y armas para los dioses. Los nombres que se daban a las armas de dioses y guerreros enfatizaban su poder. A menudo se creaban *kennings* (frases descriptivas elaboradas) para realzar la importancia del propietario y la capacidad mística de la espada, el hacha o la lanza.

A veces, para las espadas se utilizaba una combinación de dos o tres palabras para crear una frase, como mordedor de piernas, mordedor de pies o hacedor de agujeros. Para los afortunados que tenían espadas con linaje, el *kenning* de la espada hablaba de las conexiones ancestrales con el arma. Invocar el nombre de «garras de lobo» al entrar en combate infundía al guerrero la fuerza y la astucia de un lobo.

Capítulo 11: Barcos vikingos

Las tácticas militares de los vikingos y su habilidad para manejar sus armas en la batalla los convirtieron en enemigos indomables y temidos durante cientos de años. Sin embargo, sin su pericia en la construcción naval, el dominio de los vikingos no se habría producido. Cuando el barco largo con una cabeza de serpiente en la proa cruzaba el horizonte a la vista de los que estaban en tierra, la gente sabía que debía tener miedo. Y eso era justo lo que querían los vikingos.

Además de hacer incursiones, los barcos vikingos permitieron a los nórdicos explorar y ampliar sus territorios. Los vikingos descubrieron rutas comerciales, lo que les permitió fomentar sus asentamientos y establecer ciudades para comerciar.

Los fundamentos geográficos de las tierras natales de los escandinavos facilitaron su búsqueda de métodos para atravesar las vías fluviales. Ríos, fiordos, lagos, estrechos y el océano rodeaban y convocaban a los primeros escandinavos. Ya en el año 350 a. e. c., las primeras canoas se tallaban en los árboles locales, proporcionando una forma de navegar por las tierras. Desde entonces hasta los albores de la era vikinga, las embarcaciones escandinavas se transformaron radicalmente.

Durante la Edad Media, había dos métodos principales de construcción naval. Uno era el *carvel* (casco liso). Primero se construían las cuadernas de los botes y barcos de madera fabricados de esta manera. A continuación, se fijaban los tablones a las cuadernas. La madera utilizada en el ensamblaje se cortaba con sierras. La madera aserrada se cortaba a lo largo de la veta de la madera, lo que debilitaba la resistencia de las vigas de madera. Por lo tanto, los barcos que seguían la construcción *carvel* tenían más dificultades para navegar por las corrientes del agua, lo que producía un paso agitado y lento.

Con sus vastos recursos madereros, los vikingos pudieron construir sus embarcaciones utilizando el estilo *Clinker* (casco trincado). A diferencia del *carvel*, el exterior de un barco *clinker* se erigía primero. El armazón del navío se construía más tarde en el proceso de construcción naval. Los barcos de *carvel* podían construirse con cualquier tipo de madera, pero los de *clinker* requerirían la madera superior de pino y roble. Ambos árboles eran fáciles de conseguir en la construcción naval escandinava. La madera verde o sin curar se utilizaba en la construcción de barcos de *clinker* porque es flexible.

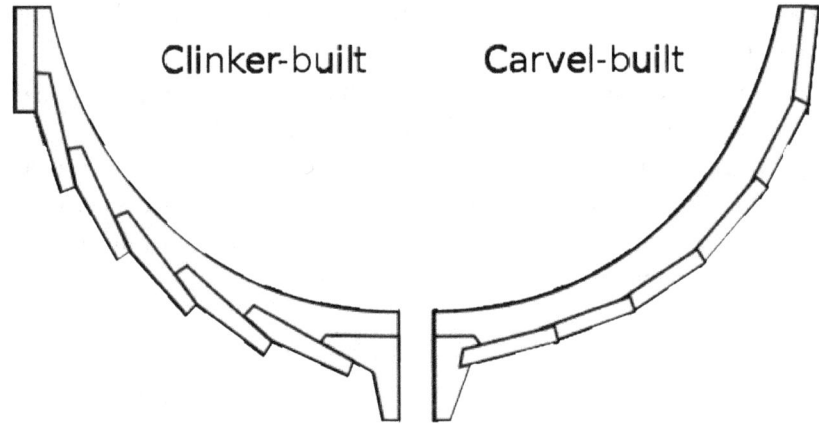

Esquema de la construcción naval en *clinker* y *carvel*[8]

Las maderas de roble se utilizaban para la quilla, que prolongaba la longitud del barco y creaba la línea central. Los constructores vikingos fueron de los primeros en dotar a los barcos de quillas, que añadían estabilidad a la embarcación. La popa y la proa se fijaban a la quilla. Los tablones superpuestos se unían con remaches para añadir durabilidad al casco. Se ensartaban pelos de animales y raíces de abeto para atar los tablones al armazón del barco.

La fuerza adicional de esta parte del método del *clinker* creaba un armazón más ligero. Los barcos vikingos también eran más flexibles, lo que les permitía doblarse y girar con las olas. Las juntas se rellenaban con materiales de desecho y se cubrían con alquitrán para hacerlas estancas. La construcción de los cascos permitía a los barcos navegar en cursos de agua poco profundos; los barcos de *carvel*, más pesados, no eran funcionales para ellos.

Los constructores navales vikingos eran expertos en el uso del hacha. En lugar de la dureza del aserrado de la madera, los artesanos escandinavos eran capaces de crear sutiles incisiones en la madera. Tallando con la veta de la madera, los vikingos creaban barcos más fuertes, flexibles y ligeros. Los guerreros vikingos eran capaces de navegar en muchas vías fluviales diferentes.

Dado que los vikingos viajaban por vías fluviales de muchos tamaños diferentes con diversos fines, se fabricaron muchos estilos de barcos. La mayoría de las embarcaciones utilizadas por los escandinavos eran funcionales y necesarias para las tareas cotidianas. Pescar, visitar otros pueblos y transportar mercancías y personas crearon la necesidad de pequeñas embarcaciones para muchos. Estas embarcaciones navegaban río arriba y río abajo, de un lado a otro de los lagos y cortas distancias a lo largo de la costa.

Para comerciar, los vikingos necesitaban embarcaciones capaces de resistir la fuerza y la imprevisibilidad de los océanos. Las rutas comerciales vikingas eran extensas. Los barcos que transportaban a los comerciantes y sus mercancías eran esenciales para la expansión de la riqueza y el poder de los escandinavos. Los barcos largos, que eran sinónimo de los asaltantes vikingos, no eran apropiados para el trabajo de los comerciantes.

La robustez y la fiabilidad eran las dos características fundamentales de los barcos mercantes. Estos barcos se construían para transportar carga, por lo que contaban con cascos más anchos y profundos para almacenarla. Llegar intacto a cada puerto era más importante que la velocidad del barco. Estos atributos se equilibraban con el peso de los barcos. Los buques mercantes navegaban por diferentes vías fluviales, por lo que a menudo la tripulación los transportaba por tramos de agua poco profundos y no accesibles o por puertos.

Para adaptarse a las numerosas vías fluviales por las que navegaban los mercaderes, construyeron dos tipos de barcos mercantes. Los *knarrs* estaban diseñados para transportar carga pesada en largas travesías oceánicas; algunos *knarrs* tenían capacidad para más de cuarenta toneladas de carga y pasajeros. Debido a su pesada carga, estos barcos mercantes dependían de la fuerza del viento y eran propulsados por un gran mástil. En días de viento fuerte, los *knarrs* navegaban hasta setenta millas. Las tripulaciones contaban con una media de treinta hombres, por lo que podían maximizar su capacidad de peso con la carga.

Maqueta de un *knarr*[87]

Para las rutas comerciales interiores, los vikingos diseñaron las *byrdings* para transportar cargas más ligeras. Las tripulaciones escandinavas cuyas rutas marítimas eran más difíciles de maniobrar navegaban en *byrdings*. Las embarcaciones estaban equipadas con remos y una gran vela, similar a la de los *knarrs*. Sin embargo, la tripulación, formada por unos quince hombres, utilizaba principalmente los remos para manipular la embarcación. Las mercancías y sus mercaderes se transportaban rápidamente de puerto a puerto en *byrdings*.

Los barcos diseñados para transportar más guerreros que carga eran los emblemáticos *langskib* vikingos (barcos largos). Tallados con proas de elaborados diseños, a menudo con representaciones de animales aterradores, los *langskib* significaban que el derramamiento de sangre era inminente. Apodados *drakkar* por las cabezas de dragones, la visión de uno de estos magníficos navíos sembraba el terror por toda la tierra.

Ya en el siglo VI a. e. c. se utilizaban las primeras versiones de estos barcos. A lo largo de la Edad Vikinga, los navíos vikingos se dividieron en cuatro categorías principales. Sin embargo, todos seguían un diseño similar. Estaban diseñados para navegar por aguas que iban desde mares agitados hasta estuarios poco profundos. Los *drakkar* podían navegar en ríos con aguas de hasta un metro de profundidad. Esto permitía a los guerreros rozar la superficie del agua y saltar del barco a la batalla. Otras embarcaciones estaban equipadas con pequeños botes de remos que permitían a los vikingos llegar a la costa sin dañar la embarcación.

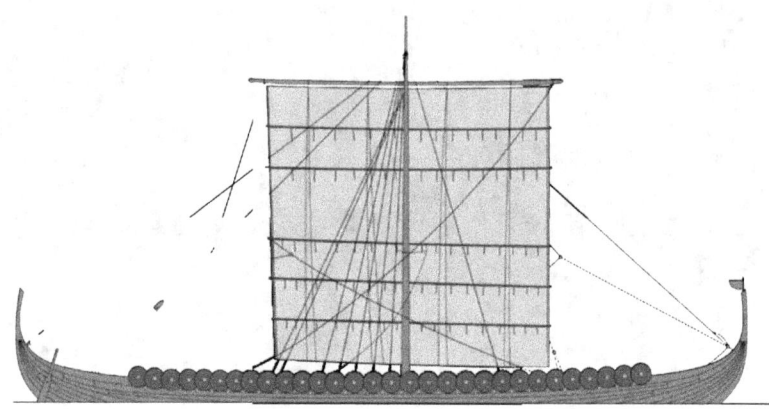

Boceto de un *langskib* vikingo[38]

Otra característica de los *langskib* que ayudó a los vikingos en sus exitosas incursiones fue su capacidad para invertir la dirección de las velas sin necesidad de dar la vuelta al barco. Los *langskib* estaban diseñados para tener dos extremos, de modo que pudieran navegar hacia delante o hacia atrás. Los *langskib* estaban equipados con mástil, vela y remos, de modo que los vikingos podían remar manualmente si no había viento para propulsar el barco.

Para pilotar los *langskib* se utilizaba un remo sujeto al costado del barco. El operador se situaba en la popa derecha del barco. Pilotaba el barco moviendo el remo en la dirección en la que navegaban. Con el tiempo, la timonera evolucionó hacia estribor o el lado derecho de la embarcación.

A medida que aumentaba el alcance y la frecuencia de las incursiones vikingas, sus *langskib* evolucionaron para satisfacer mejor sus necesidades. Se diseñaron y construyeron barcos con una mayor capacidad de carga y la posibilidad de transportar más tripulantes y navegar distancias más largas.

De la era vikinga surgieron cuatro clases principales de *langskib*. La clase *karvi* se creó para incursiones más pequeñas. La tripulación media era de unos treinta guerreros cuando los barcos se utilizaban para la batalla. Debido a su diminuto tamaño, los *karvi* no podían navegar tan lejos como otros barcos en mar abierto. Se utilizaban en incursiones, pero a menudo se empleaban para otros fines domésticos.

El *snekkja* era la clase de barco que se construía y navegaba con más frecuencia. Tenía una tripulación de unos cuarenta hombres y estaba equipado con veinte pares de remos. Estos barcos eran más fáciles de construir para los constructores navales, ya que solo tenían unos dieciocho metros de eslora. Aunque eran más pequeños que los barcos de guerra vikingos, los *snekkjas* aún podían albergar las recompensas de una incursión fructífera.

El éxito de las incursiones vikingas llevó a la creación de nuevos tipos de navíos para que los guerreros pudieran sacar provecho de sus triunfos. La siguiente clase de navío vikingo, el *skeid*, era más grande y navegable. Estas intimidantes embarcaciones, que podían tener más de treinta metros de eslora, se construían para transportar a setenta guerreros. Los *skeids* llevaban velas y hasta treinta pares de remos.

Los barcos de guerra vikingos, o de la clase *busse*, eran los más impresionantes de todos los barcos vikingos. Los que navegaban a bordo de un *busse* podían recorrer distancias mucho mayores a través del océano. Las mayores zonas de carga permitían almacenar suministros para largas distancias y las recompensas obtenidas una vez que los asaltantes desembarcaban en tierra. Estos barcos eran mucho más largos que otros, con 48 metros, y podían albergar una tripulación de 80 guerreros. Al igual que otros barcos, el *busse* podía ser propulsado por los 35 juegos de remos o por sus velas.

La clase *busse* también se conoce como *drakkar* por la feroz cabeza de dragón o serpiente tallada en la proa del barco. El diseño del intimidante animal solía continuar en la popa del barco con la cola del dragón o la serpiente. A la imagen terrorífica de los barcos se añadían las alas creadas con las velas y las patas de bestia de los remos. Los dragones lideraban la flota y anunciaban la llegada de los guerreros saqueadores.

Muchos barcos vikingos utilizaban parrillas para escudos. Se trataba de barandillas en las que los guerreros exhibían sus escudos. Los escudos vikingos solían estar decorados o pintados con diferentes motivos, escenas de dioses nórdicos o escrituras rúnicas. En el barco vikingo descubierto en Gokstad se encontraron 64 escudos amarillos y azules. Los escudos aumentaban el misticismo de la cabeza de dragón o serpiente que asomaba sobre el agua. Muchos investigadores creen también que los escudos protegían del viento y la lluvia. Como esto añadía resistencia al barco, otros investigadores suponen que los escudos no eran necesarios para protegerse de las inclemencias del tiempo, ya que no se colgaban en la pared hasta que el barco se acercaba a su destino. Entonces los escudos se montaban como protección contra las flechas y lanzas del enemigo. Cuando los guerreros desembarcaban, cogían sus escudos para usarlos en la batalla.

Al principio, los poderosos jefes o *jarls* supervisaban las incursiones. En los últimos años de la era vikinga, los reyes y jefes militares asumieron la responsabilidad de planificar y ejecutar las incursiones y los ataques de represalia contra otros jefes. Cuando las incursiones y conquistas vikingas crecieron en complejidad, reunieron una combinación de todo tipo de navíos de gran eslora. Los registros indican que los vikingos organizaban flotas compuestas por cientos de barcos.

Para llevar a cabo estos ataques, los líderes vikingos necesitaban un amplio conocimiento de los ejércitos contrarios. Se necesitaban muchas fases de planificación para reunir los barcos, los guerreros y los suministros de diferentes pueblos y ciudades. Para los vikingos fue una hazaña estratégica y logística asombrosa.

Los vikingos no solo eran maestros constructores de barcos y logistas, sino también navegantes muy hábiles. En algunas de sus primeras incursiones, los vikingos no perdieron de vista la costa y se guiaron por puntos de referencia naturales. Sus experiencias eran compartidas con otros navegantes vikingos. Al parecer, a medida que se alejaban de la costa, los vikingos utilizaban las islas como puntos de referencia.

Su conocimiento de la naturaleza los ayudaba a trazar los rumbos marítimos. Los marineros vikingos utilizaban los sonidos de los pájaros para saber cuándo había tierra cerca. Floki Vilgerdarson utilizó la ayuda de los cuervos cuando navegó desde Noruega en busca de la actual Islandia. Vilgerdarson soltó tres cuervos. Uno de ellos voló hacia las islas Feroe y el otro regresó al barco. El tercer cuervo voló por delante del barco; Vilgerdarson siguió la trayectoria del cuervo y navegó hasta Islandia.

Otros elementos del mundo natural guiaban a los marineros escandinavos. El color del agua indicaba cambios de temperatura, lo que proporcionaba información sobre su ubicación en el agua y su proximidad a distintos tipos de cursos de agua. Los cambios de dirección del viento también proporcionaban a los marineros información sobre la dirección en la que debían pilotar sus barcos.

La observación del cielo y la ubicación de la luna, el sol y las estrellas proporcionaban a los primeros navegantes una gran cantidad de conocimientos y datos. El navegante menos experimentado podía utilizar la salida y la puesta del sol para navegar hacia el este y el oeste. Con más tiempo en mar abierto, un marino veterano podía trazar su rumbo siguiendo el movimiento de las estrellas.

Se desarrollaron instrumentos para ayudar al navegante durante las horas diurnas, cuando las estrellas no eran visibles. Uno de estos instrumentos era el dial o círculo de marcación. Este dispositivo proporcionaba información sobre la latitud del barco. Se colocaba una clavija vertical en el centro de una plataforma con un puntero. Las sombras creadas en la plataforma indicaban la posición del sol.

Al mediodía, el navegante utilizaba una tabla de sombras solares para verificar su rumbo. Los marineros colocaban la tabla en un recipiente con agua para mantenerla nivelada. Un alfiler o gnomon indicaba la posición del sol. Los círculos del tablero indicaban las regiones hacia las que debían navegar para mantener el rumbo. Si la sombra caía fuera del círculo, el barco había navegado fuera de alcance.

Para obtener información sobre la navegación en días nublados, los marineros escandinavos utilizaban una piedra solar. La calcita, también llamada chispa islandesa, se ponía al trasluz. Según el color de la piedra, los vikingos conocían la posición del sol y la ubicación de su barco.

Piedra solar[39]

Para compartir los conocimientos adquiridos a través de las experiencias, los vikingos crearon canciones, cánticos y rimas. En estos mantras y melodías se comunicaban las direcciones a distintos lugares. A través de estribillos repetitivos se transmitían las rutas que debían evitarse debido a peligros para la navegación o de otro tipo. La pericia de los escandinavos en la construcción naval, sus conocimientos y herramientas de navegación y los cantos para recordar con facilidad ayudaban a guerreros y comerciantes.

Capítulo 12: Más que guerreros - Comerciantes vikingos

Los vikingos son conocidos por sus habilidades como asaltantes. Para ser merodeadores eficaces, los vikingos necesitaban acceder a otros países para saquear y apoderarse de riquezas y tesoros, por lo que navegaban en barcos que ellos mismos diseñaban y construían. Su increíble habilidad para construir barcos para diferentes vías fluviales y propósitos los convirtió también en comerciantes de éxito. La mayoría de los hombres de la era vikinga navegaban como comerciantes y no como parte de un grupo de asalto. Lo que el pueblo escandinavo no podía producir por sí mismo, lo intercambiaba con otros pueblos y personas.

Los barcos de asalto construidos por los vikingos eran conocidos por su navegabilidad y capacidad para maniobrar ríos y océanos. Con el estilo *clinker*, los vikingos ensancharon los barcos de asalto para crear espacio para la carga y construyeron los navíos *knarr* y *byrding* para el comercio. Algunos barcos comerciales tenían más de seis metros de ancho y veintiuno de largo. Gracias a su capacidad para transportar más de sesenta toneladas de carga, los vikingos obtenían pingües beneficios de sus rutas comerciales.

La caída del Imperio romano de occidente permitió a los vikingos acceder a más rutas comerciales. El comercio vikingo fue esencial para el desarrollo de la economía europea tras la caída de Roma. La ubicación de las tierras escandinavas proporcionó a los comerciantes vikingos un acceso relativamente fácil a diversidad de rutas comerciales. Al oeste, los vikingos podían navegar por las aguas del océano Atlántico Norte hasta Gran Bretaña, Irlanda y España. Hacia el este, los escandinavos atravesaban los ríos Dniéper y Volga para llegar a las tierras de Rusia, Constantinopla y gran parte de Oriente Próximo y Asia.

Normalmente, los comerciantes de la actual Suecia navegaban por las rutas comerciales orientales, y los mercaderes y marineros daneses por las vías fluviales hacia el oeste. Tanto si los comerciantes iban hacia el este como hacia el oeste, solían llevar cargamentos de riquezas escandinavas: pieles, colmillos de morsa, ámbar y hierro. Los que navegaban por las rutas occidentales también eran conocidos por sus incursiones y saqueos. Sin embargo, cuando los asaltantes encontraban ciudades que no eran aptas para el saqueo, esos lugares pasaban a formar parte de la ruta comercial occidental.

Además de establecer rutas y centros comerciales, muchos escandinavos también trasladaron a sus familias a estos lugares. A lo largo de las costas, los escandinavos se asentaron en varias ciudades. Dublín, Normandía y York fueron solo algunas de las ciudades que los vikingos ayudaron a establecer y crecer.

En sus nuevas localidades, los vikingos recién llegados recrearon sus talleres para poder seguir produciendo bienes con los que comerciar. Los comerciantes solían crear cerámica, peines, artículos de cuero, joyas y cuentas de vidrio que antes se fabricaban en Escandinavia. El armamento vikingo también se fabricaba en las ciudades donde se reasentaban los vikingos. Con el tiempo, los escandinavos y los nativos se casaron entre sí.

Cuando los vikingos navegaron hacia el este, lo hicieron impulsados por las mismas motivaciones que en sus incursiones hacia el oeste: asaltar y saquear. Sin embargo, el acceso a las tierras a través de las rutas fluviales limitaba la capacidad de los vikingos para ejecutar con eficacia sus ataques de asalto a ciudades costeras mal defendidas. En sus viajes fluviales, los vikingos eran vulnerables a los ataques por sorpresa. Estas emboscadas y la falta de ciudades o monasterios de fácil acceso para saquear hacían que estas expediciones fueran costosas para los grupos de asaltantes. Para perseguir eficazmente su objetivo de obtener riquezas, los vikingos necesitaban establecer bases desde las que pudieran operar.

Como comerciantes, los vikingos fueron los primeros en navegar por las aguas de los ríos Volga y Dniéper. Se crearon centros y rutas comerciales rentables a lo largo del río Dniéper hasta el mar Negro. Los comerciantes escandinavos navegaron por el río Volga para acceder al mar

Caspio. Al igual que en sus viajes occidentales, los vikingos ayudaron a establecer ciudades comerciales a lo largo de estas rutas.

Al final de su época de esplendor comercial, los vikingos construyeron una red comercial que incluía Europa, Rusia, India, Oriente Próximo y partes de China. Los vikingos habían comerciado hasta el mar Báltico antes de ampliar su alcance como comerciantes y asaltantes. Con el desarrollo de sus barcos, los vikingos pudieron atravesar los ríos entre los mares Negro y Caspio.

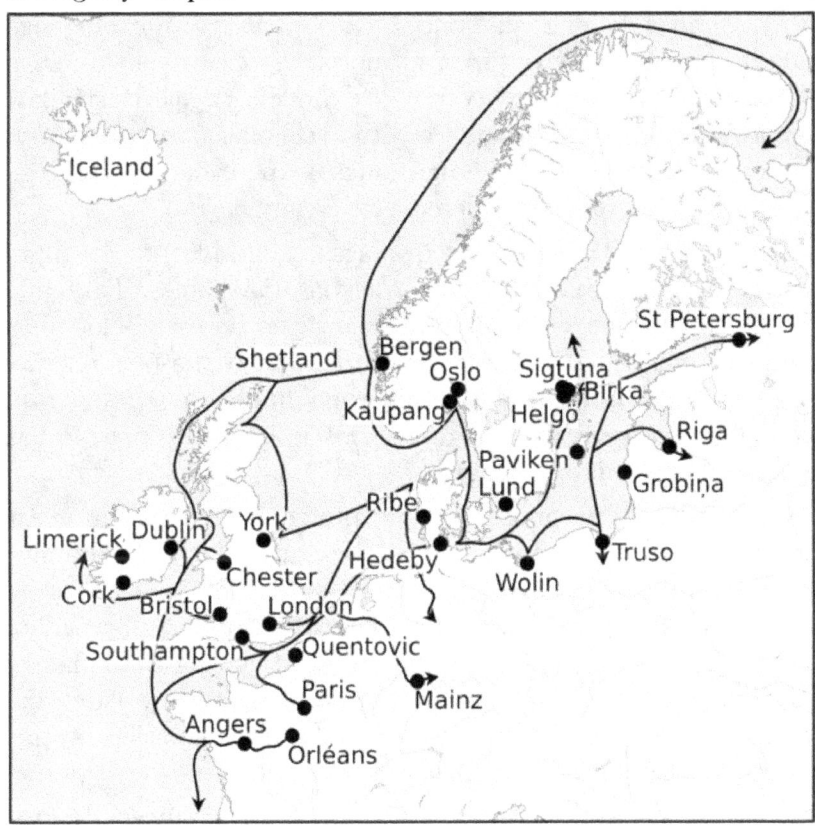

Mapa de las rutas vikingas[80]

Con el tiempo, los comerciantes escandinavos recorrieron estas vías fluviales y conectaron con la capital del Imperio bizantino, Constantinopla, que es la actual Estambul, Turquía. Sin la interferencia de los romanos, los comerciantes escandinavos llegaron a la Ruta de la Seda, que daba acceso al Lejano Oriente. A través de estas rutas, los comerciantes escandinavos llevaban plata, tejidos de seda, especias exóticas, vinos y otros tesoros que no se podían conseguir en

Escandinavia. Los comerciantes vikingos crearon una red de puertos comerciales que abarcaba el mundo tal y como ellos lo conocían.

Los primeros pueblos escandinavos que se establecieron a lo largo de estas rutas fluviales recibieron el nombre de Rus. Se cree que la palabra nórdica antigua *róþsmenn* (que significa ruta o remeros), que hacía referencia a cómo aparecieron los vikingos en esta región, es el origen de la Rus. Otro término acuñado por los griegos para referirse a los escandinavos fue *varangios*. Se cree que tiene su origen en la lengua nórdica, *Varangian* tiene sus raíces en la palabra *vár* que significa «prenda». Los *varangios* o *varegos*, aunque asociados al comercio, se utilizaban más a menudo como los notables guardaespaldas del emperador del Imperio bizantino. «Rus» se utiliza más comúnmente como nomenclatura de los comerciantes y mercaderes nórdicos. Sin embargo, ambos términos se refieren a los escandinavos.

La ruta comercial del Varang o Volga establecida por los nórdicos atravesaba casi tres mil kilómetros de vías navegables. Partiendo de Suecia, los comerciantes de la ruta navegaban por el mar Báltico hasta el golfo de Finlandia, a través de diferentes ríos y lagos, hasta el mar Negro, para terminar en Constantinopla. Además de una vía de acceso a riquezas y tesoros, el comercio a lo largo de los ríos Volga y Dniéper dio lugar al crecimiento de ciudades y pueblos.

Los comerciantes escandinavos que preferían el papel de guerreros vikingos pudieron servir como mercenarios para el Imperio bizantino. El emperador Basilio II necesitaba urgentemente ayuda para luchar contra tres enemigos. Basilio buscó apoyo en el norte. Vladimir, gobernante de la Rus de Kiev, cercana a Suecia, tenía acceso a guerreros vikingos. Para apoyar a Basilio II, Vladimir compartió seis mil de sus vikingos trasplantados con el emperador bizantino. A cambio, Basilio prometió a su hermana a Vladimir en matrimonio.

Esta fuerza de combate de élite repelió los avances de quienes pretendían derrocar a Basilio. Basilio II creó la Guardia varega, asegurándose de contar con una unidad de protección personal en la que podía confiar. Basilio disolvió sus guardaespaldas griegos en favor de la milicia vikinga. El papel de la Guardia varega variaba, pero siempre estaba dispuesta a cumplir cualquier orden del emperador.

Estos hombres estaban despiadadamente entregados al emperador y acompañaban a Basilio allá donde viajara él o su familia, incluidos los servicios religiosos. La fuerza mercenaria realizaba tareas turbias cuando el emperador se lo ordenaba, y los guardias arrestaban a cualquiera que fuera desleal a Basilio. También actuaban como carceleros en la infame prisión de Nóumera.

Otra unidad de estos temibles combatientes vigilaba los límites de la ciudad. También formaban parte de los varegos bandas de vikingos de élite. Este grupo acompañaba al emperador en la batalla. La habilidad de esta unidad para luchar ayudó a los bizantinos en numerosas batallas. Dado que solo los mejores de los mejores eran aceptados en la Guardia varega, proporcionaba al exclusivo grupo un alto estatus cuando regresaban a sus tierras natales. Ser guardia resultó ser un trabajo muy lucrativo. El atractivo de la batalla y la gloria asociada a la victoria lo convertían en una ocupación deseable. Harald Hardrada, que se convirtió en el rey Harald III de Noruega, luchó en las legendarias filas de estos guerreros vikingos.

Los escandinavos no solo dejaron su huella como guerreros, sino que los comerciantes también transformaron el paisaje con asentamientos establecidos para fomentar el comercio. Gracias a su increíble talento para la construcción naval, los escandinavos eran flexibles a la hora de elegir dónde atracar sus barcos, ya que no necesitaban complejos puertos. Los barcos podían transportarse por tierra cuando era necesario, aunque estuvieran llenos de carga. Los remos se introducían por las ranuras y se utilizaban para elevar las embarcaciones. El comercio y los centros comerciales resultantes fueron una consecuencia de las aventuras de los marineros escandinavos.

Muchas ciudades surgieron junto a puertos naturales, que variaban en tamaño y estatus. Los centros comerciales solían estar situados en lugares céntricos y empezaron a conectar las granjas y zonas pesqueras dispersas. Como las mercancías que se llevaban al comercio eran valiosas, era importante que las zonas en desarrollo estuvieran protegidas; de lo contrario, los comerciantes se negarían a volver a ese lugar.

Los reyes y caciques locales facilitaron la transformación de los mercados en ciudades. Se cobraban impuestos por las mercancías que se compraban y vendían en el mercado. Los dirigentes utilizaban los ingresos procedentes de los impuestos para sufragar los gastos de protección de la ciudad. Los mercados crecían y prosperaban en lugares fácilmente defendibles y accesibles por tierra y mar. Los reyes y los líderes locales también contribuían a la obtención de tierras si no las poseían ya.

Al principio, los mercados solo se abrían para comerciar cuando hacía calor. A medida que crecían, más gente se trasladaba a las ciudades. Los artesanos trasladaron sus tiendas a centros comerciales más grandes. Las granjas rodeaban los mercados, alimentando a los comerciantes visitantes y a la gente que vivía en el pueblo.

Los centros comerciales eran tan rentables que se cree que el rey Godofredo atacó la ciudad de Reric en 808. Reric estaba situada fuera de su jurisdicción, pero una vez que el rey danés eliminó la competencia de Reric, ayudó al crecimiento de Hedeby, en la actual Dinamarca. Los comerciantes que antes vendían sus mercancías en Reric se vieron obligados a trasladarse a tierras dentro de los dominios de Godofredo. Para hacer más atractivo su centro comercial, Godofredo hizo reconstruir el *Danevirke*, un sistema de fortificaciones danés. Esto creó una frontera más segura alrededor de Hedeby.

Otra importante ciudad comercial era Ribe. Situada a orillas del mar del Norte y del río Ribe, los comerciantes de otras zonas podían acceder al mercado gracias al puerto de Ribe. Están apareciendo nuevas pruebas de que Ribe, situada en la actual Dinamarca, fue la primera ciudad escandinava. Los arqueólogos están encontrando pruebas de que Ribe era un centro comercial más de cincuenta años antes de que los guerreros vikingos asaltaran el monasterio de Lindisfarne. Esto sugiere que expediciones procedentes de tierras escandinavas navegaban pacíficamente para importar y exportar mercancías con otras. Ribe creció en tamaño e importancia a medida que aumentaban las incursiones y el comercio vikingos.

También se cree que el centro comercial de Stáraya Ládoga se estableció antes del ataque a Lindisfarne. Situada en la actual Rusia occidental, frente a Finlandia, Stáraya Ládoga unía los mares Báltico y Negro para los comerciantes marítimos. Las investigaciones indican que los primeros comerciantes escandinavos se asentaron en esta ciudad mercantil en la década de 750, mucho antes de la primera incursión vikinga documentada en 793. Al principio, los comerciantes escandinavos llegaban con sus mercancías durante los meses de verano. A mediados del siglo siguiente, los artesanos habitaban la ciudad durante todo el año.

A medida que aumentaba el número de asentamientos escandinavos en las rutas comerciales orientales, estos escandinavos pasaron a ser conocidos como los vikingos del Volga. Sus primeras incursiones en el comercio consistieron en el intercambio de pieles por plata y otros bienes procedentes de Asia central. Los relatos de los árabes Abu'l ibn Khordadbeh y Ahmad ibn Fadlan describen con detalle a los vikingos del Volga, que navegaban por el río Volga y comerciaban en los mercados de esa ruta. Los puestos comerciales del Volga acabaron por asentarse en el río Dniéper y el mar Negro. Una vez que los comerciantes y navegantes alcanzaban el mar Negro, accedían al Mediterráneo y a un nuevo mundo de riquezas.

Los comerciantes escandinavos trataron de extender su influencia más allá de las mercancías que vendían. Establecieron sus propios centros comerciales para poder controlar las mercancías que se comercializaban y recaudar ingresos. Las tierras eslavas y las zonas limítrofes ofrecían artículos muy rentables para comerciar, por lo que los nórdicos empezaron a controlar los asentamientos que surgieron a lo largo de sus rutas comerciales orientales. Esta cadena de ciudades conectadas entre sí se conoce como la Rus de Kiev. Los primeros intentos de los nórdicos por unificar los pueblos encontraron resistencia.

Sin embargo, con el tiempo, los nórdicos se convirtieron gradualmente en los dominadores de las vías fluviales y los mercados, incluyendo un estatus comercial preferente en Constantinopla. Los vikingos orientales utilizaban tácticas diferentes a las de sus contemporáneos que navegaban hacia el oeste, pero les dio buenos resultados, ya que dictaban el flujo del comercio y los artículos comercializados.

En sus conquistas de ciudades comerciales, asaltos a monasterios y aldeas desprotegidas, y tras dominar en las batallas, los vikingos esclavizaban a quienes capturaban. Esto abrió otra vía rentable para los comerciantes escandinavos. Las personas que los vikingos capturaban eran buscadas por los compradores en los mercados de Constantinopla y más al este. Los esclavos vendidos por los vikingos procedían de todas las regiones del mundo conocido.

El trueque sirvió de base para muchos tratos comerciales. Sin embargo, a medida que los vikingos ampliaban sus rutas de incursión y comercio, tenían más acceso a monedas, oro y plata. Los escandinavos crearon sus propios troqueles y acuñaron monedas para utilizarlas en el comercio. Con el tiempo, los vikingos se volvieron más sofisticados y desarrollaron una economía de mercado. Los comerciantes solían llevar sus propias balanzas para asegurarse de recibir la cantidad exacta de plata y bronce a cambio de sus mercancías.

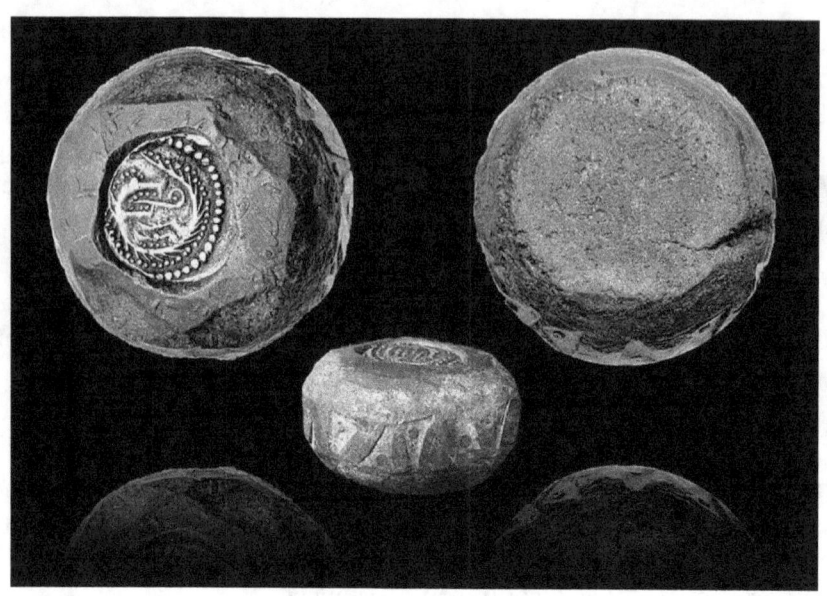

Monedas para el comercio[81]

CUARTA SECCIÓN:
Mito y mitología

Capítulo 13: Costumbres, rituales y religión

Los escandinavos que vivieron durante la era vikinga no dejaron ningún texto escrito que los investigadores puedan explorar hoy en día. Gran parte de lo que se sabe o teoriza sobre los escandinavos fue compartido por otras culturas con las que interactuaron. Otra información se escribió años después de la era vikinga. Muchos de los que escribieron sobre ellos y su cultura veían a los vikingos y sus creencias a través de la lente del tiempo y de otras religiones.

Las costumbres, los rituales y las prácticas y creencias religiosas de los vikingos no se celebraban semanalmente en un servicio religioso. Las ceremonias que celebraban o conmemoraban la vida, la muerte o el matrimonio se compartían comunitariamente. Otras creencias diferían de una región a otra y entre los pueblos de una misma zona geográfica. Se adoraba a dioses y diosas similares, pero no había una observancia definida que uno tuviera que seguir. Los creyentes eran libres de adorar a las deidades que fueran relevantes para su vida y experiencias personales. Por tanto, había varias formas de rendir homenaje a los dioses y antepasados.

El jefe local o gobernante de una zona solía dirigir las celebraciones religiosas y rituales de la comunidad. Sin embargo, también podían recurrir a diosas itinerantes o locales. Estas mujeres, también llamadas *völur* o *völva*, poseían habilidades místicas y mágicas. Las veneras escandinavas precristianas eran expertas en la práctica de la magia, denominada *seidr*. Las videntes entraban en un estado de trance que les permitía entrar en el mundo de los espíritus. Entonces se transportaba entre este reino y el siguiente para recoger información que le sirviera para sus profecías.

Grabado de dos *völvas*"

Los escandinavos creían que las videntes podían ver su destino y manipular los acontecimientos para influir en sus resultados. Con este conocimiento, podía predecir su futuro y trabajar con los aldeanos en la construcción de nuevas experiencias para vivir dentro de su mundo predestinado. La vidente ayudaba a los líderes locales en los actos rituales. La realización de ritos ceremoniales y tradiciones podía propiciar mejores climas y cosechas o éxitos en las batallas.

En las comunidades escandinavas se celebraban ceremonias en torno a acontecimientos vitales clave. El nacimiento era un acontecimiento emocionante pero peligroso. Por ello, la preparación para el parto comenzaba mientras la madre estaba embarazada. Los miembros de la comunidad y la familia entonaban cantos rituales destinados a proteger a la madre y al feto con sus invocaciones a las diosas Frigg y Freya.

Tras el nacimiento del niño, había que aceptarlo en la familia. En primer lugar, el bebé debía mamar del pecho de su madre. Nueve noches después, se realizaba el ritual del padre para reconocer a su bebé. El padre colocaba al recién nacido sobre sus rodillas y lo rociaba con agua. Por último, el padre ponía nombre al niño. Normalmente, se elegían nombres ancestrales o de deidades veneradas localmente.

Tras estos pasos, el niño ya era miembro de la familia. Con la aceptación familiar, el niño tenía los mismos derechos que los demás miembros del clan, como la herencia. Los niños que no eran aceptados por sus padres podían ser expuestos a la intemperie y abandonados a su suerte. Los que nacían con anomalías o en familias que no podían cuidar de un bebé podían optar por dejarlo morir debido a la exposición. Sin embargo, una vez aceptado el bebé, los padres no podían darle muerte; si lo hacían, serían acusados de asesinato.

Otro hecho significativo en el mundo escandinavo era el matrimonio y sus costumbres. Los niños se convertían en hombres cuando pasaban quince inviernos; las niñas estaban en edad de casarse en cuanto cumplían doce años. Antes de empezar a cortejar, se pensaba si el noviazgo acabaría en matrimonio o no. De lo contrario, la familia de la mujer se sentía humillada si el cortejo no terminaba con una propuesta de matrimonio para ella. Si la mujer rechazaba la proposición, la familia del hombre se sentía humillada. Estos sentimientos heridos podían desembocar en represalias violentas.

Una vez que el cortejo florecía, el pretendiente y su familia iban a casa de la mujer. Se hacía una propuesta de matrimonio a la cuidadora de la mujer; no se sabe si ella siempre participaba en la decisión. En esencia, había que acordar un contrato para que el matrimonio siguiera adelante. Como parte de los esponsales, el clan del novio pagaba a la familia de la novia un *mundr* o precio por la novia. El padre de la novia ofrecía un *heimangerð* o dote, que se llevaría a la boda. Los padres de la novia y el novio se daban la mano ante testigos para cerrar el acuerdo, que incluía la fecha de la ceremonia matrimonial.

Normalmente, la boda se celebraba en el plazo de un año desde el apretón de manos. Los matrimonios se celebraban los viernes (día de Freya) para asegurarse de que la diosa del matrimonio otorgaba sus bendiciones de amor y fertilidad. A menudo, la pareja y sus invitados lo celebraban durante tres o más días con elaborados banquetes en casa de los padres de la novia. Las parejas se hacían votos de fidelidad. Una vez que los testigos veían a la pareja en su lecho, el contrato matrimonial se consideraba consumado.

En el mismo lecho conyugal podía iniciarse el procedimiento de divorcio. Los observadores eran convocados por la mujer a su casa. De pie junto al lecho conyugal, la mujer podía manifestar su deseo de divorciarse. A veces, el contrato matrimonial estipulaba las condiciones del divorcio. Los enredos financieros derivados de un divorcio podían dar lugar a largas batallas entre las familias. Sin embargo, los divorcios porque la pareja no tenía hijos podían disolverse sin complicaciones.

Las evidencias de las tumbas proporcionan pistas sobre las ceremonias y rituales en torno a la muerte durante la era vikinga. La mayoría de los escandinavos eran incinerados o enterrados. Muy pocos eran enterrados en barcos vikingos; esas ceremonias estaban reservadas a reyes, reinas o jefes de alto rango. Los investigadores no han encontrado pruebas de que se prendiera fuego a los barcos y se los empujara mar adentro. Las dramáticas escenas de barcos ardientes que se llevan a los difuntos a su otra vida solo se encuentran en los mitos o en el poema épico *Beowulf*.

Las tumbas de la era vikinga que se han localizado muestran que la mayoría de las personas eran enterradas con objetos. Estos objetos variaban en función del estatus de la persona en vida, pero el ajuar funerario incluía joyas, armas y herramientas para ayudar al difunto en su próxima vida. Se cree que los que optaban por ser incinerados eran quemados con su ajuar funerario. Se creía que el humo de la pira ayudaba al difunto en su viaje al más allá.

Un lugar de enterramiento vikingo[88]

La creencia en la vida después de la muerte se basaba en la percepción del alma. Muchos vikingos creían que el cuerpo de cada persona estaba compuesto por cuatro elementos. Las cuatro partes se complementaban entre sí; ninguna era más valiosa o esencial que otra parte del alma.

El aspecto físico se denominaba *hamr*. Se esperaba que el *hamr* se transformara a lo largo de la vida. La mente de una persona podía influir en su aspecto físico o *hamr*. La creencia en *berserkers* o guerreros cuyo aspecto se alteraba se debía a que la mente o el *hamr* alteraban el cuerpo. Incluso después de la muerte, el *hamr* de una persona permanecía en este mundo.

El *hugr* seguía al alma en el más allá. La identidad o disposición de una persona quedaba plasmada en su *hugr*. La atención y el enfoque de la vida de un escandinavo formaban parte de su *hugr*. Los escandinavos creían que los niños heredaban los rasgos de carácter de sus antepasados.

La *fylgja* era la singularidad e individualidad de una persona. La *fylgja* se representaba con un espíritu tótem. Un animal representaba la *fylgja* de una persona, que era símbolo de su espíritu y *hugr*. Como esta parte del alma era tan distintiva, moría cuando la persona partía de este mundo.

La cuarta parte del alma escandinava era la *hamingja*. Este aspecto eran las tendencias naturales heredadas que continuaban de generación en generación. Esta cualidad ayudaba a dar forma a lo que una persona haría con éxito y a lo que no haría con éxito o le costaría realizar.

Cuando una persona moría, su alma podía ser transportada a diferentes lugares. Quizá el más conocido sea el Valhalla. Los guerreros heroicos entraban en la sala de Odín. Allí, los guerreros se prepararon para la batalla final en el Ragnarök.

El dominio de Freya, Fólkvangr, también albergaba guerreros. Como Freya podía elegir a los que entraban, Fólkvangr, o «campo del pueblo», tenía fama de contar con una reunión más notable de vikingos. Se cree que los guerreros de este reino también pasaban el tiempo preparándose para el enfrentamiento definitivo durante el Ragnarök.

Los escandinavos que no eran vikingos durante su estancia en el reino de los vivos habrían visto su *hugr* transportado a Helheim o Hel. La mayoría de las almas escandinavas vivieron sus días eternos en Helheim. El más allá de Hel está separado de este mundo por puertas y un río. Por lo tanto, después de que un alma entra en Helheim, no puede regresar. Solo la diosa Hel tiene el poder de liberar a una persona de la muerte.

Un mundo de ultratumba específico para los marineros nórdicos se encontraba en el reino de Rán. Rán estaba casada con Aegir, el señor del mar, y su salón en el más allá incluía todos los tesoros que arrebataba a los marineros. Capturaba a los marineros en sus redes y luego los ahogaba, conservando sus almas con ella en el fondo del mar.

Rán introduciendo a un marino en su red[84]

También se creía que de los túmulos podían emanar fantasmas o cadáveres reanimados. Estos habitantes de los túmulos podían entonces convertirse en seres místicos. Estos espíritus eran *haugbui* y protegían a su familia, o se convertían en *draugr* y abandonaban sus tumbas para crear problemas a sus familiares vivos. Algunos pensaban que los *draugr* eran el resultado de que los miembros de la familia no realizaban correctamente los servicios funerarios.

Para apaciguar a los dioses y diosas, los escandinavos celebraban un *blót*. Esta ceremonia se celebraba al menos cuatro veces al año. Los escandinavos buscaban ser vistos con buenos ojos por los dioses, por lo que, como mínimo, los rituales *blót* se celebraban estacionalmente. En o cerca del solsticio de invierno, el equinoccio de primavera, el solsticio de verano y el equinoccio de otoño, los escandinavos se reunían para celebrar un *blót*. Si un pueblo tenía problemas, se preparaba para la batalla o necesitaba ayuda, se celebraban más *blóts*.

Se celebraban rituales para obtener el apoyo de los dioses. Las ceremonias se celebraban en las tierras del líder o cacique local. Esto permitía al gobernante exhibir su riqueza y poder mientras los aldeanos rendían homenaje a los dioses. Los *blóts* podían dedicarse a cualquiera de los dioses o a todos ellos. Además de rendir respeto a las deidades, los *blóts* también podían dedicarse a los antepasados o espíritus que tenían el poder de ayudar y guiar a la aldea.

Se preparaban banquetes con sacrificios de caballos, vacas o cerdos. La sangre o *hlaut* de los animales sacrificados se esparcía sobre los presentes en la ceremonia y las estatuas de las deidades como representación de la vida y su poder. La comida y la bebida se bendecían ceremonialmente. Después todos se reunían para comer juntos, lo que simbólicamente incluía a los dioses, espíritus o antepasados, en la misma mesa. Se bebían copas de hidromiel en recuerdo de los antepasados fallecidos.

Otra conexión que los escandinavos establecían con los dioses era vivir una vida de honor. Creían que llevar una vida virtuosa les uniría a los dioses. Se esperaba que todos los miembros de la sociedad escandinava siguieran este código.

Entre las virtudes que guiaban a los vikingos estaba el valor. La valentía era recompensada por los dioses. Se esperaba que entraran en batalla sin miedo. Vivir el día a día afrontando y sorteando las dificultades era un objetivo para todos.

En segundo lugar, todos debían decir siempre la verdad. Mentir se consideraba una acción cobarde. Era importante ser sincero con los demás y con uno mismo. Defender los propios principios formaba parte del código de honor. La fidelidad o lealtad a los conciudadanos, guerreros y artesanos era la base de todas las relaciones en el mundo vikingo.

El control sobre las propias acciones o la disciplina era otro principio de las nueve virtudes vikingas. Ser capaz de mantenerse fuerte en situaciones difíciles requería disciplina. Vivir en comunidad, lo que mejoraba el bienestar, era otra creencia. La hospitalidad era necesaria para desarrollar y mantener las relaciones dentro de la propia familia y entre familias. Tratar a los demás con respeto formaba parte de esta creencia, en parte porque nunca se sabía si un dios había tomado forma humana y había llegado a la aldea como un extraño.

La autosuficiencia era otra regla importante. Mantener a la familia sin la ayuda de otros se consideraba una necesidad para ser un miembro protector de la sociedad. Todos debían vivir una vida que aprovechara sus talentos. Conectada a la autosuficiencia estaba la industria. Todas las tareas debían realizarse lo mejor posible. La pereza se consideraba vergonzosa.

Y el noveno principio de su sistema de creencias era la perseverancia. Ante situaciones difíciles y adversas, el sistema de honor vikingo exigía tenacidad. Afrontando con éxito los retos, nace la fuerza de carácter.

Los escandinavos que vivieron durante la era vikinga mezclaban su sistema de creencias con la vida cotidiana. Seguir el código de conducta conectaba a cada persona con su comunidad y sus deidades. Armonizar las acciones e inacciones individuales y sociales mantenía a cada uno en la buena gracia de los dioses y sus vecinos.

Capítulo 14: Las guerras de los dioses

Los escandinavos de la era vikinga creían en muchos seres divinos. Elfos, enanos, espíritus, dioses y diosas guiaban a los vikingos. Las criaturas sobrenaturales tenían cualidades humanas, lo que las hacía más cercanas a los nórdicos (en este caso, los que seguían la religión nórdica, los que vivían en Suecia, Dinamarca y Noruega). Desarrollar y mantener una relación positiva con todos los no mortales era importante. Nadie quería sufrir la ira de una deidad mística.

Los dioses ayudaban a los nórdicos a comprender el mundo natural que los rodeaba. Las acciones de una deidad servían para explicar fenómenos como los meteorológicos. Los océanos y sus mareas, el flujo de los ríos y el surgimiento de las montañas se comprendían a través de las historias de dioses y diosas. Los mitos facilitaban la conexión con los dioses como si fueran vecinos de los vikingos. Como los dioses tenían su propia personalidad, los nórdicos podían apreciar sus propias interacciones con los demás.

La mayoría de los dioses y diosas de la mitología nórdica están relacionados con las tribus Æsir o Vanir. Ambas tribus tienen dioses y diosas similares. Se distinguen más por su enfoque de la vida. La familia Æsir se consideraba más física y protectora. Sus miembros vigilaban y manipulaban el cielo. Los dioses vanir eran considerados más compasivos y orientados a la naturaleza. Cuidaban del mar y de la tierra.

Odín era el dios principal de los æsir. Este clan estaba estructurado de manera similar al mundo vikingo. A los dioses se les asignaba la tarea de velar por el cumplimiento de los acuerdos sociales. Los æsir eran guerreros talentosos y consideraban que la capacidad de luchar era una habilidad esencial. Estos dioses practicaban y se entrenaban en el arte del combate y la guerra, habilidades que utilizaban cuando viajaban por el mundo. Los nórdicos pedían ayuda a estos dioses para las guerras, los nacimientos, los matrimonios, las muertes y las funciones de cada persona en la sociedad.

Los dioses y diosas del clan Vanir tenían una actitud más despreocupada y libre. Eran adeptos a la práctica y aplicación de la hechicería y la magia, por lo que aprendían conjuros y pociones. Su capacidad para hablar con los muertos y utilizar sus habilidades místicas hacía que los demás desconfiaran de ellos. Proporcionaron a los escandinavos una comprensión y apreciación de las estaciones y los fenómenos naturales. Sus normas de comportamiento eran mucho más abiertas y menos definidas. Estas deidades proporcionaban a los nórdicos una visión más *laissez-faire* del mundo.

Los dos clanes de deidades no solían interactuar. Existían pacíficamente y habitaban dos reinos diferentes. Los dioses y diosas de los Æsir vivían en Asgard; Vanaheimr era el hogar de los Vanir. Hasta que Gullveig, una diosa Vanir, entró en el reino de los æsir. Algunos mitos afirman que Gullveig era en realidad Freya disfrazada; muchas otras historias cuentan que Gullveig era una diosa distinta de Freya.

En cualquier caso, la potente magia de Gullveig precipitó la primera guerra de los dioses, que se libró entre los æsir y los vanir.

Al igual que las mujeres terrenales que practicaban el arte mágico del *seidr*, Gullveig viajaba de pueblo en pueblo, encantando a los demás con su potente brujería. Los hechizos y pociones de Gullveig sedujeron a los æsir. Al principio, acogieron a Gullveig en Asgard y la trataron como a una invitada especial. Sin embargo, su magia era tan fuerte que algunos de los æsir ansiaban sus hechizos. Las creencias de su lealtad y honor fueron dejadas de lado, ya que codiciaban su magia.

Algunos en Asgard reconocieron el alcance seductor y peligroso de Gullveig. Temerosos del control que estaba ejerciendo sobre su mundo, los asgardianos reunieron a los miembros del consejo gobernante. Acordaron por unanimidad que Gullveig no podía seguir propagando su *seidr*, por lo que el consejo decidió matarla.

Su primer intento para ejecutar a Gullveig fue usar lanzas. Sin que los verdugos lo supieran, la talentosa hechicera se había hechizado a sí misma. Era inmune a las armas que penetraban en su cuerpo, por lo que sobrevivió.

A continuación, los æsir intentaron quemar a Gullveig en la hoguera. Las llamas la envolvieron, y Gullveig pereció con un dolor insoportable. Una vez más, su formidable talento la salvó, ya que se levantó de entre las cenizas. No dispuestos a reconocer la derrota, los æsir volvieron a intentarlo. Una vez más, Gullveig resucitó de sus brasas moribundas.

Para entonces, los dioses y diosas vanir se habían enterado de su situación. Enfurecidos por las acciones de los æsir, los vanir declararon la guerra. La guerra comenzó con Odín lanzando su lanza contra las tropas de los vanir. Los vikingos imitaron esta acción en sus primeras escenas de batalla. El líder vikingo lanzaba su lanza contra las fuerzas contrarias y anunciaba que las bajas vikingas eran en honor y sacrificio a Odín.

Tras el primer lanzamiento se libraron intensos combates. Con su formación y entrenamiento, se esperaba que los æsir salieran victoriosos. Los æsir lucharon brutalmente contra los vanir. Sin embargo, la habilidad de los vanir en el empleo de las artes mágicas creó una guerra pareja. Los reinos de ambos bandos sufrieron grandes daños. Los mitos posteriores cuentan historias de la reconstrucción de las fortificaciones de Asgard. Ninguno de los bandos cedió.

Odín lanza su lanza contra los vanir[35]

Al darse cuenta de que nadie ganaría, Odín pidió una tregua. Los dioses que representaban a ambos bandos se reunieron para negociar un tratado de paz. Siguiendo las prácticas vikingas tradicionales, los dos grupos acordaron intercambiar rehenes o dioses capturados. Este acto simbólico debía consolidar aún más las expectativas de coexistir en paz.

En el trato, los líderes æsir enviaron a Hoenir y Mimir a vivir entre los vanir como miembros honorarios. A cambio, Njord y sus hijos, Freya y su hermano gemelo Freyr, fueron a vivir a Asgard con los æsir.

Njord, Freya y Freyr fueron ampliamente aceptados entre los æsir. Freya compartió sus habilidades de *seith* o magia con su nuevo clan. Enseñó magia a otros æsir, incluido el poder de prever acontecimientos futuros. Los tres se asimilaron a Asgard y se convirtieron en dioses y diosas valiosos.

En el mundo Vanir de Vanaheimr, el comercio no fue tan efectivo. Hoenir y su consejero, Mimir, fueron enviados a los vanir para aportar la experiencia que tenían los dioses æsir. Cuando invitaron a Hoenir a proporcionar orientación, este guardó silencio o pidió a los demás su opinión. Los dioses vanir se sorprendieron. Les habían hecho creer que Hoenir sería de gran ayuda.

Lo que las deidades vanir no sabían era que Hoenir era lento de mente. Confiaba completamente en Mimir para que lo guiara. Para ocultar esto a los vanir, Mimir le dijo a Hoenir que no respondiera a las preguntas de los Vanir ni les diera sugerencias. En su lugar, Mimir aconsejó a Hoenir que buscara la opinión de otros. De este modo, nadie sabría que Mimir pensaba por ellos dos.

Tras darse cuenta de que Hoenir no tenía capacidad de pensamiento sin Mimir, los vanir empezaron a sospechar. No confiaban en Mimir y sabían que Hoenir no era un líder sabio. Los vanir creían que los æsir los habían engañado en el tratado de paz, así que mataron a Hoenir y decapitaron a Mimir. Enviaron la cabeza de Mimir a Odín.

Odín fue capaz de revitalizar la cabeza de Mimir aplicando hierbas mágicas y cantando hechizos. Mimir continuó aconsejando a Odín y manteniéndolo informado de los acontecimientos.

Los líderes de los dos clanes volvieron a reunirse para evitar el reinicio de la guerra. Ambas partes se sentían agraviadas por el tratado de paz. Sin embargo, tanto los vanir como los æsir comprendieron que reavivar el conflicto provocaría más luchas encarnizadas y daños a los reinos. Así pues, acordaron continuar la tregua.

Esta paz ceremonial se selló con el arcaico proceso de producir y beber hidromiel. Todos los dioses recibieron bayas. Cada deidad debía masticar las bayas que se le daban. Después, cada una de ellas escupía por turnos las bayas machacadas en un recipiente. Mágicamente, la mezcla de los escupitajos de los dioses se transformaba en Kvasir, que son bayas fermentadas.

Kvasir era extremadamente inteligente y sabio, y viajaba por los nueve reinos del universo, compartiendo sus conocimientos. Respondía con astucia a todas las preguntas que se le planteaban. Kvasir pasó su vida vagando por el cosmos. Transmitía sus conocimientos a todos los que encontraba.

Por desgracia, Kvasir fue asesinado por dos enanos para poder obtener su sabiduría. Fjalar y Galar vaciaron el cuerpo de Kvasir de toda su sangre. Luego llenaron tres recipientes separados con la sangre. Mezclando la sangre con miel, Fjalar y Galar elaboraron un nuevo hidromiel: el «hidromiel de la poesía». Cualquiera que bebiera de este hidromiel especial recibiría parte de la sabiduría de Kvasir y podría crear poemas. Así fue como la poesía llegó al mundo.

La paz entre los vanir y los æsir no se vio afectada por las acciones de los enanos.

Otra parte del acuerdo de las deidades fue compartir la veneración de la humanidad. Los dos clanes se consideraban iguales. Odín se convirtió en el líder de todos los dioses. Los dioses y diosas vanir continuaron residiendo en Asgard, y las deidades vanir conservaron sus residencias en Vanaheimr.

No se esperaba que los dioses entablaran combate de nuevo hasta el Ragnarök. Al final de esta última batalla del mundo, el mundo se acabaría. Existen muchas versiones diferentes del mito; sin embargo, en todas las iteraciones, humanos y dioses sufren consecuencias nefastas.

Los guerreros vikingos más valientes lucharon con Odín. Tras su muerte en el campo de batalla, las valquirias seleccionaban a los combatientes más talentosos y feroces para que residieran y se entrenaran en el Valhalla. En la espectacular sala del Valhalla, los vikingos elegidos se rodeaban de relucientes lanzas y escudos de oro. Cada día, los vikingos se preparaban y practicaban para el Ragnarök. Cada noche, las valquirias ofrecían un festín a los vikingos. Luego curaban todas las heridas infligidas durante sus sesiones diarias de entrenamiento.

Los combatientes recibían señales de la batalla que se avecinaba. Un indicador eran tres años sin verano y guerras en Midgard durante los tres inviernos. A esto le seguiría un invierno brutalmente duro llamado Fimbulvetr; la nieve caería durante todo el año. Tras el gran invierno, el sol dejaría de brillar y calentar la tierra. La gente se desesperaría por conseguir comida y calor, lo que llevaría al abandono de la ética y las leyes mientras la humanidad luchaba por sobrevivir.

Los gigantes serían alertados de que el Ragnarök había comenzado cuando el gallo, Fjalar, cantara su advertencia. Otro gallo despertaría a los muertos. Gullinkambi, el gallo del Valhalla, avisaría a los dioses. Los combatientes se reunirían en Vigrid, el reino de las batallas, donde comenzaría la batalla que acabaría con todas las batallas.

Los lobos, Sköll y Hati, robarán el sol y la luna de los cielos y los devastarán. El estallido de violencia sacudirá las estrellas del cielo. La oscuridad envolverá el mundo, y todos los árboles y montañas se derrumbarán cuando Yggdrasil, el enorme árbol que mantiene unido el cosmos, se sacudirá.

Los lobos persiguen a Sól y Máni[86]

Loki, que había sido castigado por causar la muerte del dios Balder, fue encadenado a las rocas de una isla. El comienzo del Ragnarök soltará sus ataduras y lo liberará. Entonces abordará y capitaneará el barco Naglfar, que está lleno de gigantes. Loki navegará en el barco, construido con los clavos de los hombres muertos, hacia la batalla. Como la tierra estará inundada, Loki podrá navegar su barco fantasma por donde quiera.

El lobo, Fenrir, se liberará de las cadenas que lo atan. Recorrerá la tierra, causando muerte y destrucción a todos en su camino. Eventualmente, Fenrir se encontrará con Odín. Con sus valientes guerreros del Valhalla a su lado, Odín y Fenrir entablarán una feroz batalla. Sin embargo, Fenrir saldrá victorioso. Vidar, uno de los hijos de Odín, buscará venganza. Vidar lleva un zapato cosido con todos los restos de cuero desechados por los zapateros. La profundidad del zapato permitirá a Vidar abrir la boca de Fenrir. Con la mandíbula del lobo abierta, Vidar clavará su espada en la garganta de Fenrir. Esto matará al feroz lobo.

Jörmungandr, la serpiente que envuelve Midgard, emergerá de las caóticas aguas del mar. Una vez en batalla, Jörmungandr buscará a Thor, su viejo adversario. Con una poderosa estocada de su martillo, Thor masacrará a la enorme serpiente. Antes de morir, Jörmungandr rociará a Thor con veneno suficiente para matarlo.

Loki morirá a manos de Heimdal. El gigante Surt y el dios Freyr perecerán en su lucha. Al final de la lucha, la mayoría de los dioses habrán muerto. Gran parte del mundo arderá, la mayoría de los humanos perecerán y los animales morirán, pero los monstruos abandonarán el mundo. Los restos de la tierra se hundirán en el mar creciente.

Algunos relatos dicen que este es el final, pero en la mayoría de las versiones, la tierra se levanta de su desaparición acuática. La raza humana es repoblada por los hijos de Líf y Lífthrasir. Los dioses Vali y Vidar y los hijos de Thor y Hoenir permanecen para guiar a los humanos. Se trasladan al reino de Idavoll. Balder y Hoder volverán de entre los muertos para unirse a los demás dioses en Idavoll.

Capítulo 15: Los nueve reinos en la mitología nórdica

Los vikingos adoraban a numerosos dioses. Las creencias politeístas permitían y animaban a todos, desde los siervos hasta los jefes, a venerar a diferentes deidades. Los dioses y diosas tenían cualidades humanas que los hacían comprensibles; estas deidades podían incluso morir. Todos los dioses y diosas tenían su propia personalidad. Las imperfecciones y defectos en sus vidas y decisiones los hacían reales para quienes los veneraban.

El sistema de creencias nórdico se articulaba en torno al árbol del mundo o Yggdrasil. De Yggdrasil emanaban los hogares de todos los seres que formaban parte del mundo nórdico. Hoy en día existen diferentes ideas sobre dónde se encontraría cada uno de los reinos en relación con el árbol del mundo. Sin embargo, las investigaciones más actuales coinciden en que los escandinavos creían en Yggdrasil, en los nueve reinos y en los seres que los habitaban.

El árbol del mundo, Yggdrasil [87]

En el centro del universo nórdico se encontraba Yggdrasil. El enorme árbol estaba rodeado por los nueve reinos. Estos nueve mundos estaban interconectados y unidos por Yggdrasil. Todas las partes de Yggdrasil eran importantes para mantener este cosmos. La longevidad y la salud del mundo dependían del bienestar del árbol.

La traducción del nombre del árbol es el caballo de Odín. *Yggr* equivale a la palabra «temible», nombre que se utilizaba para referirse al dios Odín. *Drasil*, o «caballo», es la segunda parte del nombre del árbol. El árbol debe su nombre a la ocasión en que Odín trató de comprender las runas. Para Odín, las runas o letras representaban el conocimiento.

En las ramas superiores de Yggdrasil se encontraba Asgard, el reino de Odín. Desde su posición, podía ver a las nornas, tres mujeres que moldeaban y manipulaban el destino. Las nornas grababan runas en el tronco del Yggdrasil para controlar el destino. Odín estaba celoso de sus poderes y buscó una manera de obtener ese conocimiento para sí mismo.

El mensaje de las runas solo podía ser divulgado a alguien que demostrara ser digno de obtener la sabiduría. Así, Odín se empaló con su lanza. Odín entonces se colgó de una rama de Yggdrasil. Durante nueve días y nueve noches, uno por cada uno de los nueve reinos, Odín quedó colgado del árbol del mundo. Entonces, desde las profundidades de Yggdrasil, las runas revelaron sus formas y significados a Odín. Este conocimiento convirtió a Odín en uno de los dioses más poderosos.

Además de tallar las runas en Yggdrasil que afectaban a los nueve reinos, las nornas eran responsables de asegurar la salud del árbol del mundo. Las nornas rociaban diariamente las raíces de Yggdrasil con agua del pozo de Urd para mantenerlo sano. El barro se recogía de los alrededores del pozo y se utilizaba para reparar las zonas de las raíces dañadas por los animales y la podredumbre. Unas raíces sanas eran esenciales para unir todas las partes del mundo.

Las nornas representaban el pasado, el presente y el futuro. Se llamaban respectivamente Urd, Verdandi y Skuld. Juntas, las tres determinaban el destino de la vida de cada uno. Una norna hilaba el hilo de la vida, la siguiente medía su longitud y la última decidía cuándo debía terminar.

Las reuniones diarias de los dioses se celebraban en el pozo de Urd. Los dioses acudían a las reuniones montados en sus caballos, excepto Thor, que llegaba en su carro tirado por cabras. En estas discusiones diarias, los dioses hablaban de justicia con las nornas. Los nornas plasmaban los planes en su escritura rúnica.

El segundo pozo que alimentaba a Yggdrasil era Mimisbrunni, o pozo de Mimir, que proporcionaba perspicacia y conocimiento. Beber esta potente agua sagrada requería hacer un sacrificio al pozo. Odín cambió uno de sus ojos por la oportunidad de beber del pozo y obtener sabiduría. Visitaba el pozo a menudo para consultar con la cabeza de Mimir. Mimir, el dios de la sabiduría, guiaba a Odín durante sus conversaciones. La raíz de este pozo conducía a Jotunheim, que era la patria de los gigantes de hielo.

Hvergelmir existía antes de tiempo y se creía que era el pozo original del mundo nórdico. Las aguas de este pozo conectaban con el reino de Niflheim, donde los nórdicos creían que surgieron los primeros signos de vida. Cuando el árbol del mundo vivía en el gran vacío o Ginnungagap, la gélida temperatura del abismo congeló el agua y creó Niflheim. Cuando el reino del fuego o Muspelheim surgió cerca de Niflheim, apareció un vapor. Esta niebla fue la progenitora de todos los seres.

El primer gigante conocido, Ymir, surgió de esta niebla. Produjo gigantes adicionales mientras dormía. Las superficies heladas seguían derritiéndose por el calor del que se desprendía Audhumla, una vaca. Para alimentarse, Audhumla lamía el hielo que la rodeaba. El primero del clan Æsir, Buri, fue descubierto en el hielo derretido.

Buri, el progenitor de los dioses, tuvo un hijo llamado Bor. Bor se casó con Bestla, la hija de Bolthorn, uno de los gigantes de hielo. Juntos, Bor y Bestla tuvieron tres hijos. Los tres eran en parte dioses y en parte gigantes. Sus hijos fueron Odín, Vili y Vé.

Los tres hermanos estaban preocupados por la rapidez con la que Ymir podía crear descendencia. Los descendientes de Ymir superaban en número a los seres mitad dioses y mitad gigantes del mundo. Odín y sus hermanos decidieron que debían matar a Ymir para equilibrar mejor el mundo. La sangrienta batalla dio como resultado que la sangre de Ymir ahogara a todos los gigantes excepto a dos: Bergelmir y su esposa. Ellos se convirtieron en los ancestros de todos los gigantes nacidos tras la muerte de Ymir.

Odín y sus hermanos utilizaron los restos de Ymir para erigir el mundo y los otros siete reinos. El flujo de la sangre de Ymir creó los cursos de agua. Su piel y sus músculos se transformaron en suelo y tierra. De sus huesos se formaron montañas. Los dientes de Ymir sirvieron de rocas. La flora y la fauna se formaron a partir de su pelo.

Entonces los hermanos tomaron la cabeza de Ymir y la arrojaron. De sus sesos salieron las nubes, y el cielo se hizo con el cráneo de Ymir. Brasas de fuego fueron arrebatadas de Muspelheim y arrojadas dentro de su cráneo para que sirvieran de estrellas en el cielo.

Aunque Odín y sus hermanos actuaron con rapidez, el cuerpo de Ymir era enorme. Mientras trabajaban, se formaron gusanos en los restos de Ymir. El trío utilizó los gusanos para formar a los enanos. A los hermanos les preocupaba la estabilidad de lo que habían creado, así que eligieron a cuatro enanos para que sostuvieran el cielo. Los cuatro enanos fueron enviados en cuatro direcciones opuestas. Eran los siguientes: Nordi (norte), Sundri (sur), Austri (este) y Vestri (oeste).

Dado que su trabajo se completó con el cuerpo de Ymir, Odín y sus hermanos comenzaron a construir los reinos restantes.

Cerca de Asgard se encuentra Alfheim, o la tierra de los elfos. El dios Vanir Freyr reinaba sobre este reino. Freyr era el dios nórdico de la cosecha, la fertilidad y la caza. Los elfos tenían la responsabilidad de ayudar a Freyr. Tenían la capacidad de influir en la cosecha. Los elfos también podían afectar a la fertilidad impidiendo las posibilidades de embarazo o trabajando para ayudar a la fertilidad.

Los elfos eran criaturas increíblemente bellas e iluminaban su entorno. Su presencia motivaba a otros a crear obras artísticas, como la música y la poesía. Alfheim era visto como un reino de brillo, armonía y calma.

Elfos danzantes, una representación de Alfheim[88]

También conocidos como cuidadores, los elfos podían ser invocados en busca de guía, ayuda y protección. Si uno se encontraba en una crisis, estos ángeles guardianes estarían allí para ayudar.

Odín creó un hogar para sí mismo, Asgard, y lo presidió junto a Frigg. Todos los dioses y diosas del clan Æsir viven en Asgard. El reino albergaba fabulosos palacios y salones. Asgard también albergaba el Valhalla. Esta elegante sala de 540 puertas acogía a los guerreros que morían valientemente en batalla. Los seleccionados por Odín eran transportados al Valhalla por las valquirias. Estas hermosas guías femeninas llevaban a los guerreros a Asgard. Los guerreros no elegidos por Odín iban a Fólkvangr, que se encontraba dentro de los límites de

Asgard. Se alojaban en la sala de Sessrumnir y eran gobernados por Freya.

Valaskjálf era otra sala de Asgard construida para Odín. Su techo era de plata pura. Dentro de Valaskjálf está Hlidskjálf, el trono de Odín. Desde esta posición ventajosa, Odín podía ver lo que sucedía en los otros reinos.

Un ardiente puente arco iris llamado Bifrost conectaba los dos dominios de Asgard y Midgard. Cualquiera de los dioses y diosas podía pasar de su mundo al de los humanos. Asgard era un reino de ley y orden. Su entrada estaba custodiada por Heimdal, que protegía el mundo de los dioses.

El reino de todos los guerreros muertos que no eran dignos de Valhalla o Fólkvangr era Hel de Helheim. Aquellos que no vivieron una vida honorable en Midgard también eran enviados aquí. No debe confundirse con el infierno cristiano, Hel estaba dirigido por la hija de Loki, la reina de la muerte, y recibía su nombre.

Presintiendo que los hijos de Loki causarían problemas a los otros dioses, Odín los reubicó fuera de Asgard. Odín trasladó a cada uno de ellos a zonas del mundo donde su capacidad para crear estragos sería minimizada. Hel, que significa «escondida» en nórdico antiguo, fue seleccionada para vivir en Helheim. El hermano de Hel, la serpiente Jörmungandr, fue arrojado al océano que rodea Midgard; su otra molestia, el lobo Fenrir, fue encadenado hasta el Ragnarök.

El acceso a Helheim estaba restringido a un largo y traicionero camino. Atravesar este camino desolado incluía cruzar un río de armas que chocaban entre sí. Una vez que se encontraba el puente por el que cruzar, aparecía, entre la ominosa niebla, la única entrada en el muro que envolvía el reino de Hel.

El hogar o reino de los gigantes (los jötnar) era Jotunheim. Este mundo es descrito como un mundo caótico y sin ley. Estaba situado más allá del reino del orden. A veces, Jotunheim también se conoce como Utgard; otras fuentes describen Utgard como una zona dentro del reino de los gigantes. Dado que Jotunheim albergaba a los gigantes, la extensión de la tierra era enorme, extendiéndose desde Asgard hasta Midgard. El río Iving separaba el ordenado mundo de Asgard del desordenado reino de los gigantes. Aunque Jotunheim es descrito como un mundo con un invierno perpetuo, la mágica vía fluvial nunca se congeló.

Desde el principio de la creación, cuando Odín y sus hermanos mataron a Ymir, los gigantes buscaron venganza. Como adversarios de los æsir, los gigantes combatieron continuamente con Odín y los demás dioses. Con frecuencia, los jötnar intentaron invadir Asgard, deseando matar a los dioses que allí residían. Una vez completada esa tarea, los jötnar secuestraban a las diosas y se las llevaban de vuelta a Jotunheim para casarse con ellas. La mayoría de los dioses y diosas no viajaban voluntariamente a Jotunheim.

Situado entre Jotunheim y Asgard estaba el mundo creado para los humanos. Midgard, o «Tierra del Medio», estaba separada de Jotunheim por Jörmungandr. La serpiente era otro de los hijos de Loki en el que Odín no podía confiar; Odín arrojó a Jörmungandr a los océanos para que viviera hasta la batalla final de los dioses.

Del cabello de Ymir, Odín creó la flora y la vegetación en Midgard. Entonces Odín y sus dos hermanos, Vili y Vé, formaron a los primeros humanos. El trío de hermanos dio forma al árbol de los primeros humanos. Ask, el primer hombre de Midgard, fue formado a partir de un fresno. De un olmo nació Embla, la primera mujer. Todos los demás humanos eran descendientes de Ask y Embla.

El reino del fuego, del que emanaron las chispas que dieron lugar a la creación de Ymir, se conoce como Muspelheim. Surtr, un gigante de fuego, gobernaba este mundo hostil. Enemigo mortal de los dioses Æsir, Surtr espera el día en que pueda prender fuego a los demás reinos. En el fin del mundo, Surtr desempeñará un papel clave en la destrucción de los reinos. Él y sus hijos prenderán fuego a Asgard; también prenderá fuego a Yggdrasil, tratando de destruir toda la vida dentro del árbol del mundo.

También formaba parte del mito de la creación el mundo opuesto a Muspelheim. En Niflheim, o el mundo de la niebla, se encuentra un reino de frío, nieve y hielo. Estos dos reinos dieron origen a Ymir desde el abismo de Ginnungagap, que inició toda la creación. Un manantial situado en Niflheim, Hvergelmir, alimentaba a Yggdrasil y sustentaba toda la vida. El dragón Nidhogg protegía el manantial de la vida. Actuaba como centinela y mantenía separados a muertos y vivos.

A los enanos que surgieron de los insectos del cadáver putrefacto de Ymir se les proporcionó un hogar en Svartalfheim. Dado que emanaban de los insectos del cadáver del gigante, su mundo fue creado para que los enanos pudieran residir en cuevas oscuras y bajo tierra. Aunque eran pequeños de estatura y vivían en un mundo sin mucha luz, producían mucha belleza y magia.

Los enanos eran maestros artesanos expertos en muchos oficios. Eran capaces de fabricar joyas, trabajar como herreros y dar forma a todo tipo de metales. Los enanos dieron a los dioses muchos dones mágicos y poderosos. Se les atribuye la creación de Draupnir, el anillo encantado de Odín, y de su lanza, Gungnir. Para Thor, los enanos crearon Mjolnir, su martillo. Para Freyr crearon un barco que podía plegarse en un bolsillo, *Skidhbladhnir*.

El último de los reinos fue Vanaheimr, el hogar de los vanir. Estos tranquilos dioses se sumergían en el mundo de la naturaleza indómita. Vanaheimr fue donde los vanir continuaron residiendo tras su guerra con los æsir. Los vanir eran conocidos por su capacidad de ver el futuro. Los mortales que vivían en Midgard acudían a ellos para que los ayudaran a obtener buenas cosechas, ya que los vanir podían influir en el sol, la lluvia y el viento.

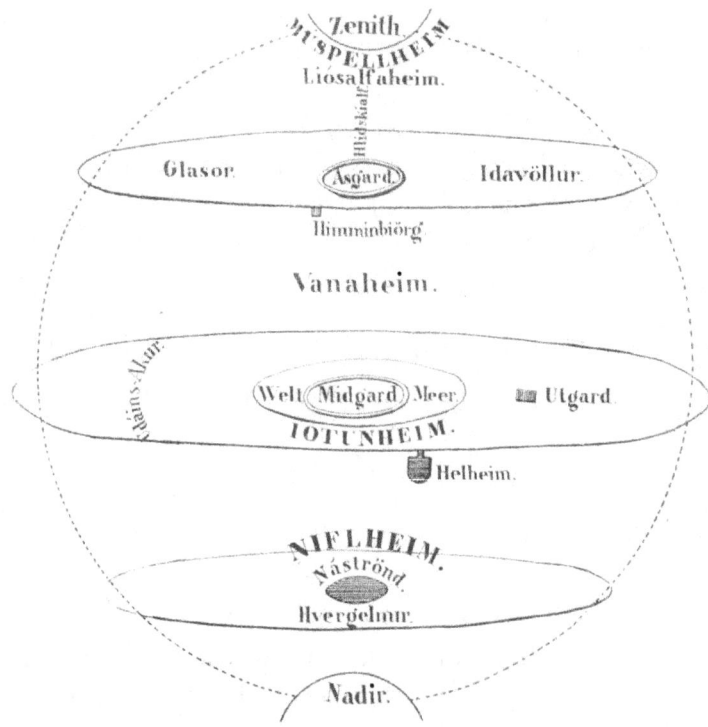

Cosmos de la mitología nórdica[89]

Los nueve reinos coexistirán hasta el día del juicio, cuando comience el Ragnarök.

Capítulo 16: Símbolos y posesiones de los dioses nórdicos

Yggdrasil, también conocido como el árbol del mundo, conectaba los nueve reinos del mundo nórdico. Este árbol unía la vida y la muerte, el bien y el mal, el cielo y la tierra. Por ello, el Yggdrasil era uno de los símbolos clave del pueblo nórdico.

Los vikingos creían que el Yggdrasil y otros símbolos eran una forma de pedir ayuda a los dioses. Cada símbolo tenía su propio significado y propósito. Dependiendo de la situación en la que se encontraran o supieran que se iban a embarcar, los vikingos llevaban su símbolo como apoyo y protección.

Un símbolo que los guerreros vikingos creían que les ayudaría en sus viajes de asalto y saqueo era el *vegvisir*. La palabra del símbolo tiene raíces en *vegur*, que significa «camino», y *visir*, que significa «guía». El *vegvisir* también se conocía como la brújula vikinga. Tiene un centro circular del que emanan ocho pentagramas rúnicos. Muchos creen que representan las direcciones de la brújula: cuatro pentagramas corresponden a los cuatro puntos cardinales de la brújula. Los otros cuatro símbolos corresponden a las direcciones entre los puntos cardinales.

Los vikingos empezaron a desarrollar la tecnología de la navegación. Sin embargo, como apoyo adicional durante sus largos y peligrosos viajes, la brújula vikinga se dibujaba en los barcos antes de que zarparan. Se suponía que el símbolo *vegvisir* garantizaba el paso seguro del barco y sus pasajeros. La brújula vikinga no solo ayudaba a los barcos, sino que también la llevaban como amuleto quienes buscaban orientación en la vida.

Otro antiguo símbolo nórdico que proporcionaba protección a su portador era el «yelmo del terror» o *aegishjalmr*. Originaria del nórdico antiguo, la palabra *aegis* significaba escudo, y *hjalmr*, yelmo. Similar en diseño al *vegvisir*, el *aegishjalmr* tiene ocho tridentes que irradian desde un punto central. La postura defensiva de las lanzas con punta de pico da la apariencia de un escudo que protege el centro. A veces, el *aegishjalmr* se representaba con serpientes en el círculo exterior que incapacitaban a sus enemigos antes de atacarlos.

Se creía que el propio símbolo infundía terror a quienes lo veían. Los vikingos grababan el yelmo del terror en sus armas, armaduras y cascos. Algunos guerreros se dibujaban el *aegishjalmr* en la frente con sangre mientras se preparaban para la batalla.

Cuentan los relatos escandinavos que el yelmo del terror perteneció originalmente al gigante Hreidmar. El gigante poseía mucho oro, que había recibido de Odín. Hreidmar había exigido el oro como pago por el asesinato del hijo de Hreidmar a manos de Odín. Cuando Odín le dio el oro al gigante, le echó una maldición. Uno de los otros hijos de Hreidmar, Fafnir, mató a su padre por el oro. Fafnir tomó el oro y el yelmo. Con el poder del yelmo, Fafnir se transformó en dragón para poder guardar sus tesoros de oro.

Yelmo del terror[40]

El *valknut* es el nudo del guerrero asesinado y a menudo se lo conoce como el símbolo de Odín. Los guerreros vikingos acudían a la batalla con el poder de Odín aplicándose el símbolo del *valknut* en el cuerpo, llevando joyas con él o inscribiéndolo en su armamento. El *valknut* era un símbolo poderoso que ofrecía protección en la batalla. Si un guerrero moría mientras luchaba, seguía protegido con el símbolo del *valknut*. Los guerreros creían que Odín estaría allí en su muerte para recibirlos y saludarlos a las puertas del Valhalla.

Como Odín era un guía espiritual, este símbolo también se consideraba el paso de un reino a otro o de la vida a la muerte. Representado como triángulos entrelazados, el *valknut* también se relacionaba con los nueve reinos de la mitología nórdica. Los tres triángulos crean nueve esquinas o nueve tierras en el árbol del mundo. Cada uno de los triángulos representa distintas esferas del cosmos: el cielo, el infierno y la tierra. Las puntas de los triángulos apuntan hacia el reino de Odín, Asgard.

Similar al *valknut* en su amplio y poderoso alcance era el Mjolnir o martillo de Thor. Este martillo tenía la capacidad de matar y repartir bendiciones. Thor era indomable con el Mjolnir. Los guerreros vikingos llevaban amuletos de Mjolnir para invocar la fuerza y el valor de Thor en la batalla. Estos amuletos son los artefactos que se descubren con más frecuencia en las excavaciones nórdicas. Thor utilizaba el poder de Mjolnir para proteger el reino de Asgard del caos de otros mundos. En su papel de protector de la tierra de los dioses, Thor y Mjolnir mantuvieron a raya la agitación y la confusión con sus decisivas victorias sobre gigantes, troles y otros seres amenazadores.

Mjolnir no solo mantenía a salvo el hogar de los dioses y protegía a los guerreros, sino que el martillo de Thor también era utilizado por el dios para proporcionar bendiciones. Mjolnir tenía el poder de impedir las fuerzas del mal. Con esta protección de Thor, las parejas santificadas en matrimonio recibían el don de la fertilidad. El alcance expansivo de Thor se extendía a la fecundidad en el campo, concediendo al pueblo una cosecha abundante.

Mjolnir fue el resultado de las travesuras del dios embaucador Loki. Siempre causando problemas, Loki decidió molestar a Thor, así que le cortó el pelo a Sif mientras dormía. Sif, la esposa de Thor, tenía una preciosa cabellera dorada. Thor se enfureció por las acciones de Loki. Para defender a su esposa, Thor amenazó con matar a Loki. Como buen embaucador, Loki le prometió a Thor que reemplazaría los magníficos mechones de Sif por otros aún más increíbles. Thor aceptó el trato de Loki.

Loki viajó al reino de los enanos, Svartalfheim. Los enanos eran conocidos por su talento como artesanos. Acordaron entretejer hebras de oro para reemplazar el cabello de Sif. Ella volvería a reinar como la diosa del grano y la fertilidad.

Mientras Loki estaba con los enanos, se burló de ellos. Loki les dijo que no podían hacer más piezas fabulosas de las que ya tenían; sus habilidades habían llegado al límite. Aceptando el reto, los enanos forjaron Mjolnir. Sin embargo, Loki no quería que ganaran el desafío, así que se transformó en una mosca. Zumbaba alrededor e irritaba a los enanos mientras trabajaban. Esto hizo que el martillo de Thor tuviera un mango inusualmente corto.

Aunque el martillo era defectuoso, Thor estaba asombrado de sus habilidades. Loki había cumplido su parte del trato y se le permitió vivir. Para sostener el mango, Thor tuvo que usar sus guantes mágicos de hierro. Mjolnir regresaba a Thor cada vez que lo lanzaba. Con su martillo, Thor era casi invencible.

Imagen del martillo de Thor hallado en Suecia[41]

Los prolíficos enanos crearon otros tesoros para los dioses mientras Loki estuvo en su reino. Como parte de su desafío, los hijos de Ivaldi, que cosieron los mechones dorados de Sif, también crearon otras dos maravillas para los dioses. Una era *Skidhbladhnir*, y el otro tesoro era Gungnir.

El barco, *Skidhbladhnir*, tenía poderes mágicos. Algunos cuentan que Loki se lo regaló al dios Freyr; otras historias dicen que se lo dio a la hermana gemela de Freyr, la diosa Freya. Independientemente de quién fuera el propietario de *Skidhbladhnir*, los hijos de Ivaldi construyeron una nave que podía plegarse tan pequeña que cabía en el bolsillo de una deidad.

Cuando la nave se desplegaba, todo lo que los dioses tenían que hacer era soplar sobre la nave en miniatura, y esta se expandía hasta convertirse en una poderosa nave. Creció tanto que todos los dioses y diosas que vivían en Asgard cabían en ella. Su armamento, equipo de batalla y caballos se guardaban fácilmente a bordo.

Esta nave de los dioses nórdicos transportaba mágicamente a sus pasajeros a cualquier parte. *Skidhbladhnir* podía viajar por tierra y mar en cualquier condición meteorológica. Cada vez que izaba sus velas, *Skidhbladhnir* se aseguraba vientos que lo propulsarían rápidamente y sin esfuerzo hasta su destino. Una vez en su punto final, el barco se volvía a plegar y se introducía en una pequeña bolsa.

Los enanos también fabricaron la lanza letal Gungnir. Loki regaló Gungnir a Odín tras su regreso de Svartalfheim. Al igual que el martillo de Thor, cuando Gungnir era lanzada, volvía a Odín. Además, Gungnir siempre alcanzaba su objetivo y podía atravesar cualquier material.

Odín utilizó esta lanza para apuñalarse a sí mismo cuando colgaba de Yggdrasil para obtener el conocimiento de las runas. Esta lanza especial fue también la que Odín arrojó para iniciar la guerra entre Æsir y Vanir, lo que la convierte en un símbolo de victoria. Los guerreros vikingos reproducían esta acción para iniciar todas sus batallas. Lanzaban la primera espada e invocaban el poder de Odín para que estuviera con ellos en la batalla y en la entrada al Valhalla.

Loki no estaba satisfecho con los tesoros que vio crear a los enanos. Continuando con sus artimañas, Loki embaucó a otros dos enanos para que le hicieran más objetos de valor. Les dijo a Brok y a Sindri (también conocido como Eitri) que había un concurso en Asgard para ver quién tenía más talento: los hijos de Ivaldi o ellos dos. Sin embargo, a estos dos hermanos les costó un poco más convencerlos, así que Loki apostó su cabeza a que Brok y Sindri no tenían tanto talento como los hijos de Ivaldi.

Aceptando el reto, Brok y Sindri crearon tres obras maestras, una de las cuales era Mjolnir. Loki se transformó en una mosca, molestando y distrayendo a los hermanos. Sin embargo, soportaron las distracciones y terminaron las tres piezas.

De una piel de cerdo, Brok y Sindri crearon Gullinbursti, que significa «cerdas doradas». Este jabalí dorado era más rápido que todos los demás animales excepto el caballo de Odín, Sleipnir. Gullinbursti no solo era el segundo más rápido de todos, sino que también podía atravesar todos los elementos, incluidos el aire y el agua.

Sus pelos estaban hechos de oro, por lo que Gullinbursti brillaba con destellos de luz en la oscuridad. Desde Gullinbursti brillaba una luz que guiaba a Freyr por las tierras envueltas en la oscuridad. Este resplandor simbolizaba la iluminación del camino de los guerreros en la batalla. Muchos vikingos dibujaban la imagen de Gullinbursti en sus armas antes de las batallas. Se creía que los jabalíes eran espíritus asistentes que escoltaban a los dioses para proporcionarles protección y buena fortuna.

Dibujo de Gullinbursti y Freyr [42]

A continuación, los hermanos fabricaron un increíble anillo llamado Draupnir. Cada nueve noches, Draupnir «goteaba» ocho brillantes anillos de oro. Cada uno de los anillos recién creados que caían del forjado por los enanos tenía el mismo tamaño y la misma cantidad de oro. Aunque los últimos anillos no podían replicarse a sí mismos, proporcionaban a su dueño grandes cantidades de oro.

Odín, el dios de la abundancia, poseía ahora una forma de obtener más riqueza. Más riqueza equivalía a más poder. Los anillos también representaban un signo de fidelidad, que Odín esperaba de los que vivían en Asgard con él.

Cuando Balder, el hijo de Odín, murió como resultado de las acciones de Loki, Odín colocó a Draupnir en el barco funerario de Balder. Esto es visto como una señal de que Odín se dio cuenta de que el Ragnarök pronto comenzaría. Colocar el anillo en la pira fue la señal de Odín de la transición a los nuevos líderes que surgirían.

Otro símbolo relacionado con Odín y los líderes vikingos que sirve de puente entre el mundo nórdico y el más allá es el cuervo. Los cuervos eran representaciones visuales de la transformación que se producía con la muerte y aparecían tras las batallas para darse un festín con los combatientes fallecidos.

Otros líderes del mundo nórdico colocaban símbolos de cuervos en estandartes y armamento. Los cuervos eran percibidos como aves astutas. Su capacidad para observar todo lo que los rodeaba las hacía valiosas para los vikingos. Reyes, guerreros y marineros creían que los cuervos podían verlo todo.

Cuando los vikingos viajaban por el mundo, lo hacían con cuervos. Los cuervos iban enjaulados en los barcos. Cuando los vikingos necesitaban saber si estaban cerca de tierra, liberaban a los cuervos de sus jaulas. Si había tierra cerca, los cuervos volaban en esa dirección. Si no había tierra en las cercanías, los cuervos volaban de vuelta al barco.

Los cuervos gemelos de Odín eran Hugin y Munin. Durante el día, volaban a cada uno de los reinos. Con su aguda perspicacia y su capacidad para entender el lenguaje humano, Hugin y Munin informaban de todos sus hallazgos a Odín al final de cada día. También servían como mensajeros, transmitiendo mensajes de otros dioses y diosas, seres sobrenaturales, enanos o gigantes a Odín.

Tapiz de Odín con Hugin y Munin"

Hugin, que significa pensamientos, y Munin, que significa memoria, representan el deseo de Odín por el conocimiento y el aprendizaje. Para los vikingos, los cuervos suponían una conexión con sus antepasados. Mantener a los familiares fallecidos en el pensamiento y la memoria servía de guía a los humanos.

Estos y otros símbolos ayudaban a los escandinavos a comprender su mundo. La creación de representaciones visuales de los dioses, las diosas y sus mundos les proporcionaba una sensación de propósito y control. Aunque en la mitología nórdica se hace referencia a estos dioses y diosas como personajes, para la gente de la era vikinga, estas figuras eran partes reales de su religión. Sus creencias sostenían a los escandinavos en las batallas, la vida cotidiana y la muerte. Estas imágenes proporcionaban esperanza para el futuro y motivos para celebrar la felicidad en la vida.

Conclusión

Los vikingos y los escandinavos nos han dejado un tesoro. Aunque la situación en la que se encontraban los escandinavos es muy diferente de la nuestra, existen similitudes en la experiencia humana. Los vikingos tenían sueños y esperanzas, al igual que cada persona en el mundo de hoy tiene esperanzas y sueños. En todas las épocas ha habido obstáculos. La lección que podemos aprender es cómo la gente perseveró y se adaptó.

Hay muchos mitos sobre los vikingos que no están respaldados por la investigación. Uno de ellos es el casco con cuernos. Los guerreros vikingos eran demasiado prácticos para malgastar materias primas en añadir un elemento que no les protegía ni hería al enemigo. El casco con cuernos es en realidad obra de un diseñador de vestuario llamado Carl Doepler. El diseñador introdujo elementos germánicos en sus creaciones para *El anillo del nibelungo* de Wagner.

Los dioses nórdicos ocupan un lugar destacado en nuestros días de la semana. El martes lleva el nombre de Tyr, el dios nórdico de la guerra; Odín o Woden, el rey de los dioses, nos da el miércoles; y el jueves es para Thor, el dios del cielo y el trueno. Todos los días estamos conectados con los vikingos. Y leyendo más sobre sus hazañas y mitos, podemos encontrar nuevas formas de conectar con ellos.

Segunda Parte: Mitología nórdica

Un apasionante repaso a los mitos, dioses y diosas nórdicos

Introducción

Thor, Loki, Odín y Asgard: estas palabras pueden sonar familiares, especialmente para los grandes fanáticos de los cómics, las películas de superhéroes y los videojuegos. Puede que algunos conozcan a Thor, el dios del trueno que empuña el martillo (o quizás el superhéroe de la gran pantalla). Otros, en cambio, cuando piensan en Asgard, imaginan una ciudad científica dorada con palacios resplandecientes. Algunos incluso imaginan a Odín como el rey sabio y paternal de los dioses nórdicos.

No cabe duda de que Hollywood ha desempeñado un papel importante a la hora de dar a conocer al mundo estos personajes y lugares míticos. A través de las películas, la mayoría sabe que Mjölnir es el nombre del poderoso martillo de Thor y que Bifröst es el puente que une la Tierra Media y Asgard. A través de los cómics, muchos saben que Loki es el dios de las travesuras y que Odín es el dios tuerto. Y a través de los videojuegos, se puede saber que el universo nórdico consta de nueve reinos diferentes y que en cada uno de ellos viven razas y criaturas distintas. Pero la mitología nórdica es mucho más que lo que muestran los medios de comunicación masivos.

La *Edda Poética* y la *Edda en Prosa* son las dos fuentes principales de la mitología nórdica. La mayoría de las fuentes tienen forma de poesía y narran historias detalladas del universo nórdico. *Völuspá*, el poema más destacado de la *Edda Poética*, presenta una conversación entre Odín y una poderosa vidente sobre el universo, desde la creación del mundo hasta el Ragnarök, la destrucción cataclísmica del cosmos y el renacimiento de un nuevo mundo. Otro conocido poema de la *Edda* se titula *Grímnismál*. En este poema, Odín, disfrazado de viajero errante, comparte mucha información sobre el mundo, especialmente sobre los numerosos reinos alrededor de la ciudad fortificada de Asgard.

La mitología nórdica también está llena de mitos y relatos interesantes sobre las aventuras de los dioses y los héroes. Algunas son entretenidas, como la historia de cómo Thor, vestido de novia, se lanza a la aventura para recuperar su martillo. Algunas historias tienen finales trágicos, como la muerte de las valquirias o la de Brynhild y su amante Sigurd, y otras son crueles y dramáticas, como la de Loki atado con los intestinos de su propio hijo y la de Týr perdiendo la mano con la que empuñaba su espada a manos del lobo gigante Fenrir. En pocas palabras, la mitología nórdica es rica y fascinante y vale la pena descubrirla.

Aunque son muchas las leyendas que rodean a la mitología nórdica, este libro se centra en relatar algunos de los cuentos más famosos de todos los tiempos. Comienza con la creación del mundo y la descripción detallada de los nueve reinos del universo nórdico, antes de sumergirse en la historia de la primera pareja de humanos en Midgard y el relato de cómo los dioses hicieron la guerra entre sí hasta que una tregua reunió finalmente a las dos tribus celestiales.

Odín, Thor y Loki no son los únicos dioses del panteón nórdico. Freyja, Frigg, Heimdall, Týr y Baldur son algunos otros, cada uno con sus propios atributos y habilidades. En la segunda parte del libro, se pueden conocer no solo los detalles de cada deidad, sino también sus intrigantes relatos y las historias de sus míticas aventuras.

Las mujeres nórdicas del destino ya han decidido el destino de todos los seres del universo, incluidos los dioses más poderosos sentados en lo alto de sus tronos: casi todos ellos conocerán su perdición cuando se acerque el Ragnarök. Sin embargo, el crepúsculo de los dioses solo tendrá lugar cuando se hayan cumplido varias profecías. Todos estos acontecimientos que conducen al fin del mundo se exploran vívidamente en la tercera parte del libro: la atadura del peor enemigo de Odín, la muerte de Baldur, el castigo de Loki y Fimbulwinter.

Antes de que existieran los manuscritos, estas leyendas míticas, sagas y profecías se transmitían oralmente de generación en generación. Así pues, cabe suponer que, aunque muchos cuentos han sobrevivido hasta nuestros días, muchos otros también han desaparecido y se han perdido en la historia. De hecho, los relatos que han sobrevivido se han inmortalizado en diferentes medios, ya sea en una colección de antiguos poemas, representaciones teatrales, películas modernas y coloridos cómics. Sin embargo, todas ellas tienen versiones y representaciones diferentes. Nunca se sabrá realmente cuáles de estas versiones son las que los vikingos transmitieron a sus hijos e hijas.

Sin embargo, este libro pretende acercarse lo más posible a los relatos originales. Los lectores no solo conocerán cautivadores relatos sobre el mundo nórdico, sino también convincentes narraciones sobre los dioses y sus complejos perfiles. Es posible que ya conozca algunos de los detalles, pero muchos otros pueden sorprenderlo.

Capítulo 1: El comienzo del cosmos nórdico

«Antigua era la época / en que vivió Ymir;
Ni mar con frescas olas / ni arena había;
La tierra no era / ni el cielo en las alturas,
Solo un enorme vacío / sin hierba en ninguna parte».
(*Völuspá,* estrofa 3, traducida al inglés por Henry Adams Bellows).

El año es desconocido. El tiempo aún no se ha creado. El día y la noche no existen. No hay lluvia, ni sol, ni siquiera cielos. No hay nada más que un vasto vacío, un vacío que espera a que la naturaleza siga su curso. Este abismo sin fondo se llama Ginnungagap y es el principio mismo del universo.

Al norte y al sur del enorme vacío, se forman dos enormes reinos primordiales. Al norte, la tierra llamada Niflheim. En este oscuro lugar hay frío extremo, hielo, nieve y niebla infinita. En el reino de Niflheim se encuentra Hvergelmir, el primer manantial del mundo y la fuente de todos los ríos y aguas. En este manantial se refugia un gran número de serpientes venenosas que sueltan sus venenos en el manantial y, combinados con el agua, forman once ríos que en la mitología nórdica se conocen como Élivágar.

Estos ríos fluyen desde la tierra de la niebla hacia Ginnungagap. Pronto, el frío alcanza a la corriente y congela el abismo. Ginnungagap ya no es un vacío, pues la escarcha se ha apoderado de él.

Mientras que Niflheim se encuentra al norte de Ginnungagap, al sur hay otro reino enorme llamado Muspelheim. Muspelheim es completamente opuesta a la otra tierra primordial, que es más fría que el propio frío. Es una tierra de fuego, con lava caliente borboteante y el aire lleno de hollín. La tierra se ilumina con enormes llamas rojas que arden sin descanso.

Estos dos elementos, hielo y fuego, chocan entre sí en el centro de Ginnungagap. Las chispas calientes y las llamas del reino de Muspelheim tocan el borde del vacío helado y derriten poco a poco el hielo hasta que gotas de agua y nieblas cálidas se extienden por el aire.

Del hielo derretido, las gotas de agua, las nieblas cálidas y el veneno de Ginnungagap surge el primer ser del mundo. Es un gigante llamado Ymir, el primero de su especie. Mientras Ymir duerme en la tierra de la nada, el gran ser suda terriblemente. Del sudor de sus axilas, nacen dos gigantes más: un macho y una hembra. Entonces Ymir mueve las piernas y, al juntarlas, vuelve a sudar. Del sudor entre sus piernas, Ymir, de nuevo, engendra otro gigante. A partir de este momento, nacen más y más gigantes de escarcha. Son los primeros habitantes de Ginnungagap.

Como todos los seres conocidos de nuestro mundo, Ymir y los gigantes necesitan comida para sobrevivir. Ymir no es el único ser que resultó del encuentro en el medio de Ginnungagap de los elementos de hielo y fuego. Auðumbla (cuyo nombre procede del nórdico antiguo y significa «vaca sin cuernos rica en leche») es una vaca primigenia que se encarga de proporcionar alimento a los gigantes de hielo. Ymir y los demás *jötnar* o gigantes de escarcha se alimentan de la leche de Auðumbla, que es su única fuente de vida. Algunos relatos afirman que cuatro ríos de leche salen de la teta de Auðumbla y que los gigantes beben del río para alimentarse.

Ymir amamantando a la vaca Audhumla por Nicolai Abildgaard, c. 1777."

Cuando Auðumbla tiene hambre, la vaca deambula y busca un trozo de hielo para lamer. Como aún no hay pastos en el mundo, Auðumbla tiene un trozo de hielo particular al que vuelve todos los días para alimentarse. El primer día, cuando Auðumbla pasa la lengua por primera vez por el hielo, le sale un mechón de pelo. El segundo día, Auðumbla vuelve a alimentarse. De nuevo, cuando pasa la lengua por el bloque helado y lo lame hasta saciarse, del hielo aparece la cabeza de un hombre. Finalmente, al tercer día, Auðumbla lame el mismo hielo y libera a un hombre.

Este hombre no es un ser cualquiera del universo. Este hombre que sale del hielo se llama Búri y es el primer dios del mundo nórdico. Con una pareja desconocida, Búri tiene un hijo al que llama Bor. Más tarde, Bor se casa con Bestla, una giganta hija del gigante llamado Bolthorn. De este matrimonio (considerado el primer matrimonio entre un dios y un gigante) nacen tres hijos divinos. Los nombres de estos niños son Odín, Vili y Vé.

Aunque la población crece (especialmente la de los gigantes), la tierra no cambia. Permanece vacía. Así que los tres hermanos Odin, Vili y Vé deben encontrar la manera de dar forma al mundo. Sin nada que crezca en la tierra, los hermanos no tienen recursos para empezar a construir.

Así que se les ocurre un malvado plan: matar a Ymir y utilizar sus enormes partes para empezar a construir el mundo. Aunque la falta de recursos puede ser la razón principal del plan de matar al gigante primigenio, algunos relatos también sugieren que los hermanos se sentían amenazados por la rapidez con la que los gigantes se reproducían y creían que los gigantes solo les conducían al caos.

Sabiendo lo enorme que es Ymir, los hermanos deciden atacarlo mientras duerme. Cuando Ymir por fin descansa los ojos, Odín y sus hermanos lo asesinan sin dudarlo. Apuñalan al gigante varias veces y sus heridas frescas producen un torrente de sangre cuando cae al suelo. La sangre de Ymir fluye de su cuerpo sin vida tan rápido que inunda Ginnungagap. Los demás gigantes no pueden escapar a su destino y todos se ahogan, excepto dos: el nieto de Ymir, Bergelmir, y su esposa. Estos dos gigantes se ven obligados a huir sobre un *lúðr*, una especie de cofre o ataúd que flota sobre la sangre de Ymir.

Una vez que los hermanos han tenido éxito y el cuerpo de Ymir yace sin vida en el suelo de Ginnungagap, pueden empezar a crear el mundo que imaginan. Usando la sangre de Ymir, Odín y sus hermanos crean el gran océano que rodea el mundo entero. Hay tanta sangre de Ymir que el océano no es lo único. Los hermanos también utilizan parte de la sangre para crear los numerosos lagos y estanques de la tierra.

Con la carne de Ymir, los dioses empiezan a esculpir la tierra, que llenan de vastos valles y terrenos. Esparciendo los huesos del gigante por todo el mundo, los hermanos crean ondulantes colinas y elevadas montañas. Los dioses aprovechan todo lo relacionado con el cadáver de Ymir, incluidos sus dientes rotos, con los que crean todas las piedras, rocas y guijarros de toda la tierra, desde las orillas del mar hasta las orillas de los lagos, las riberas de los ríos y las laderas de las montañas.

Utilizando el cráneo de Ymir, Odín y sus hermanos crean el gran cielo. Levantan la calavera y la colocan sobre el mundo, como una cúpula. Pero los dioses necesitan asegurarse de que la cúpula se mantendrá hasta el fin de los tiempos. Y así, comienzan a pensar en una solución. Mientras lo hacen, ven innumerables gusanos retorciéndose y apretándose dentro de la carne putrefacta de Ymir. Tras observar detenidamente a estas criaturas, los dioses les conceden conciencia y sabiduría, junto con un precioso don: una profunda pasión y talento para fabricar cosas extraordinarias. Los gusanos se transforman en enanos y viven bajo la carne de Ymir, en las profundidades de las rocas y muy por debajo de las montañas. Para resolver el problema del poderoso cielo, los dioses eligen a cuatro enanos y los envían a cuatro direcciones distintas, donde se les encomienda la tarea de sostener el cielo. Estos enanos reciben los nombres de Nordri (norte), Sudri (sur), Austri (este) y Vestri (oeste).

El cielo parece vacío sin las centelleantes estrellas. Los dioses viajan al reino de Muspelheim y recogen algunas de sus brillantes chispas. Las arrojan al cielo, donde se convierten en una hermosa colección de estrellas. Para acompañar a las estrellas en el cielo, los hermanos divinos utilizan el cerebro de Ymir; lo esparcen por el cielo y lo convierten en nubes ondulantes. Con el pelo de Ymir, Odín y los hermanos crean los árboles. Con las cejas (o pestañas, como sugieren algunas fuentes), los hermanos construyen un gran muro para proteger la tierra de los gigantes. La tierra dentro de este poderoso muro se llama Midgard, la tierra a la que los seres humanos llaman hogar.

Los dos gigantes que logran escapar del diluvio son desterrados por los dioses a las montañas alejadas de Midgard. Esta zona indómita de bosques oscuros y montañas se llama Jötunheimr, y es la tierra donde los gigantes reconstruyen su raza. Un descendiente de Ymir llamado Narfi tiene una hermosa hija. Su nombre es Nótt, que significa «noche». Esta giganta tiene la piel tan oscura como la noche misma, con el pelo largo tan oscuro como el ébano.

Se dice que Nótt es una de las gigantas más hermosas que ha existido y que se ha casado tres veces. Su primer matrimonio es con un gigante llamado Naglfari, con el que tiene un hijo llamado Auðr, que significa riqueza. Su segundo marido se llama Annar, y más tarde da a luz a una hija llamada Jörð, que significa tierra. Su tercer matrimonio es con Dellingr, cuyo nombre significa amanecer. A diferencia de sus dos maridos anteriores, Dellingr no es un gigante. De hecho, es un *Æsir*, un dios del panteón nórdico principal. Juntos tienen un hijo, al que llaman Dagr, que significa día. A diferencia de su madre, Dagr tiene la piel tan brillante como el día y es tan hermoso como los dioses.

Por supuesto, Odín pronto se entera del nacimiento de Dagr. Así que coge a Nótt y a su brillante hijo y les da a cada uno un carro para que surquen los cielos hasta que el Ragnarök destruya finalmente el mundo. Nótt cabalga delante y su carro es tirado por un caballo llamado Hrimfaxi o «crin de escarcha». Todas las mañanas, cuando el caballo atraviesa el cielo, su respiración produce espuma, que cae sobre la hierba verde y las hojas de la tierra. Los humanos pueden vislumbrar estas gotas de agua cada día antes de que salga el sol, se llaman rocío.

Dagr, sigue el camino en su propio carro detrás de Nótt, su madre. El carro de Dagr es tirado por otro caballo llamado Skinfaxi o «crin brillante». Tal y como sugiere su nombre, este caballo es tan brillante que ilumina todo el cielo y la tierra que hay debajo.

Odín observa el cielo en todo momento, asegurándose de que madre e hijo sigan su interminable viaje por los cielos a la misma velocidad hasta el fin de los tiempos. El mundo se oscurece cuando pasa Nótt y el cielo se ilumina cuando pasa Dagr en su carro. Y así se crean el día y la noche. Con Nótt y Dagr siguiéndose en los cielos, los poderosos dioses y los humanos de la Tierra pueden saber la hora.

Sin embargo, Nótt y Dagr no son los únicos sometidos a la atenta observación de Odín. En Midgard vive un hombre que responde al nombre de Mundilfari. Tiene un par de hijos cuyo aspecto es tan bello que los llama Sol y Mani en honor al sol y la luna reales, creados por los poderosos dioses. Los dioses, sin embargo, se enfurecen por el acto jactancioso de Mundilfari. Así que apartan a los hermosos hermanos de su arrogante padre y les asignan a ambos una tarea. La radiante hermana, Sol, debe montar en un carro, arrastrando al mismísimo sol a través de los cielos. Para proteger la tierra de las cenizas provocadas por el sol, los dioses colocan un escudo legendario llamado Svalinn delante de él. Mientras su hermana controla el carro del sol, Mani se encarga del carro que tira de la luna.

Los lobos persiguen a Sol y Mani por J. C. Dollman, 1909.⁴⁵

Por supuesto que a los hermanos les encantaría descansar de vez en cuando de su interminable viaje a través de los cielos, pero saben que nunca podrán hacerlo, al menos hasta el fin de los tiempos, ya que son perseguidos constantemente por dos enormes lobos llamados Hati y Sköll. Cada uno de estos despiadados lobos tiene una única misión: Sköll debe devorar al sol y Hati a la luna. No lo conseguirán mientras el Ragnarök sea solo un rumor lejano.

Capítulo 2: Yggdrasil y los nueve mundos

Recuerdo aún / a los gigantes de antaño,
que me dieron pan / en los días pasados;
Nueve mundos conocí, / los nueve en el árbol
Con poderosas raíces / bajo el moho.
(*Völuspá,* estrofa 2, traducida al inglés por Henry Adams Bellows).

Los dioses, los humanos, los enanos, los elfos, los animales y todo el mundo nórdico no podría existir sin el legendario fresno. Yggdrasil, también conocido por muchos como el Árbol de la Vida, surgió en medio del cosmos nórdico una vez que los elementos de Niflheim y Muspelheim se encontraron en el centro de Ginnungagap. Era tan alto y macizo que el poema nórdico antiguo *Völuspá* lo describe como «amigo del cielo despejado». Sus ramas se extendían por los cielos y sus intrincadas raíces llegaban al inframundo y a tres pozos sagrados: Urðarbrunnr, Hvergelmir y Mímisbrunnr. Yggdrasil era el árbol que unía los nueve reinos del universo nórdico. Estos reinos eran Asgard, Midgard, Vanaheim, Alfheim, Svartalfheim, Helheim, Jötunheimr y, por supuesto, los dos reinos primordiales, Niflheim y Muspelheim.

Además de unir los nueve mundos, se dice que el árbol sagrado era el hogar de varias criaturas vivientes. En la cima de sus ramas más altas había un águila con amplios conocimientos; lamentablemente, su nombre se ha perdido en las arenas del tiempo. El águila era distinta de todas las que se ven volar por los cielos. Se dice que una vez que batía sus alas, algunas de las ramas de Yggdrasil se rompían y se creaba un viento tan fuerte que los humanos de Midgard podían sentir la brisa. Algunos relatos incluso afirman que el águila era la responsable de huracanes y tifones.

Mientras que en la cima de Yggdrasil vivía la poderosa águila, a los pies del fresno vivía una serpiente (o un dragón, según algunas fuentes) que se pasaba el día royendo las enormes raíces del Árbol de la Vida. Esta serpiente se conoce con el nombre de Níðhöggr (Nidhogg) (no confundir con Jörmungandr, la serpiente gigante que rodea la tierra) y su único objetivo era derribar el fresno y devolver el mundo a la nada y al caos.

El fresno Yggdrasil, de Friedrich Wilhelm Heine, 1886.⁴⁶

Dispuesto a destruir Yggdrasil, Níðhöggr se ganó un enemigo: el águila. Cada día, la serpiente y el águila intercambiaban insultos y burlas. Como las dos criaturas vivían lejos la una de la otra (una encaramada en lo alto del árbol y la otra bajo tierra, justo debajo de la enorme raíz), se necesitaba un mensajero. Esta era la tarea de Ratatoskr, una ardilla que correteaba de arriba a abajo por el tronco del árbol, llevando mensajes difamatorios para provocar al águila y a Níðhöggr.

Otros seres que tenían Yggdrasil como hogar eran los cuatro ciervos llamados Dáinn, Dvalinn, Duneyrr y Duraþrór. Estos ciervos sobrevivían mordisqueando el follaje y las ramas del árbol. Por supuesto, con todas esas criaturas, el Árbol de la Vida sufrió un poco, pero su vitalidad nunca se agotó gracias a los tiernos cuidados de las *norns*.

Las *norns* eran entidades femeninas que controlaban el destino de todos los seres del mundo, lo que las hacía incluso más poderosas que los propios dioses. Sin embargo, se desconoce cuántas eran. El poema nórdico *Fáfnismál* afirma que eran muchas y que descendían de los dioses, los elfos y posiblemente incluso de los enanos. Sin embargo, en *Völuspá* hay exactamente tres *norns*, y se las considera seres misteriosos y poderosos que no descendían de los dioses ni de los demás seres del universo. Las tres *norns*, Urðr, Verðandi y Skuld, vivían en una sala bajo Yggdrasil, junto a Urðarbrunnr, también conocido como el pozo del destino. Las *norns* sacaban agua del pozo sagrado, que mezclaban con arcilla antes de utilizarla para nutrir el Árbol de la Vida y evitar que se pudriera. Cuando no estaban sacando agua de Urðarbrunnr, las *norns* salían de su salón y visitaban a los niños recién nacidos para determinar su destino.

Asgard

Tras crear el cielo, las nubes, las estrellas, el océano alrededor de Midgard y las altas montañas, los dioses necesitaban un reino para sí mismos. Así, el último reino que construyeron fue Asgard, una morada para los dioses y diosas *Æsir*. Este reino fue creado en lo alto del cielo, en la cima del Yggdrasil. Se elevaba por encima del reino de los humanos. Asgard estaba conectado a Midgard por Bifröst. Bifröst era un puente para los dioses que utilizaban a menudo para cruzar entre los dos reinos, mientras que los humanos lo veían como un arco iris que adornaba el cielo. Ningún humano podía cruzar el puente arco iris, ya que contenía una llama roja que quemaba a cualquier mortal que intentara poner un pie en el mundo divino.

A pesar de que Bifröst era una de las construcciones más fuertes jamás creadas por los dioses y custodiada por el propio Heimdall, su destrucción durante el Ragnarök había sido profetizada desde hacía mucho tiempo. Simplemente no había forma de evitarlo.

Es casi imposible imaginar lo enorme que era el hogar de los dioses, pero según los registros antiguos, había varios reinos más pequeños dentro de Asgard. Cada uno de ellos albergaba mansiones y salones legendarios pertenecientes a diferentes dioses y diosas.

En el centro de Asgard había una llanura verde conocida como Iðavöllr. Éste era el lugar donde los dioses se reunían para discutir los asuntos más importantes del mundo. En esta llanura celestial también se encontraba el reino de Glaðsheimr. Este era el reino que albergaba la sala dorada más famosa de Odín, el Valhalla. Había otra sala para los héroes muertos, similar al Valhalla, que se llamaba Fólkvangr. La única diferencia entre Valhalla y Fólkvangr era que esta última estaba gobernada por la diosa Freyja.

Cerca de Bifröst había otro reino conocido como Himinbjörg, que significa acantilado del cielo y que era el único hogar de Heimdall. Baldur, uno de los hijos de Odín, vivía en Breiðablik (Breidablik), mientras que en el reino de Þrúðheimr (Thrudheim) había una sala de 540 habitaciones llamada Bilskírnir. Aquí moraban Thor, su esposa Sif y sus numerosos hijos.

Vanaheim

Traducido del nórdico antiguo, Vanaheim significa simplemente la «patria de los *vanir*». Mientras que los dioses *Æsir* de Asgard se asociaban a menudo con la guerra, las armas y la justicia, los dioses *vanir* eran venerados por algo totalmente opuesto. Los *vanir* eran conocidos por ser poderosas deidades asociadas con la naturaleza, la fertilidad, la sabiduría y la magia. Incluso se cree que tenían la capacidad de predecir y ver el futuro de muchos seres del universo.

Sin embargo, se desconoce dónde se encontraba Vanaheim en este mundo mítico. La mayoría de los eruditos coinciden en que podría haber estado situado al oeste de Asgard. Su razonamiento procede de un antiguo poema llamado *Lokasenna*, donde se afirma que el dios *vanir* Njörðr tuvo que navegar hacia el este para llegar a Asgard desde su hogar. Sin embargo, otros eruditos creen que se encontraba en el inframundo, justo debajo de las raíces de Yggdrasil.

Hay poca información sobre el aspecto real de Vanaheim, pero dado que el reino estaba habitado por los propios *vanir*, se puede suponer que se trataba de una tierra placentera llena de abundante naturaleza y vida salvaje.

Alfheim

El tercer reino del cosmos nórdico era Alfheim (Álfheimr), que se traduce directamente como el «mundo de los elfos». En la mitología nórdica hay dos tipos de elfos: los *ljósálfar* («elfos de la luz») y los *dökkálfar* («elfos oscuros»). Los elfos de la luz eran hermosos, más bellos que el propio sol, mientras que los elfos oscuros eran todo lo contrario. Eran tan oscuros como la brea. Sin embargo, Alfheim solo era el hogar de los elfos de la luz. Se decía que era uno de los tres reinos (junto a Asgard y Vanaheim) situados en las ramas superiores de Yggdrasil.

Aunque el reino es conocido por ser el hogar de los elfos de la luz, sorprendentemente no estaba gobernado por ellos. En su lugar, Alfheim estaba gobernado por el dios *vanir* Freyr. No se sabe con certeza si existía una conexión directa entre el dios y los elfos, pero los antiguos poemas explican cómo obtuvo su trono sobre Alfheim: los poderosos dioses le regalaron la tierra cuando era un bebé, justo después de que le saliera su primer diente.

Sin embargo, al igual que Vanaheim, no existe información detallada que describa el mundo de Alfheim. Solo se menciona unas pocas veces en los poemas antiguos. Sin embargo, teniendo en cuenta que estaba gobernado por el dios de la fertilidad y la magia, muchos suponen que Alfheim era un reino maravilloso.

Midgard

A partir del vacío de Ginnungagap, los dioses crearon un hermoso mundo repleto de tierras verdes, abundantes recursos y suelos sanos para que los humanos vivieran en él y lo aprovecharan. Algunos llaman a este reino Midgard, mientras que otros lo conocen por el nombre de Tierra Media. A diferencia de los otros reinos unidos por el Árbol de la Vida, Midgard no estaba situado ni en las ramas ni en las raíces. En cambio, se encontraba en el tronco. La Tierra Media estaba conectada con Asgard a través de Bifröst, pero a ningún humano se le permitía cruzar el puente. Al lado estaba el peligroso reino de Jötunheimr, el mundo de los gigantes. Para asegurarse de que Midgard permaneciera a salvo de los ataques indeseados de los gigantes, los dioses construyeron un enorme muro alrededor de la Tierra Media. Ese muro se creó utilizando nada menos que las cejas de Ymir.

El muro no era lo único que separaba Midgard de las tierras salvajes de Jötunheimr. Un gran océano rodeaba la tierra, tan vasto que era el hogar de la Serpiente del Mundo, Jörmungandr. Se dice que la serpiente era tan enorme como la propia tierra; podía envolver Midgard con su largo y escamoso cuerpo y morderse la cola. Aunque el némesis definitivo de Jörmungandr era el dios del trueno, Thor, todos los seres del universo debían estar atentos a sus movimientos. Una vez que la Serpiente del Mundo soltara su cola, todo su cuerpo caería al gran océano, provocando inundaciones y desastres implacables en el mundo de los hombres. Pronto llegaría el Ragnarök, aguardaba una batalla mortal.

Jötunheimr

Cuando Odín y sus hermanos mataron a Ymir, su sangre provocó una gran inundación. Los dos restantes de su especie, Bergelmir y su esposa, se vieron obligados a huir al oscuro desierto. Esta tierra se llamaba Jötunheimr o Utgard, que significa «más allá del cerco». Era el único lugar donde los *jötnar* eran bienvenidos. Situada junto a Midgard y extendiéndose hasta el confín del mundo, Jötunheimr estaba separada del hogar fortificado de los dioses por el río Ífingr, un río legendario que nunca se helaba. Su corriente era tan rápida que nadie podía cruzarlo.

Algunos creen que Jötunheimr era una tierra desnuda llena de oscuridad y terribles peligros, mientras que otros afirman que no era más que un páramo indómito que rodeaba Midgard, con altísimas montañas y bosques místicos. Sin embargo, ningún humano con corazón ligero se aventuraba en el reino, sobre todo porque los dioses habían construido un fuerte muro que rodeaba la Tierra Media para proteger a los humanos de cualquier amenaza que acechara más allá del cerco.

Aparte de Odín, Thor era uno de los pocos que podía sobrevivir fácilmente en la tierra de los gigantes. Durante sus aventuras en este reino, muchos gigantes intentaron engañar al dios del trueno para acabar con él, pero ninguno de sus planes funcionó. Mientras Thor cruzaba el río Vimur en Jötunheimr, se dio cuenta de que el nivel del agua subía lentamente. En pocos segundos, sus dos hombros ya estaban sumergidos bajo el agua. Presintiendo que algo iba mal, el dios miró a su alrededor y vio a una giganta llamada Gjálp de pie cerca de él, vertiendo continuamente su orina en el río, haciendo que el agua subiera tremendamente cada segundo. Enfurecido, Thor cogió una enorme roca y la lanzó contra la giganta. Su puntería fue precisa. Gjálp dejó inmediatamente de orinar, arruinando su plan de impedir que el dios viajara a la fortaleza de su padre.

El viaje de Thor a Geirrodsgard, de Lorenz Frølich, 1906.ʷ

Svartalfheim

Svartalfheim es otro reino que no es tan conocido como los demás. Svartalfheim, a veces llamado Nidavellir, era el hogar de los enanos. Según Snorri Sturluson, historiador islandés y autor de *la Edda en prosa*, Svartalfheim es también el lugar de refugio de los elfos oscuros. Sin embargo, no se sabe con certeza si los enanos y los elfos oscuros mencionados por Snorri son dos seres diferentes. Algunos eruditos coinciden en que son, en efecto, las mismas criaturas, mientras que otros creen que se trata de dos razas distintas. Los enanos eran bajitos y maestros herreros, mientras que los elfos oscuros eran criaturas malévolas de piel mucho más oscura en comparación con los elfos claros de Alfheim.

Dado que Svartalfheim estaba situado bajo tierra, era un reino bastante oscuro y su atmósfera estaba llena de humo constantemente debido a las brasas humeantes que salían de las forjas. Aunque los enanos son descritos como fuertes, también se dice que eran muy susceptibles al sol. Thor, que sabía esto, utilizó esta debilidad contra un enano llamado Alvíss. El sabio enano iba a casarse con la hija de Thor, pero al dios del trueno no le gustó el acuerdo, así que engañó a Alvíss para que respondiera a una pregunta tras otra hasta el anochecer. El dios le preguntó sobre casi todo, desde el oficio de la artesanía hasta cosmología y música. Sin ser consciente de la hora, el enano abandonó la residencia de

Thor cuando ya era la mañana. Una vez expuesto al sol, se convirtió en piedra.

Muspelheim y Niflheim

Muspelheim y Niflheim fueron los dos primeros reinos de la mitología nórdica. Ambos mundos se formaron mucho antes que todo y desempeñaron un papel fundamental en la creación del universo. Muspelheim era el reino del fuego y su tierra era tan caliente como el propio sol, quizá incluso más. Podía quemar fácilmente a cualquier mortal que se atreviera a poner un pie allí. A pesar de las temperaturas abrasadoras, de las llamas que ardían día y noche y de la lava roja que borboteaba en el suelo, Muspelheim tenía habitantes. Esta tierra estaba gobernada por Surtr, un monstruoso gigante de fuego que blandía una espada flamígera llamada Sviga Laevi. Cuando por fin llegara el momento, Surtr, junto con sus secuaces, eran los destinados a prender fuego a todo el universo.

Mientras que Muspelheim era conocido por el elemento del fuego, el reino de Niflheim era de donde procedía el hielo. En la oscura tierra de este mundo primordial no crecía nada debido a la extrema frialdad y las nieblas interminables. Se dice que Niflheim está en el norte del universo, pero hay que tener en cuenta que, según las antiguas creencias vikingas, el norte se situaba abajo, mientras que el sur se situaba arriba. Una de las raíces de Yggdrasil llegaba hasta este reino, conectándolo con los otros ocho mundos de la mitología nórdica.

Helheim

Helheim, también conocido por muchos como Hel, era el frío y oscuro reino de los muertos. Se cree que se encuentra en Niflheim, por lo que no es de extrañar que el reino se describa como extremadamente oscuro y con vientos fríos que incluso incomodaban a los dioses. Esta tierra estaba gobernada por la monstruosa hija de Loki, cuyo nombre es el mismo que el del reino, Hel. Se dice que bajo su mandato, ni siquiera los dioses podían salir fácilmente del reino. Solo había una forma de entrar y salir: había que cruzar Gjöll, un río helado lleno de afilados cuchillos que fluía en el reino. Después, había que atravesar una enorme puerta custodiada por un feroz sabueso manchado de sangre llamado Garmr.

Helheim no se parece en nada al infierno como se concibe en el cristianismo. Este reino no solo recibía a quienes habían muerto sin realizar buenas acciones; también era donde llegaban quienes no lograban entrar al Valhalla tras el final de su vida. Quienes no perecían en un campo de batalla eran enviados a Helheim, al igual que los que morían por accidentes, enfermedades y vejez. No les esperaban torturas ni tormentos, ya que este reino era simplemente un lugar para continuar la vida después de la muerte. Sin embargo, también hay fuentes que afirman que Helheim tenía un lugar especial para los malvados. Aseguran que quienes vivían vidas malvadas eran arrojados a Niflhel, el nivel más bajo del reino, donde se enfrentaban a sus errores.

Capítulo 3: La creación de los humanos y la guerra de los dioses

*«Entonces, de la muchedumbre / surgieron tres,
Del hogar de los dioses, / los poderosos y gentiles;
Dos de ellos sin destino / en la tierra que encontraron,
Ask y Embla, / vacíos de poder».*
(*Völuspá*, estrofa 17, traducida al inglés por Henry Adams Bellows)

En lo alto de Asgard, las forjas nunca dejaban de arder y los sonidos de las hachas derribando los árboles resonaban por los bosques durante todo el día. Se construyeron templos de madera, salones exquisitos con tronos de oro y mesas equipadas con platos y cuencos intrincados. Todos los días, los dioses se reunían en Iðavöllr para discutir asuntos cruciales. Después regresaban a sus moradas, donde disfrutaban de banquetes y se retaban a una partida de *tafl*, un antiguo juego de los dioses parecido al ajedrez. Era la edad de oro, así que los dioses no tenían casi de qué preocuparse. Incluso las *norns* estaban menos ocupadas durante este periodo, ya que no había tantas almas a las que tuvieran que visitar para determinar su destino.

Con el maravilloso mundo creado y sin amenazas a la vista, los dioses centraron su atención en Midgard. El reino lo tenía todo, pero al mismo tiempo estaba vacío. No había habitantes en Midgard que hicieran uso de todo lo que los dioses habían creado. Así, Odín comenzó a preguntarse. Era un desperdicio crear un mundo tan maravilloso para dejarlo intacto.

Entonces el padre de todos viajó a una playa acompañado por otros dos dioses; algunos dicen que estaba con sus dos hermanos, Vili y Vé, mientras que otras fuentes afirman que estaba acompañado por Hœnir y Loðurr (Lodurr). Mientras paseaban tranquilamente por la orilla, observaron algo extraño frente a ellos. Eran dos trozos de madera a la deriva tallados con las formas extrañas de un hombre y una mujer. Nadie sabe a ciencia cierta si era obra de los enanos o simplemente de la madre naturaleza.

Hœnir, Lóðurr y Odín crean a Askr y Embla por Lorenz Frølich, 1895.*

Aunque los tres dioses estaban perplejos por el asombroso parecido de las tallas de la madera a la deriva con ellos mismos, también sintieron lástima. Aunque tenían la forma exacta de un hombre y una mujer, carecían de vida; al fin y al cabo, solo eran trozos de madera. Por eso, los dioses acordaron darles vida y proporcionarles todo lo que no tenían. Odín fue el primero en acercarse a los trozos de madera y les concedió el aliento de la vida. A continuación, fue el turno de Vili, que les concedió la conciencia y la capacidad de moverse. Por último, Vé los dotó de una tez sana y de sus cinco sentidos. De trozos de madera a la deriva, se convirtieron en seres humanos que respiraban; la primera pareja del mundo.

Para protegerlos del sol durante el día y del frío por la noche, los dioses les dieron ropa adecuada. A continuación, los enviaron a Midgard, donde pasarían el resto de sus días. Antes de dejarlos, Odín y sus hermanos les dieron nombres; el hombre se llamó Ask y la mujer Embla. Los tres dioses no les pidieron nada a cambio de sus dones, excepto una cosa. Dentro de la muralla fortificada de la Tierra Media, Ask y Embla recibieron el encargo de reproducirse y poblar el mundo. Esta tarea fue, sin duda, llevada a cabo con éxito por ambos, ya que nacieron más y más humanos hasta que Midgard fue conocido como el reino de los hombres.

Pasaron los días y la vida de los humanos en la Tierra Media evolucionó. De llevar una vida sencilla en pequeños asentamientos, cuidando granjas y animales, pasaron a construir naves y explorar el vasto mundo. Nacieron reyes y reinas, guerreros y héroes. Se entrenaban y hacían la guerra en los campos de batalla, chocando espadas y hachas. Sin embargo, los humanos no eran los únicos que luchaban entre sí. Los poderosos dioses también se arrojaban lanzas. Esta fue la primera guerra del mundo y fue uno de los mayores conflictos que jamás estallaron entre las dos tribus divinas: los *Æsir* y los *vanir*.

Los *Æsir* son los dioses principales del panteón nórdico, es decir, los dioses que la mayoría conoce gracias a las películas y videojuegos inspirados en el mundo nórdico. Odín, Thor, Frigg, Heimdall, Baldur, Týr y Loki eran *Æsir*. Estos dioses vivían en Asgard y con frecuencia se relacionaban con la guerra, las armas y el caos, lo que los convierte en el panteón más famoso, sobre todo entre guerreros y héroes. Mientras tanto, los *vanir* eran adorados por la fertilidad, la riqueza y la sabiduría. En lugar de habitar dentro de murallas fortificadas con grandes salones y banquetes, los *vanir* llamaban hogar a Vanaheim, un reino que se cree rico en naturaleza. Se dice que a diferencia de los *Æsir*, los *vanir* son menos civilizados y tienen la capacidad de utilizar la magia. Sin embargo, no se sabe mucho de ellos, aparte de algunos de los nombres de sus dioses más conocidos, como Njörðr y sus hijos gemelos, Freyr y Freyja.

La razón principal de esta guerra de dioses no está del todo clara. Hay dos teorías principales. Algunos dicen que comenzó cuando los *vanir* empezaban a ganarse el favor de los humanos. Cada día, más y más humanos los adoraban y comenzaron a ofrecer sacrificios en nombre de los *vanir*. Esto, por supuesto, llamó la atención de los dioses en Asgard. Los *Æsir* se pusieron celosos de los *vanir*, aunque los humanos nunca dejaron de adorarlos y así comenzó la guerra.

Aunque los celos de los dioses *Æsir* hacia los *vanir* podrían haber sido el inicio de la guerra, *Völuspá*, un poema de la *Edda Poética*, sugiere otra cosa. Según esta fuente, todo comenzó cuando Asgard abrió sus puertas a una misteriosa mujer conocida con el nombre de Heiðr. Algunos creen que no era otra que la propia diosa *vanir* de la fertilidad y la magia, Freyja, a quien le encantaba viajar entre los reinos disfrazada mientras practicaba el arte del *seidr* (seiðr), una poderosa magia chamánica. Incluso se podía contratarla para que lanzara sus poderes y resolviera problemas a cambio de un pago en oro.

Un día, Heiðr visitó a los dioses *Æsir*. En Asgard, hizo gala de su poderosa magia hasta que los propios dioses recurrieron a ella cada vez que se veían ahogados por los problemas. Resulta que cuanto más dependían los dioses de las poderosas habilidades mágicas de Heiðr, más se alejaban de su honor, lealtad, obediencia y leyes. Los *Æsir* se dieron cuenta de esto y culparon a Heiðr. Afirmaron que era egoísta y que solo le importaba el oro (se decía que Heiðr siempre había hablado de su amor por el oro, incluso desde el mismo momento en que llegó a Asgard, lo que irritaba enormemente a los *Æsir*). Por eso, la llamaron Gullveig, que significa «dorada».

Los *Æsir* no dejaron que Gullveig saliera ilesa, estaban seguros de que todo el universo estaría mejor sin ella. Así que capturaron a la hechicera y la llevaron a la sala de Odín. Allí, prendieron fuego a Gullveig y la apuñalaron varias veces con lanzas. Justo cuando pensaban que el mundo se había librado de la codiciosa bruja, Gullveig emergió de entre las llamas ardientes, completamente ilesa y sin una sola herida, a pesar de las muchas y despiadadas puñaladas de los dioses. Decididos a acabar con su vida de una vez por todas, los *Æsir* volvieron a arrojarla a las enormes llamas del centro de la sala y la apuñalaron nuevamente. Al igual que la primera vez, Gullveig salió ilesa de las llamas. Lo mismo ocurrió cuando los *Æsir* intentaron quemarla y apuñalarla hasta la muerte por tercera vez. Durante los tres intentos de asesinato, Gullveig se encontraba en trance mágico, lo que hizo imposible que le hicieran daño.

Representación de Gullveig sobre el fuego, de Lorenz Frølich, 1895.⁴⁹

Para empeorar las cosas, Gullveig era una aliada de los dioses *vanir* en Vanaheim. Por eso, cuando las noticias sobre cómo los dioses de Asgard la habían tratado llegaron oídos de los *vanir*, estos se enfurecieron y juraron que les harían pagar por el horrible acto que habían cometido. Comenzaron a planear y preparar su venganza, pero Odín, que estaba sentado en lo alto de su trono, Hliðskjálf (Hlidskjalf), podía verlo todo y a todos en los nueve reinos. El padre de todo sabía que los *vanir* atacarían Asgard tarde o temprano y que la batalla alcanzaría dimensiones catastróficas. Después de todo, los dioses del mundo nórdico no eran inmortales, aunque gracias a las manzanas de oro de Iðunn, no envejecían hasta el fin de los tiempos.

Con suficientes preparativos, Odín y sus compañeros dioses atacaron a los dioses de Vanaheim. El más poderoso disparó su lanza, que voló por encima de las cabezas de los *vanir*, una acción que más tarde practicaron los vikingos al comienzo de las batallas. Esto marcó el comienzo de la guerra de los dioses. Los *Æsir* estaban familiarizados con las guerras y el uso de la fuerza bruta, pero los *vanir* también eran bastante poderosos. En lugar de blandir armas pesadas, utilizaban poderosa magia y hechizos para paralizar a Odín y a sus compañeros dioses. Poco después, los *vanir* lograron destruir parte de las murallas fortificadas de Asgard. Sin embargo, la guerra no terminó ahí, ya que los *Æsir* consiguieron causar grandes daños y bajas a los de Vanaheim. Los dioses se hicieron la guerra mutuamente durante mucho tiempo y ninguna de las tribus estaba dispuesta a retroceder. A medida que la guerra avanzaba, empezaron a darse cuenta de que nada bueno salía de este conflicto; el mundo entero quedaría reducido a cenizas antes de que cualquiera de los dos bandos saliera victorioso.

Así, los dioses de ambos panteones envainaron sus armas y dejaron de lanzar hechizos para destruir el mundo. Se reunieron y decidieron poner fin a la guerra de la forma más pacífica posible. Sin embargo, antes de llegar a ese punto, las dos tribus divinas discutieron, señalándose una a otra. Después de resolver las causas de la batalla, los dioses llegaron a un acuerdo: decidieron coexistir pacíficamente con una condición.

Debían elegir entre ellos e intercambiar rehenes. Ambos panteones debían enviar a algunos de sus dioses o diosas más poderosos al reino de los otros. Para cumplir el acuerdo, Njord, Freyr y Freyja se trasladaron a Asgard, mientras que los *Æsir* eligieron a Hœnir y Mimir para vivir en Vanaheim.

Los *vanir*, sin duda, habían cumplido el pacto enviando a tres de sus mejores dioses a Asgard, pero no podía decirse lo mismo de los *Æsir*. Se cree que Mimir era el ser más sabio de toda la mitología nórdica. Su sabiduría y conocimientos eran tan vastos como el océano infinito, hasta el punto de que el propio Odín acudía a él en busca de consejos y sugerencias útiles. Hœnir, sin embargo, no compartía los atributos del sabio dios Mimir. Obtuvo el apoyo y la admiración del resto de los *vanir*, pero fueron su aspecto y su fuerza los que le ayudaron. Debido a su atractivo aspecto, los dioses de Vanaheim pensaron que sería un líder adecuado para el reino. Demostró que estaban en lo cierto aportando siempre las mejores decisiones y soluciones. Impresionados por sus habilidades y su sabiduría, los dioses de Vanaheim decidieron nombrarlo jefe del reino.

No sabían ellos que todas esas decisiones y resoluciones que salían de su boca no eran suyas. A pesar de desempeñar un papel en la creación de los humanos y de ser descrito a veces como «el más temible de todos los dioses», Hœnir era en realidad indeciso. Era Mimir quien le susurraba las sabias palabras. Los *vanir* finalmente descubrieron lo que estaban tramando. Mientras Mimir estaba lejos de Hœnir, los dioses le pedían consejo, y debido a su indecisión, a menudo respondía: «Que otros decidan». Los dioses de Vanaheim se sintieron engañados por los *Æsir*; apresaron a Mimir y lo decapitaron. Luego, abandonaron su cuerpo en el desierto para que se pudriera, mientras que su cabeza cortada fue entregada a Odín en Asgard como expresión de su ira.

Representación del siglo XIX del cuerpo decapitado de Mimir.[50]

El padre de todo estaba horrorizado por el brutal destino de Mimir. No soportaba perder a alguien con tan tremendo conocimiento. Así, Odín llevó la cabeza de Mimir a un lugar seguro, donde más tarde la embalsamó con hierbas extraordinarias para asegurarse de que no se pudriera. Entonces, comenzó a cantar *seiðrhljóð* (canciones mágicas) para devolver la cabeza cortada a la vida. Incluso sin su cuerpo y sus pulmones, Mimir respiró de nuevo mágicamente. Aliviado, Odín llevó la cabeza a su salón en Asgard. Más tarde, Mimir custodiaría el legendario pozo de Mímisbrunnr.

Este cruel incidente podría haber reiniciado la guerra entre los dos panteones. Sin embargo, los dioses sabían que la guerra solo traería el caos al mundo y que ninguno de los dos bandos saldría beneficiado. Por ello, las dos tribus divinas acordaron pacíficamente dejar de derramar sangre. Esta vez, tanto los *Æsir* como los *vanir* se reunieron y sellaron otro pacto. Los dioses de ambas tribus realizaron un antiguo ritual de paz en el que escupían en un recipiente. Su saliva se mezcló y nació un ser sabio. Su nombre era Kvasir, el producto de la nueva alianza entre los dioses *Æsir* y *vanir*.

Capítulo 4: Odín y Thor

Era un día normal en Midgard. No había ninguna amenaza y los humanos vivían sus vidas. No se esperaba que ocurriera nada fuera de lo normal hasta que llegó una misteriosa figura. Desde lejos, parecía un viajero normal que vagaba por las tierras, intentando llegar a algún destino. A medida que se acercaba, se podía notar que el viajero solo tenía un ojo. Su aspecto era, en su mayor parte, el mismo que el de un viajero con barba canosa y un abrigo azul oscuro que protegía su piel del sol ardiente y de los vientos fríos de la noche. En la cabeza, el viejo viajero llevaba un sombrero de ala ancha y caminaba con un bastón en la mano. La gente que se cruzaba con el viajero de barba gris lo conocía con el nombre de Grímnir, mientras que quienes estaban en lo alto de Asgard lo conocían por su verdadero nombre, Odín.

Odín presentándose como un vagabundo, de Georg von Rosen, 1886.[51]

Odín, también conocido por muchos como el padre universal, era el líder de los *Æsir*. Snorri afirma que era el más poderoso de los *Æsir*. Después de todo, Odín era el rey de Asgard, y sin él, el universo entero habría dejado de existir. Aunque su apariencia en Midgard no se parecía en nada a la de un dios, el rey lo hacía a propósito. A Odín siempre le gustaba vagar por el mundo disfrazado y se le conocía con muchos nombres. En inglés, el tercer día de la semana, el miércoles (*wednesday*), deriva de uno de sus nombres en inglés antiguo, Wōden.

Como rey de Asgard, no es de extrañar que Odín tuviera varias esposas y amantes. Oficialmente, era el marido de Frigg, la reina de Asgard y diosa del matrimonio. De su unión con ella tuvieron tres hijos: Baldur, Hodr (Höðr) y Hermod (Hermóðr). Una de las parejas más populares asociadas a Odín fue, por supuesto, Jörd (Jörð). A diferencia de Frigg, que nació como *Æsir*, Jörd era una giganta. Con ella, Odín tuvo otro hijo, el más poderoso de todos: Thor.

Al ser un dios guerrero, Odín se asocia a menudo con las guerras y la muerte. Incluso poseía el Gungnir, una lanza legendaria que se dice que causaba pánico, ceguera y entumecimiento. Pero esas no son las únicas cosas por las que se le adoraba. Odín también era el dios de la poesía, el conocimiento y la sabiduría. Aunque las armas y la fuerza bruta le eran muy familiares, Odín también tenía un vasto conocimiento de la magia, gracias a la diosa *vanir* Freyr, que vivía en Asgard tras el fin de la guerra de los dioses. Algunas fuentes afirman que Odín podía ver el futuro e interpretar profecías.

En Asgard, Odín moraba en su gran salón, llamado Valhalla, acompañado por decenas de honorables guerreros y reyes caídos en el campo de batalla. Estos guerreros eran elegidos por las Valquirias y, una vez que eran enviados a la sala de Odín, pasaban todo el día entrenando sus habilidades de batalla preparándose para la última batalla, que se conoce como Ragnarök. Odín tenía otras criaturas a su lado además de los guerreros y las valquirias. A sus pies yacían dos feroces lobos llamados Geri y Freki; ambos nombres significan el «codicioso». El padre de todos cuidaba él mismo de los lobos. Todos los días les daba de comer con sus propias manos. Les daba toda la comida de su mesa, dejando solo el vino, ya que el rey de los dioses no necesitaba comida para sobrevivir. El vino era suficiente para él.

En la sala había también un trono llamado Hliðskjálf (Hlidskjalf). Odín se sentaba en este trono y contemplaba el mundo. Desde Hliðskjálf, el

Todopoderoso veía todo lo que ocurría en los nueve reinos. Sin embargo, el trono no era la única forma que tenía el rey de Asgard de recibir noticias importantes e información sobre el universo. Odín tenía dos cuervos que volaban alto en los cielos de los reinos, llamados Huginn («pensamiento») y Muninn («memoria»). Estos dos cuervos eran sus ojos (algunos dicen que eran sus espías), y volvían a él después de explorar el mundo para informarle de todo lo que veían.

Cuando algún acontecimiento despertaba su interés, especialmente si beneficiaba su búsqueda del conocimiento, Odín se apresuraba a cruzar el cielo y el océano montado en su fiel corcel de ocho patas, Sleipnir. Odín haría cualquier cosa por el conocimiento, incluso sacrificar su propio ojo, pero no por el bien de su propio ser. Cuando Odín se encontró con la *völva* o la vidente, ella le dijo que los dioses morirían y que todo el mundo que había construido sería destruido cuando llegara el Ragnarök. Incluso el padre de todos encontraría su destino durante el crepúsculo de los dioses: sería devorado por el lobo Fenrir. Debido a esta profecía, Odín buscaba el conocimiento para superar el destino mortal que se cernía sobre él, los demás dioses y el mundo entero.

Su habilidad para cambiar de forma le permitía viajar por el universo con más de un disfraz. A menudo interfería en diversos asuntos relacionados con los humanos, sobre todo si veía algo que pudiera resultarle beneficioso. Sin embargo, ni siquiera él estaba siempre en lo cierto; de vez en cuando se metía en líos, como los humanos. Un día, dos chicos se encontraban en la orilla, remando con cuidado su pequeña barca hasta un lugar apto para pescar. El mayor se llamaba Agnar y el pequeño Geirröth (también escrito Geirröd). Estos niños eran hijos de un rey de Midgard llamado Hraudung.

Mientras los chicos estaban ocupados lanzando sus cañas de pescar, el viento sopló con más fuerza de lo habitual hasta el punto de que perdieron el control de la barca. Momentos más tarde, se fueron a la deriva en mar abierto. Aterrorizados y sin otra opción, pasaron la noche en la barca. Por la mañana, naufragaron en una orilla desconocida. Frente a ellos había un pobre granjero. Compadecido de ellos, los acogió y les presentó a su mujer. Poco sabían que la pareja que los había salvado era, de hecho, Odín y su esposa, Frigg, disfrazados.

Con la apariencia de un pobre campesino, Odín tomó bajo su protección a Geirröth y le enseñó su sabiduría, mientras Frigg cuidaba de Agnar y lo criaba con compasión. Cuando a los árboles les empezaron a crecer hojas nuevas y a nacer flores de colores, marcando el final del invierno, Odín y Frigg llevaron a los niños a la misma orilla en la que se habían bañado antes. Después de cuidarlos durante unos meses, los dos dioses les regalaron un barco nuevo y les pidieron que regresaran a la tierra de su padre. Sin embargo, antes de enviarlos, Odín llamó a Geirröth aparte y le susurró al oído, persuadiendo al muchacho para que empujara a su hermano al mar y regresara solo a su hogar.

Y así, los hermanos emprendieron el viaje de vuelta a casa, pero esta vez el viento era diferente: estaba tan calmado como el propio océano. Cuando se acercaban a la orilla, Geirröth, que iba sentado en la parte delantera de la barca, saltó a tierra y empujó la barca, haciendo que Agnar se alejara de nuevo mar adentro. Sin embargo, al volver a casa, Geirröth pronto se enteró de que su padre, el rey Hraudung, había muerto. Como era el único heredero del rey que había regresado a casa, Geirröth fue recibido con los brazos abiertos y coronado como nuevo rey. Mientras Geirröth llevaba una corona en la cabeza y poseía todas las riquezas de su tierra, Agnar vivía en una cueva con una giganta, con la que tuvo hijos.

Odín veía todo sentado en su alto asiento en Asgard. Orgulloso de su campeón, Odín comenzó a burlarse de su esposa. «¿Quieres mirar a tu pupilo?», le dijo presumiblemente el padre de todo a Frigg. «¿Qué ha sido de Agnar? Vive en una cueva con una giganta, mientras que mi campeón, Geirröth, es un rey respetado que gobierna su propia tierra».

Frigg estaba muy irritada y nada impresionada por el éxito de Geirröth. «Abre los ojos», dijo Frigg. «He oído que Geirröth se ha convertido en lo peor de su especie. Tu campeón no sabe nada de hospitalidad. Torturaría a sus invitados si no le gustaran». Odín desestimó las palabras de su esposa y afirmó que no eran más que mentiras.

Para demostrar que Geirröth no era en absoluto lo que Frigg decía que era, Odín partió hacia Midgard con su disfraz más famoso. Llevaba un manto azul oscuro junto con un sombrero de ala ancha o, como sugieren algunos relatos, una capucha. Frigg, que conocía el plan de su marido de visitar la sala de Geirröth, ordenó a su sirviente más leal, Fulla, que viajara a Midgard y hablara con el rey. Fulla consiguió llegar a Geirröth antes que el padre de todos, y advirtió al rey sobre un peligroso hechicero que se dirigía a su tierra.

«¿Y cómo podría reconocer a este hechicero?» Geirröth preguntó, mordiendo el anzuelo.

«Una vez que ponga un pie en tu salón, ni siquiera los sabuesos más feroces se atreverían a ladrarle», dijo Fulla.

Y así, el rey esperó la llegada del hechicero sin perder de vista a sus perros guardianes. Momentos después, un anciano de barba gris apareció en su salón. Al percatarse de su presencia, los perros dieron inmediatamente un paso atrás y se acobardaron en un rincón. Al ver que sus sabuesos temían al anciano, Geirröth hizo caso de la falsa advertencia de Fulla y ordenó a sus hombres que apresaran al hechicero. Con las manos atadas, Odín fue interrogado. Geirröth le interrogó, pero la única respuesta que obtuvo del viejo hechicero fue su nombre: Grímnir. Enfurecido porque se negó a decir nada más que su nombre, Geirröth ordenó que el hechicero fuera puesto entre dos enormes llamas durante ocho noches sin descanso.

En la octava noche de esta tortura, un niño se acercó al dios disfrazado. El niño de diez años era hijo del propio rey. Se llamaba Agnar, como el hermano de su padre. A diferencia de Geirröth, Agnar no era nada cruel. El niño fue a ver a Grímnir y le llevó un cuerno lleno de agua. No solo le ofreció de beber al anciano para aliviar su dolor, sino que también se disculpó por las malas acciones de su padre. Grímnir aceptó la amable oferta y bebió del cuerno. Entonces empezó a describir con lujo de detalles el universo a la gente que le rodeaba: cómo estaba formado y los nombres de los nueve reinos, junto con sus habitantes. Grímnir incluso reveló su verdadero nombre y les habló de sus muchos disfraces antes de volver a centrarse en Agnar. Prometió al muchacho una recompensa por su amabilidad y que una terrible desgracia caería sobre Geirröth.

Finalmente, el rey se dio cuenta de que la persona a la que torturaba era el mismísimo padre de todos. El rey, presa del pánico, se levantó inmediatamente de su trono, con la esperanza de poder arreglar su destino apartando al dios de las llamas ardientes. Pero ya había firmado su sentencia de muerte. En cuanto se levantó, Geirröth resbaló y cayó sobre su propia espada reluciente. Con el rey empalado y muerto en el suelo, Odín se desvaneció en el aire. El hijo de Geirröth, Agnar, fue aclamado como nuevo rey.

Frigg, que presenció todo el incidente (probablemente desde Hliðskjálf) estaba más que satisfecha, ya que su marido sabía que estaba completamente equivocado sobre su campeón. Hay quien dice que al ver lo que le ocurrió a Odín en la sala de Geirröth, la diosa soltó una carcajada tan fuerte que resonó por todos los cielos. Sin embargo, mirando el lado amable, el rey muerto fue sustituido por un gobernante mejor. El reinado de Agnar fue mucho más próspero que el de su padre.

Odín no fue la única figura divina que se aventuró fuera de la comodidad de Asgard. Lo mismo se puede decir de Thor, el dios del trueno y de barba roja. Era hijo de Odín y su amante gigante, Jörd. Como cualquier otro miembro de la tribu de los *Æsir*, Thor vivía dentro de los muros fortificados de Asgard. Su reino se llamaba Þrúðvangr (Thrudvangar), y tenía su propia sala llamada Bilskírnir. Thor estaba casado con Sif, la diosa de la fertilidad, y con ella tuvo un hijo llamado Modi y una hija llamada Thrud. Otro de sus hijos más conocidos fue Magni, cuya madre sigue siendo desconocida; algunos creen que Magni nació de una giganta llamada Járnsaxa.

Thor, por Johannes Gehrts, 1910.⁶³

Thor, uno de los dioses más poderosos de la mitología nórdica, es el protector de Asgard y Midgard. Por supuesto, como poderoso defensor de dos importantes reinos del universo, Thor se granjeó numerosos enemigos cuyo único deseo era eliminarlo. Esto incluía a la mayoría de los gigantes de Jötunheimr, así como a Jörmungandr, la Serpiente del Mundo, que pronto podría acabar con él durante el Ragnarök. Se cree que, aunque Thor logró acabar con la vida de la serpiente golpeándola en el cráneo, Jörmungandr consiguió escupir su veneno mortal sobre el poderoso dios, haciendo que cayera muerto al suelo pocos instantes después.

Thor no solo ostentaba el título de defensor del mundo, sino que también era conocido como el dios del trueno, el relámpago y las tormentas. A menudo, el dios de barba roja se aventuraba por todos los reinos blandiendo un poderoso martillo conocido popularmente como Mjölnir. Esta era el arma que utilizaba para aplastar los cráneos de los muchos gigantes que se interponían en su camino. Pero Mjölnir no era el único objeto legendario que poseía. Thor también llevaba el Megingjörð («cinturón de poder») alrededor de la cintura. Se decía que este cinturón tenía la capacidad de duplicar su fuerza divina. Para blandir su martillo, el dios del trueno tenía un par de guantes de hierro llamados Járngreipr. Para viajar de un reino a otro, Thor montaba en su carro, tirado por dos cabras mágicas llamadas Tanngrisnir (diente gruñón) y Tanngnjóstr (roedor de dientes). Algunos creían que cuando el poderoso Thor salía de su salón montado en este carro, se oían truenos por todo el cielo. Cuando las ruedas del carro se movían, se producían chispas luminosas.

Sin embargo, tirar del carro no era la única tarea de las cabras, que también mantenían alimentado al dios del trueno. Cuando no había nada que comer durante los viajes, Thor sacrificaba a las cabras y las asaba al fuego antes de devorarlas. Dado que sus huesos seguían intactos, las cabras volvían a la vida al día siguiente completamente ilesas, excepto en una ocasión. Hubo un día en que Thor y Loki se dirigían a la tierra de los gigantes. Los dos dioses decidieron descansar de su viaje e hicieron una parada en una granja situada en el reino de la humanidad, Midgard. Rápidamente fueron recibidos e invitados a pasar la noche por un pobre campesino y su familia. Sin embargo, el pobre campesino informó a los dioses de que el alojamiento era lo único que podía ofrecerles. Debido a la mala situación de su familia, no podía poner comida en la mesa a sus invitados. Sintiendo lástima por la familia y como muestra de gratitud por dejar que él y Loki pasaran la noche, Thor decidió cocinar sus dos cabras mágicas. Luego, ofreció la comida a la familia, pero les advirtió severamente que no rompieran ni un solo hueso de las cabras.

La cena transcurrió bastante bien y la familia estaba más que encantada de que el poderoso Thor les hubiera ofrecido la cena. Sin embargo, Loki tenía algo en mente; convenció con éxito a Thjalfi, el hijo del granjero, para que rompiera uno de los huesos, alegando que la mejor parte de la cabra era su dulce médula ósea. Curioso por su sabor, Thjalfi hizo lo que Loki le había aconsejado. A la mañana siguiente, Thor se despertó para ver a sus dos cabras resucitadas, pero algo extraño llamó su atención; una de ellas cojeaba. Enfurecido, Thor se dirigió al pobre campesino y a su familia y les exigió respuestas sobre lo que les había ocurrido a sus cabras. Loki selló sus labios, pero Thjalfi admitió que había sido él quien había roto el hueso de la cabra. Como castigo, Thor se llevó consigo a Thjalfi y a su hermana, Röskva. Se convirtieron en sus sirvientes más leales y a menudo le acompañaban en sus viajes por la peligrosa tierra de los gigantes.

Aunque Thor era hijo del mismísimo padre de todos, no compartía su sabiduría y su forma diplomática de resolver los problemas. El dios del rayo prefería la acción a horas de charlas y discusiones, lo que explica por qué a menudo se le describe como malhumorado. Odín, por su parte, era muy consciente de la poca paciencia de su hijo y a veces aprovechaba la oportunidad para gastarle bromas al poderoso dios.

Hárbarðsljóð, un poema de la *Edda Poética*, narra el encuentro de Thor con un hombre de barba gris, que los historiadores y estudiosos creen que es Odín disfrazado. Tras una aventura en Jötunheimr, Thor regresaba a Asgard y se cruzó con un viejo barquero llamado Hárbarð (Harbard), que estaba junto a su barca al otro lado del fiordo.

«Transpórtame y te daré de comer del cesto que llevo», le dijo Thor, que pensaba cruzar el fiordo. El barquero, sin embargo, respondió groseramente y comenzó a lanzar insultos a la cara del dios. Antes de que Thor pudiera siquiera expresar su ira, Hárbarð insultó su vestimenta, diciendo que no era más que un vagabundo que vestía como un mendigo sin calzones.

Cuando le preguntaron por el propietario del barco, el hombre de barba gris afirmó que pertenecía a alguien llamado Hildolf el sabio y que este le había ordenado expresamente no transportar vagabundos ni ladrones. Thor, lleno de orgullo, le dijo al viejo barquero que él no era ni un criminal ni un pobre campesino, sino el hijo de Odín y el padre de Magni. Irritado porque Hárbarð seguía negándose a acercar su barca, Thor le amenazó diciéndole que su terquedad solo le traería desgracias, a lo que el hombre de barba gris no hizo caso.

Las bromas entre ambos continuaron. Hárbarð afirmó que la madre de Thor había muerto hacía mucho tiempo, a lo que siguió una serie de alardes sobre sus habilidades mágicas y sus proezas sexuales. El viejo barquero preguntó entonces por los logros de Thor y este le contó las historias de sus batallas contra los gigantes. Las burlas, sin embargo, no terminaron ahí, ya que Hárbarð continuó acusando a la esposa del dios, Sif, de adulterio.

«¡Tus burlas no te llevarán a ninguna parte!» exclamó Thor. «Ningún lobo aullaría más horriblemente que tú si te golpeara con mi poderoso martillo». El dios sabía que no podía hacer nada más para que el viejo barquero le concediera el paso, así que le preguntó por otro camino para cruzar el agua.

«Es un largo camino», respondió Hárbarð antes de explicarle las rutas para rodear el fiordo.

Thor no tuvo más remedio que tomar el largo camino de vuelta a casa, ya que Hárbarð se negó a transportarlo a través del agua. Entonces el dios dio la vuelta, no sin antes amenazar una vez más al hombre de barba gris. «Si alguna vez volvemos a cruzarnos, pagarás por tu terquedad».

Aunque el poderoso Thor prefería golpear antes que pensar en estrategias más pacíficas, a veces eso era lo que necesitaban los dioses y los humanos de Midgard para permanecer protegidos de las amenazas de los gigantes. Sin la fuerza bruta y poderosa de Thor, los reinos habrían sido aplastados antes de lo profetizado por los *völva*.

Capítulo 5: Týr y Loki

Algunos creían que Týr era el más poderoso del panteón *Æsir* y que su fuerza estaba a la altura del mismísimo dios del trueno. Sin embargo, hay poca información sobre este dios manco, ya que la mayoría de sus historias se han perdido en el tiempo. Týr se menciona varias veces en los poemas antiguos que han llegado hasta nuestros días. Su nombre aparece en *Gylfaginning*, *Hymiskviða* y brevemente en *Lokasenna*.

Al pertenecer a la tribu de los *Æsir*, Týr se asociaba con la guerra y el derramamiento de sangre. Para algunos, también era el portador de la justicia y el orden. Dado que la runa t lleva el nombre de Týr, los héroes y guerreros grababan dicha runa en la empuñadura de sus espadas. Al hacerlo, creían que sus posibilidades de alcanzar la victoria eran mayores que las de sus oponentes. Al igual que Odín, Týr podía decidir el resultado de cualquier batalla en el mundo. El nombre del segundo día de la semana en inglés, el martes (*tuesday*), tiene su origen en su nombre, que significa «día de Týr».

Sin embargo, su valentía y coraje en el campo de batalla no eran los únicos atributos que poseía, ya que también se decía que Týr era uno de los dioses más sabios del mundo nórdico. Como uno de los dioses más antiguos de la mitología nórdica, algunos incluso afirmaban que Týr fue en realidad el gobernante inicial de los *Æsir* hasta que Odín intervino y poco a poco pasó a ser más conocido.

Sin embargo, debido a la falta de información detallada sobre el dios, nadie está totalmente seguro de esta afirmación. Incluso su linaje ha sido cuestionado por muchos. Basándose en los escritos de Snorri en

Skáldskaparmál, algunos eruditos coinciden en que Týr era, de hecho, hijo de Odín, mientras que otros opinan lo contrario. El poema *Hymiskviða* cuenta otra versión de la familia de Týr. La historia comienza cuando los dioses de Asgard estaban festejando en sus salones durante todo el día y la noche. Tenían fuentes ilimitadas de comida, pero se les acabó la cerveza con la que acompañaban la comida.

Así pues, los dioses, incluidos Týr y Thor, viajaron desde la ciudad fortificada de Asgard para reunirse con Ægir, el gigantesco dios del mar que habitaba en su salón dorado bajo las olas. A su llegada, Thor irrumpió en la sala de Ægir y, mirando al dios del mar directamente a los ojos, le ordenó que elaborara cerveza para los *Æsir* inmediatamente. «¡Necesito mucha cerveza para los dioses y debes prepararla de inmediato!» exclamó Thor.

Ægir estaba, por supuesto, irritado por la abrupta orden del dios y el tono de Thor lo hacía aún peor. Retrasó su respuesta y empezó a pensar en una forma de burlar a los dioses. «No poseo un caldero que pueda contener suficiente cerveza para todos los dioses», respondió Ægir. «Tráeme uno, Thor, y elaboraré cerveza en abundancia para todos los dioses».

Los dioses estaban desconcertados, ya que ninguno de ellos poseía un caldero lo suficientemente grande y no tenían ni idea de dónde encontrar uno, hasta que Týr intervino e informó a Thor que sabía dónde conseguir uno. «Mi padre, Hymir el gigante, poseía un caldero de ocho kilómetros de profundidad», afirmó.

Sin perder más tiempo, los dos dioses, Týr y Thor, emprendieron un nuevo viaje a la sala de Hymir, que estaba en lo alto de una montaña al otro lado del Élivágar. Sabiendo lo peligroso que podía ser su padre, Týr aconsejó a Thor que ocultara su verdadera identidad y se presentara como Veur. Cuando llegaron, las dos figuras divinas se encontraron primero con la abuela de Týr. Poco se sabe de ella, excepto que era un monstruo horrible con novecientas cabezas y que Týr no le tenía ningún cariño. El siguiente ser con el que se cruzaron era una mujer bastante hermosa (supuestamente una giganta), de piel blanca y pálida y con un collar de oro adornando su cuello. Era la madre de Týr y recibió a los dos dioses con los brazos abiertos.

Mientras les entregaba dos copas de cerveza, les advirtió que tuvieran cuidado con Hymir, su marido y el salvaje padre de Týr. «Al fin y al cabo, corre sangre de gigante por nuestras venas», dijo. La madre de Týr también sugirió que tanto su hijo como Thor se escondieran en uno de los calderos, ya que afirmaba que su marido tenía una forma desagradable de recibir a sus invitados. El malhumorado Thor, por supuesto, no era partidario de esta sugerencia, pero Týr lo persuadió para que cediera y evitara conflictos indeseados.

Momentos después, Hymir regresó por fin a su salón, cansado de cazar. Su esposa lo saludó rápidamente, diciendo que su hijo por fin estaba en casa después de todos esos largos años de viajes y aventuras. Hymir, como era de esperar, se volvió para mirar los calderos de la sala y empezó a romperlos con sus propias manos. La mayoría de los calderos se rompieron y cayeron al suelo, excepto aquel en el que se escondían Týr y Thor. Los dos dioses se arrastraron fuera del caldero y sus miradas se encontraron con las del gigante salvaje. Cuando Hymir vio a su hijo junto a un poderoso compañero, les dio la bienvenida a regañadientes, pues sabía que iniciar una lucha solo lo conduciría a la derrota. Así, el gigante ordenó a su sirviente que cocinara tres bueyes para que sus invitados se dieran un festín. Thor devoró fácilmente dos de ellos, lo que asombró a Hymir.

«Si así es como se dan un festín, tendremos que ir a cazar más comida», dijo el gigante.

«Tomemos el barco entonces y veamos qué podemos encontrar», respondió Thor.

A partir de este momento, el poema no menciona más a Týr; no se sabe si fue intencionado o si falta alguna parte de la estrofa. Sin embargo, la historia continúa con Thor saliendo a pescar con el padre de Týr. Durante su viaje de pesca, Thor pescó accidentalmente a la Serpiente del Mundo, su enemigo predestinado, Jörmungandr. El dios de barba roja se negó a aflojar su agarre, pero al final, Jörmungandr se liberó del anzuelo y regresó a su refugio en las profundidades del oscuro mar.

El dios y el gigante regresaron entonces a la orilla con dos ballenas que lograron sacar del agua. Thor arrastró el enorme bote, junto con las dos ballenas, hasta tierra firme con sus propias manos hasta que vio a Týr y a su madre que esperaban su regreso. Incluso después de contemplar la fuerza que poseía el dios del trueno, Hymir se negaba a admitir que era el segundo mejor. Así fue que retó a Thor a una prueba de fuerza. El dios tuvo que romper una copa de cristal de la que se decía que era extremadamente fuerte y resistente; incluso había sido arrojada contra un pilar de piedra sin agrietarse. No ocurrió lo mismo con el pilar de piedra, que se rompió en cientos de pedazos.

«Tírasela a la cabeza», susurró la madre de Týr a Thor. «No hay nada más duro que su cabeza». Al escucharla, Thor lanzó inmediatamente la copa de cristal directamente a la cabeza del gigante. Se rompió en pedazos, pero el cráneo de Hymir resultó ileso. Hymir finalmente aceptó que Thor era más fuerte que él y ofreció a los dos dioses su caldero de cinco millas de profundidad. Týr se puso de pie e intentó levantar el caldero, pero fue en vano. La segunda vez que lo intentó, el caldero solo se movió una pulgada. Thor intervino y consiguió izar el caldero sobre su hombro. Era tan grande que el asa le tocaba el tobillo cuando caminaba.

Con el caldero en su poder y la misión cumplida, Týr y Thor emprendieron el viaje de regreso a Asgard. Justo antes de partir, Thor se dio cuenta de que Hymir y varias docenas de gigantes de múltiples cabezas estaban posicionados para tenderles una emboscada. Los dos dioses no tuvieron más remedio que resistir. Thor destrozó su martillo y, cuando la batalla se enfrió, no se veía respirar a ningún gigante, incluido Hymir.

Al regresar a Asgard, los demás dioses se reunieron en el pozo de Urd (Urðr). Todos quedaron asombrados por el tamaño del caldero y dieron las gracias tanto a Týr como a Thor. Con el enorme caldero, el plan de Ægir de burlar a los dioses fracasó.

Como muchos otros *Æsir*, Týr era un dios guerrero. A pesar de haber perdido su mano derecha a manos del lobo Fenrir, el dios salió victorioso de muchas guerras y batallas, excepto cuando llegó el Ragnarök. Durante el crepúsculo de los dioses, el dios manco encontró su destino mortal cuando se enfrentó a Garmr, el sabueso ensangrentado de Helheim que le mordió la otra mano hasta desangrarlo. Garmr, sin embargo, también sucumbió a las heridas que le había infligido Týr justo antes de perecer.

Týr estaba asociado con la justicia, la ley y el honor, pero no podía decirse lo mismo de Loki. Al igual que el padre de todo, Loki era un cambiaformas. Podía convertirse en cualquier tipo de ser, ya fuera un gigante, una giganta, un humano, un enano, una yegua, un pez o incluso una pulga. Además, no solo era conocido por su capacidad para cambiar de forma, sino también por su astucia e ingenio.

Loki era el dios de las travesuras, los trucos y el caos, lo que explica por qué los vikingos nunca lo adoraron. Algunos lo consideraban un ente maligno cuyo objetivo era derrocar a los dioses y al mundo entero, mientras que otras fuentes sugieren que Loki no era ni bueno ni malo. Al dios simplemente le encantaba hacer bromas a sus compañeros dioses, aunque algunas de ellas fueran demasiado lejos y causaran grandes estragos. Pero no todo eran problemas, ya que algunas de sus travesuras salvaban a los dioses de problemas mayores. Sin sus astutos trucos, los muros de Asgard habrían quedado hechos cenizas tras la guerra de los dioses, y sin su ingenio, a Thor le habría resultado más difícil recuperar su martillo de manos de los gigantes. También fue gracias a sus travesuras que los dioses obtuvieron varios tesoros de valor incalculable forjados por los enanos.

En cuanto al linaje, no era nada raro que un dios naciera de una giganta: incluso la madre de Thor, Jörd, era una giganta, al igual que Bestla, la madre de Odín. Sin embargo, en el caso de Loki era todo lo contrario. El embaucador nació de Laufey, posiblemente una diosa de Asgard, mientras que su padre era un *jötunn* llamado Fárbauti. Por ello, los dioses a veces se referían al embaucador como Laufeyson, que significa simplemente «hijo de Laufey».

Como los otros *Æsir*, Loki tenía esposa. Estaba casado con la diosa Sigyn, que le fue leal hasta el final. Juntos tuvieron dos hijos llamados Narfi (a veces también conocido como Nari) y Váli. No se menciona mucho sobre su familia, salvo que el dios del caos también tuvo otra relación con una giganta. Se la conocía por el nombre de Angrboda (Angrboða), que se traduce como «la que trae dolor». Con la giganta, Loki engendró otros tres hijos, pero no eran piadosos como Narfi y Váli. Los monstruosos vástagos son la serpiente de Midgard, llamada Jörmungandr, el lobo Fenrir y Hel, la soberana de Helheim. Estos tres hijos del caos eran los peores temores de Odín, ya que según la profecía iban a desempeñar papeles vitales en la matanza de los dioses cuando llegara el Ragnarök.

Aunque la relación de Loki con los *Æsir* antes de los acontecimientos del Ragnarök era bastante ambigua (no estaba de su lado ni en su contra), se decía que el embaucador mantenía una estrecha relación con el padre de todos. En *Lokasenna*, un antiguo poema de la *Edda Poética*, Loki afirma que Odín es su hermano de sangre, algo que el otro nunca niega. Esto, además, no es en absoluto sorprendente, dado que habían vivido varias aventuras juntos, una que incluso llevó al secuestro de una diosa.

Se dice que todo comenzó cuando Loki, Odín y Hœnir viajaban al reino de los humanos, Midgard. Los tres dioses llegaron a cierta región de la Tierra Media donde escaseaban las fuentes de alimento. El trío sintió hambre tras el largo viaje y comenzaron a vagar por la tierra vacía, buscando y vigilando si había algún animal que pudieran cazar. No mucho después, encontraron una manada de bueyes pastando en las hierbas que crecían en el valle. Sin perder tiempo, los dioses dividieron sus tareas. Loki debía cazar y sacrificar uno de los bueyes mientras que Odín y Hœnir prepararían el campamento y encenderían un fuego.

El embaucador no tardó en regresar con el buey sacrificado, y empezaron a asar su carne en el fuego. Por mucho que los hambrientos dioses estuvieran encantados de saber que se estaba preparando la cena, sus expresiones cambiaron cuando se dieron cuenta del larguísimo tiempo que tardaba en cocinarse la carne. Pasó otra hora, pero la sangre seguía goteando de la carne. El buey seguía tan crudo como cuando lo habían puesto al fuego. Desconcertados, miraron a su alrededor a ver si había alguien jugándoles una broma pesada, y tenían toda la razón.

«Soy yo», dijo una voz desconocida. «Es mi magia la que está impidiendo que tu caza se cocine». La voz procedía de un águila gigante posada en lo alto de un árbol. «Permítanme obtener mi parte de la carne y sólo entonces dispersaré mi magia».

Viendo que no había otro remedio, los dioses accedieron. El águila misteriosa batió sus enormes alas y voló hasta el campamento antes de devorar una enorme porción de buey crudo. Los tres dioses observaron cómo el águila engullía su presa, y Loki se enfadó porque el enorme ser había comido mucho más de lo acordado. Entonces, el dios de las travesuras empezó a actuar precipitadamente; agarró su bastón, o un trozo de una rama resistente, y lo clavó en la carne de la enorme águila.

El bastón se clavó en la garra del águila y cuando esta salió volando, también lo hizo Loki, que seguía aferrado al otro extremo del bastón. El dios de las travesuras se aterrorizó cuando el águila voló cada vez más alto en el aire. Suplicó al enorme ser que se apiadara de él y lo dejara bajar sano y salvo. El águila, que se reveló entonces como un *jötunn* llamado Thjazi, supo que era una oportunidad para hacer un trato con el dios. Accedió a poner a salvo a Loki con una condición: el gigante le pidió a Idun (Iðunn), la diosa *Æsir* de la juventud y el rejuvenecimiento. A Loki no se le ocurrió ningún truco para derrocar al gigante, sobre todo cuando estaba colgado en lo alto de los cielos, así que dio su palabra.

Al cabo de un tiempo, los tres dioses regresaron a Asgard. Loki no tenía intención de romper su trato con el *jötunn*. Así que, en lugar de informar a los *Æsir* del incidente, fue a ver a la diosa de la juventud con un plan en su mente.

Idun, que solo se menciona unas pocas veces en los poemas antiguos, era una de las deidades más importantes de la mitología nórdica. No solo era la diosa de la juventud, sino también la guardiana de las manzanas sagradas. Como los dioses no eran inmortales, tenían que consumir de vez en cuando las manzanas mágicas de Idun para mantenerse jóvenes hasta el fin de los tiempos.

Loki era muy consciente de que Thjazi no solo quería a la diosa, sino que también quería la manzana mágica de la diosa. Así que, al encontrarse con Idun, el embaucador atrajo a la diosa fuera de los seguros muros de Asgard, donde el gigante, en forma de águila, estaría listo para llevársela.

«Encontré unos frutos que podrían interesarte», le dijo el embaucador. «Crecen en las afueras de Asgard. Llévate las manzanas para poder compararlas y ven conmigo». Idun no sospechaba nada, así que le siguió hasta una trampa.

Thjazi, disfrazado de águila, surcaba el cielo cuando divisó a los dos dioses fuera de los muros fortificados de Asgard. Sin dudarlo, bajó volando y arrebató a la diosa del suelo. Idun fue llevada entonces a Thrymheim, la morada de Thjazi en Jötunheimr.

Sin embargo, los *Æsir* no tardaron en notar la ausencia de Idun, ya que, sin sus manzanas mágicas, empezaron a envejecer y su fuerza se deterioró. A todos los *Æsir*, incluidos los más hermosos y fuertes, les empezaron a salir canas en la cabeza y la barba, y las arrugas empezaron a aparecer en sus divinos rostros. Buscaron por todas partes a la diosa de la juventud, pero no encontraron ni rastro de ella.

Un día, los dioses se reunieron para hablar de la desaparición de la diosa. Uno de ellos recordó que Idun había sido vista por última vez en compañía de Loki. Al darse cuenta de que el embaucador podría haber estado detrás del secuestro, lo convocaron a la sala. En cuanto llegó el dios de las travesuras, los demás dioses empezaron a amenazarlo con todo tipo de castigos (incluida la muerte) si no devolvía a la diosa y sus manzanas a Asgard. Una vez más, temiendo por su vida, Loki convenció a los dioses de que haría todo lo posible por arreglar sus propias fechorías.

Cuando los dioses lo dejaron marchar, el embaucador irrumpió en el salón de Freyja y le pidió prestado su abrigo mágico de plumas. Con el abrigo, Loki se transformó en halcón y voló directamente a la tierra de los gigantes. Al llegar a Thrymheim, la oscura y fría morada de Thjazi en lo alto de una montaña nevada, Loki descubrió que el gigante había abandonado su hogar. Se decía que había salido a pescar al mar, dejando a Idun sola y desguarnecida en su salón. Sin demorarse un solo segundo, Loki transformó a la diosa en una nuez, y la llevó en sus garras mientras volaba en dirección a Asgard tan rápido como podía.

No mucho después de que los dos dioses hubieran emprendido la huida, Thjazi regresó a su salón. Furioso porque su botín ya no estaba en su poder, se transformó en una enorme águila y persiguió al embaucador. Los dioses de Asgard vieron a Loki acercándose a sus murallas con Thjazi acercándose tras él. Rápidamente, encendieron un gran fuego alrededor de las murallas. Cuando Thjazi pasó cerca, sus plumas se quemaron, haciéndolo caer hacia su muerte. Con el gigante muerto y la diosa de la juventud de vuelta, Loki se salvó.

Sin embargo, esta historia no acaba aquí, ya que la hija de Thjazi, Skadi, irrumpió en Asgard con armas en la mano, dispuesta a vengar la muerte de su padre. Los *Æsir* no deseaban derramar más sangre ese día, sobre todo porque estaban celebrando el regreso de Idun en su salón. Así que negociaron con la giganta, diciendo que estaban dispuestos a compensar la desafortunada muerte de Thjazi.

Se ofrecieron tres compensaciones a la enfadada giganta. La primera fue una ceremonia en la que Odín tomó los ojos de Thjazi y los arrojó al cielo, donde más tarde se convirtieron en dos estrellas brillantes. Skadi exigió entonces a los dioses que la hicieran reír, a lo que los dioses recurrieron a Loki después de que la mayoría de sus trucos hubieran fracasado. Al embaucador se le ocurrió una idea: jugar al tira y afloja con una cabra. En lugar de utilizar sus propias manos para tirar de la cuerda, se la ató alrededor de los testículos. Cuando la cabra tiró de la cuerda con demasiada fuerza, Loki chilló y cayó en el regazo de Skadi, y la giganta soltó una carcajada. La tercera compensación era la mano de alguien en matrimonio; Skadi debía elegir a uno de los dioses, pero elegiría a uno con solo mirarle las piernas. La giganta señaló el par de piernas más hermosas que llamaron su atención, pensando que pertenecían a Baldur. Sin embargo, se trataba de Njord, el dios *Æsir* del mar. Lamentablemente, su matrimonio no duró mucho, pero la paz entre la giganta y los *Æsir* se estableció y no se derramó ni una sola gota de sangre.

Aunque Loki fue el causante del secuestro, al final salió airoso. El embaucador devolvió a la diosa a su salón y se salvó la vida. Sin embargo, no pudo decir lo mismo cuando llevó su broma demasiado lejos y causó la muerte del dios más querido de Asgard, Baldur. Fue castigado duramente, pero durante el Ragnarök, el dios del caos se liberó de sus ataduras y entabló una batalla mortal con Heimdall.

Capítulo 6: Heimdall y Hermod

El padre de todos no era el único que viajaba por los reinos en busca de conocimientos y dones. Se dice que Heimdall también pisó el pozo del conocimiento de Mimir y realizó un sacrificio. Mientras Odín sacrificaba su ojo a cambio de la sabiduría suprema, Heimdall arrojaba una de sus orejas al pozo para ser bendecido con una capacidad auditiva excepcional.

Desde el sacrificio, el dios podía oír todo lo que le rodeaba, sin importar lo bajo o alto que fuera el sonido. Se creía que Heimdall podía oír incluso las hierbas que crecían de la tierra y la lana de una oveja creciendo sobre su cuerpo. Pero esas no eran todas sus poderosas habilidades, ya que el dios también tenía una vista aguda. Heimdall podía ver objetos a cientos de kilómetros de distancia, ya fuera de día o de noche. Además, apenas necesitaba dormir y podía mantenerse alerta todo el tiempo con facilidad.

Estas son algunas de las cosas que hicieron que los dioses de Asgard aceptaran nombrarlo vigilante del reino. Por su extraordinaria vista y su excepcional oído, a Heimdall le asignaron una sala en Himinbjörg, un reino justo bajo los cielos, en lo alto del puente del arco iris, Bifröst. Todos los días, Heimdall montaba su único caballo, Gulltoppr, y cabalgaba desde su sala hasta Bifröst, donde montaba guardia sin descanso. En su mano llevaba el Gjallarhorn, el cuerno que haría sonar para marcar el inicio del Ragnarök. Se profetizó que Heimdall lucharía contra Loki cuando se produjera el crepúsculo de los dioses y que se matarían mutuamente.

Quedan pocos escritos que describan el linaje de Heimdall, pero Snorri afirma que su padre no era otro que Odín. Heimdall también tuvo nueve madres, que podrían simbolizar los nueve reinos. Aunque todos los nombres de sus madres se mencionan en la *Edda Poética*, algunos estudiosos las han relacionado con las nueve hijas de Ægir, sobre todo porque se dice que nació en el confín del mundo. Esta afirmación, sin embargo, ha sido discutida por muchos, ya que sus nombres no coinciden con los de las hijas de Ægir.

Aunque Odín, Hœnir y Lodurr (Loðurr) fueron quienes crearon a los dos primeros humanos del mundo, fue Heimdall el responsable de las clases sociales en Midgard. En el mundo nórdico, las clases sociales se dividían en cuatro: los esclavos, los *karls* (campesinos), los *jarls* y la realeza. La clase más baja, los esclavos, nació cuando Heimdall viajó a Midgard bajo el nombre de Rig. Tras un largo viaje, Rig encontró una choza destartalada que pertenecía a una pareja de ancianos llamados Ái («bisabuelo») y Edda («bisabuela»). Los dos eran pobres; solo podían permitirse vestir ropas toscas y vivir en una pequeña cabaña. Pero al ver a Rig, le recibieron con los brazos abiertos e invitaron al viajero a pasar la noche. «Tenemos poco, pero podemos ofrecerte un plato de sopa y un poco de pan», dijo la pobre pareja.

A Rig no le importó en absoluto y se sintió más que feliz con su hospitalidad. De hecho, disfrutó tanto de su compañía que se quedó en su casa durante tres días. Cada noche, el viajero dormía entre los dos humanos en su cama. Al cabo de los tres días, Rig abandonó a la pareja, que reanudó su vida. Nueve meses después de la partida del viajero, Edda tuvo un hijo. Se llamaba Thrall, que significa simplemente «esclavo». El niño tenía la espalda torcida y, cuando creció, terminó realizando labores propias de un esclavo. Pronto, Thrall se casó con Thír, una mujer desaliñada con la nariz aguileña, varias cicatrices en la piel y los brazos quemados por el sol. Juntos tuvieron muchos hijos, y todos crecieron como esclavos. Así nació la primera y más baja clase social del mundo nórdico.

Rig en la cabaña de los bisabuelos, de W. G. Collingwood, 1908.⁸

A continuación, Rig (Heimdall) volvió a viajar por el mundo, y se detuvo en otra casa. Esta casa pertenecía a otra pareja, cuyos nombres eran Afi («abuelo») y Amma («abuela»). A diferencia de la casa anterior, la de Afi y Amma era un poco mejor y más grande. La pareja vestía ropa adecuada. Igual que antes, a Rig le ofrecieron comida, pero de mejor calidad que la anterior, así como alojamiento por tres noches. Cuando se acabó el tiempo, el viajero volvió a despedirse y dejó a la pareja. Nueve meses después, Amma dio a luz a Karl, un niño pelirrojo con mejores rasgos que Thrall. En lugar de realizar los típicos trabajos de esclavo cuando creció, Karl utilizó sus habilidades para plantar trigo en la tierra fertilizada y criar animales de granja.

Pronto, Karl conoció al amor de su vida. Se llamaba Snør, y juntos tuvieron muchos hijos que crecieron y se convirtieron en campesinos y granjeros como sus padres. Así se creó la segunda clase social.

Siguiendo su viaje por la tierra, Rig se encontró con otra casa. Esta vez, la diferencia era obvia, ya que la casa era mucho más grande y cómoda que las dos anteriores juntas. Dentro, Rig fue recibido calurosamente por otra pareja llamada Modir («madre»), una mujer de piel clara que llevaba un bonito vestido largo con un par de joyas brillantes, y Fadir («padre»), un hombre de aspecto pulcro. A Rig le sirvieron una abundante cena en la mesa. Había pan blanco perfectamente cortado, un plato lleno de carnes y aves cocidas y una generosa cantidad de vino.

Al igual que antes, Rig se quedó con la pareja durante tres días consecutivos, durmiendo con ellos en su cama. Nueve meses después, nació un hijo de Modir, que se llamó Jarl. El niño tenía unos ojos preciosos y el pelo rubio. Cuando empezó a crecer, su padre le enseñó a montar a caballo. Le enseñó todas las formas correctas de cazar y las mejores maneras de blandir una espada, tirar la lanza y disparar flechas. Cuando Jarl alcanzó cierta edad, Rig regresó a su gran casa, donde le enseñó a leer runas y le animó a conquistar tierras. Jarl también recibió el nombre de Rig y fue nombrado su heredero.

Con estos útiles conocimientos impartidos por su propio padre y por Rig, Jarl emprendió su propio viaje en el que conocería a Erna. Tras casarse con ella, tuvieron muchos hijos juntos. Con Jarl y sus hijos se creó la tercera clase social.

El cuervo advierte a Konr de W. G. Collingwood, 1908.⁶⁴

Siguiendo los pasos de su padre, Jarl enseñó a sus numerosos hijos todo lo que sabía, desde montar a caballo hasta cazar, empuñar armas y leer runas. Sin embargo, su hijo menor, Konr, demostró ser más especial que los demás, ya que poseía la habilidad de lanzar hechizos con las runas y podía entender el habla de los pájaros. Con la práctica, dominó el arte de las runas y llegó a ser incluso mejor que el propio Rig. Y así, la larga línea de héroes, reyes y reinas de Midgard comenzó con Konr.

Con las cuatro clases sociales creadas, Heimdall se ganó otro nombre por sí mismo; fue conocido por muchos como el padre de la humanidad.

Además de Heimdall, otro dios de Asgard cuyo nombre se menciona pocas veces en los poemas antiguos es Hermod (Hermóðr). Mientras que el «vigilante de los dioses» estaba destinado a morir durante el crepúsculo de los dioses, Hermod sobrevivió al final del mortífero acontecimiento. Junto con otros dioses y diosas, ayudaría a construir un nuevo mundo.

Como miembro de los *Æsir*, Hermod era considerado un dios guerrero; incluso su nombre se traduce aproximadamente como el «espíritu de la guerra» o la «furia de la guerra». Aunque hay varias fuentes que describen a Hermod como un héroe humano y no como un dios, la afirmación más famosa era que, efectivamente, era hijo de Odín y su esposa Frigg, lo que convertía a Baldur y Hodr en sus hermanos. Dado que Hermod fue criado como un dios guerrero, se cree que era valiente y que le encantaban los buenos combates. A menudo se le veía con casco y su preciada cota de malla, que le había regalado su padre. En sus manos, llevaba una varita o bastón llamado Gambantein. Cuando no estaba luchando, se creía que el dios estaba en el Valhalla, acogiendo a los *einherjar*, los guerreros caídos elegidos por el padre de todos.

Aunque Hermod era considerado un dios menor en la mitología nórdica, desempeñó un papel importante tras la muerte de su hermano Baldur. Casi como el Hermes de la mitología griega, Hermod también era conocido como el «mensajero de los dioses». Los *Æsir*, especialmente el más poderoso de ellos, le encomendaban misiones que lo obligaban a viajar entre los reinos. Era descrito como el más veloz del panteón y el único al que se le permitía montar el fiel corcel de Odín, Sleipnir.

Su agilidad fue atestiguada con todo detalle en la *Edda en prosa* de Snorri. Tras la muerte del resplandeciente dios Baldur, Asgard y el universo entero se nublaron en la desesperación y la tristeza definitivas. Los dioses y las diosas no pudieron descansar, no solo porque habían perdido a su amado dios, sino también porque su muerte significaba que se acercaba el Ragnarök. Tras el funeral de Baldur, la reina de los dioses, Frigg, doblegó su voluntad para devolver la vida a su hijo. Estaba casi segura de que alguien podría persuadir a Hel, la soberana de la tierra de los muertos, para que liberara a su hijo, ya que su muerte había causado tanta devastación y tristeza. Así pues, Frigg preguntó a los dioses y diosas que se habían reunido ante ella: «¿Quién de ustedes es lo bastante valiente para viajar a la oscura tierra de los muertos y hablar con su soberana? Sean mis mensajeros, convenzan a Hel de que libere a mi hijo de sus garras, y estaré siempre en deuda con ustedes.

Mientras la mayoría de los dioses permanecían callados ante la desesperada petición de Frigg, Hermod dio un paso al frente. «Cabalgaré hasta Hel y liberaré a mi hermano del reino oscuro», dijo el veloz dios con determinación. Sin dudarlo, Hermod se preparó para el desafiante viaje. Montado en el mejor caballo de Odín, Sleipnir, el dios galopó a través de los cielos y salió de la ciudad fortificada de Asgard. Durante nueve noches, Hermod cabalgó a través de los reinos y de profundos valles y pasadizos. Se decía que su viaje era tan oscuro que apenas podía ver. El dios solo tiraba de las riendas y se detenía cuando oía los fuertes sonidos del Gjöll, el río que separaba la tierra de los vivos y la de los muertos.

Para llegar a Helheim, Hermod tenía que cruzar Gjallarbrú, un puente reluciente de oro que atravesaba el río. Sin embargo, no era un paso fácil, ya que estaba custodiado por la doncella de confianza de Hel, llamada Móðguðr (Modgud). La doncella gigante solo tenía una tarea: preguntar a quienes querían cruzar el puente su nombre y sus negocios. Una vez recibida la información, Móðguðr les concedía el acceso con una pequeña condición: debían estar muertos.

«¿Por qué alguien con carne y alma calientes desearía cruzar este puente? El único lugar que se encuentra al norte de aquí es Helheim», dijo la doncella.

«Debo cruzar y viajar al reino, pues traigo un mensaje urgente que debe ser entregado a tu señora», respondió Hermod con determinación.

Al cruzar el puente, Hermod llegó frente a una enorme puerta de hierro que custodiaba el reino de los muertos. Estaba cerrada y la única forma que tenía el dios de atravesarla era saltando. Afortunadamente, iba montado en el mejor caballo del universo. Sujetando las riendas con fuerza, espoleó a Sleipnir hacia la imponente puerta. El caballo de ocho patas saltó por encima de la puerta y aterrizó a salvo en los terrenos de Helheim. En el reino, Hermod se dirigió directamente al vasto salón de Hel, donde finalmente vio a Baldur y a su esposa sentados a la mesa, disfrutando de su festín.

«¿Por qué has venido a esta tierra de sombría nada, mi querido hermano?». preguntó Baldur al veloz dios.

«Vine a negociar con la señora de los muertos para traerte de vuelta a la tierra de los vivos».

Baldur le dedicó una cálida sonrisa y respondió: «Vuelve a tu hogar, hermano, ya que tu petición es, de hecho, imposible. Aún no es mi hora de regresar».

Por supuesto, el veloz dios se negó a regresar a Asgard con las manos vacías. «Perdóname, hermano, pero debo tener éxito». Y así, permaneció en la sala con su hermano durante tres días antes de encontrarse finalmente con Hel.

Durante la audiencia de Hermod con Hel, la giganta que gobernaba a los muertos, la convenció de que la muerte de Baldur no traía más que un gran dolor a tantos seres del mundo. Suplicó a la giganta que liberara a Baldur y a su esposa del frío reino, a lo que ella accedió si los vivos cumplían una única condición.

«Si lo que dices es cierto, entonces muéstramelo. Quiero ver a todas las cosas del universo lamentarse y llorar por la muerte del dios brillante. Solo entonces lo liberaré de vuelta a la tierra de los vivos», respondió Hel a la petición del dios. «Ahora, regresa al lugar de donde viniste, ya que no perteneces a mi reino, y entrega este mensaje a los dioses».

Con eso, Hermod montó en Sleipnir y corrió de vuelta a Asgard. Llevó las palabras de Hel y las entregó a los *Æsir*. Frigg, sabiendo que existía la posibilidad de que su hijo resucitara, envió rápidamente emisarios por todo el mundo para asegurarse de que todos los rincones del universo lloraran por su hijo. Sin embargo, el viaje de Hermod al inframundo para salvar a su hermano no tuvo éxito. Al final, Baldur se vio obligado a permanecer en Helheim, ya que no todos lloraron su muerte.

Capítulo 7: Baldur y Vidar

Era casi imposible odiar al dios llamado Baldur, que a veces se deletrea como Baldr o Balder. Se puede pasar una eternidad buscando sus defectos, pero nunca está garantizado que se vaya a encontrar alguno, a menos que se crea que ser demasiado amable e indulgente son defectos. Baldur era muy querido por muchos, tanto por los que se sentaban en lo alto de sus tronos en Asgard como por los que trabajaban en sus granjas en Midgard. Algunos afirman que incluso a los gigantes les costaba despreciarlo, excepto a Thökk, la giganta, presumiblemente Loki disfrazado, que se negó a llorar su muerte. A pesar de no haber muerto honorablemente en batalla, Baldur recibió un trato especial tras su muerte. El único inconveniente fue que el dios quedó atrapado en Helheim en lugar de en el Valhalla.

Baldur, por Johannes Gehrts, 1901.[55]

El dios radiante era hijo del padre de todos y su esposa, Frigg. Tenía un hermano llamado Hodr, pero este distaba mucho de ser perfecto. El hermano de Baldur era ciego y más tarde sería víctima de una de las traicioneras travesuras de Loki. Baldur estaba casado con Nanna, otra diosa de Asgard de la que se sabe muy poco; algunos afirman que era la diosa de la alegría, lo que encajaba perfectamente con los atributos de su marido. Juntos tuvieron un hijo llamado Forseti, de quien se decía que era el dios de la justicia y la reconciliación. Mientras su hijo residía en Glitnir, una sala con techo de plata y pilares de oro, Baldur y su esposa vivían en Breidablik (Breiðablik). Su reino era el más bello y prístino entre los dioses.

El atributo más famoso del dios era su absoluta imparcialidad. Aunque se decía que la mayoría de los dioses y diosas de Asgard tenían su propio aspecto divino, la apariencia de Baldur los superaba a todos. Se le describía como el dios más apuesto del panteón. No había día en que no estuviera alegre, hasta el punto que brillaba la luz; por eso se lo conocía como el dios resplandeciente. Sin embargo, su imparcialidad no solo se manifestaba en su aspecto, sino también en su comportamiento y juicio. Baldur era extremadamente cortés y hablaba tan bien que podía resolver fácilmente cualquier tipo de disputa. Incluso el dios más temperamental, Thor, podía calmarse si Baldur hablaba con él. Su juicio era siempre tan claro y justo que ninguno de los *Æsir* lo cuestionaba. Baldur era, de hecho, respetado por todos.

Aunque Baldur rara vez era representado como un dios guerrero que emprendiera largas aventuras por los reinos como Odín y Thor (especialmente en la *Edda en Prosa*, donde a menudo se lo describía más como un dios pasivo e inocente), algunos afirman que en realidad era un luchador excepcional. El dios tenía incluso su propio barco, llamado *Hringhorni*, que podía atravesar el océano más rápido que el propio viento. El historiador danés Saxo Grammaticus, por ejemplo, describió a Baldur como un guerrero fuerte y hábil en el manejo de las armas. Sin embargo, el relato más destacado sobre el dios fue el de su muerte. Aunque el relato es conmovedor, su muerte también marcó el comienzo del Ragnarök.

Las *norns* habían tejido sus hilos y Baldur debía morir, sin importar lo que hicieran sus protectores padres. Cuando el dios empezó a verse acosado por una ominosa pesadilla, supo que le esperaba el terror. Odín cabalgó inmediatamente al inframundo en busca de ayuda de una vidente muerta, pero ni siquiera el padre de todos pudo alterar el destino de su amado hijo. Frigg, a pesar de conocer la profecía, hacía cualquier cosa con tal de retrasar la muerte de su hijo. Pero la diosa también fracasó, pues Loki ya había hecho sus planes. Ya estaba decidido por las mujeres del destino que Baldur moriría a manos de su inocente hermano ciego y que ninguna fuerza podría devolverlo a la vida... al menos no hasta que hubieran pasado los acontecimientos del Ragnarök.

Vidar a caballo, por Lorenz Frølich, 1895.⁶⁶

A diferencia de Baldur, favorecido por los dioses por sus atributos alegres y sus juicios justos, a su hermanastro, Vidar, se le asociaba con algo más oscuro. Vidar era el dios de la venganza. Pero al igual que muchos otros dioses y diosas de Asgard, no sobrevivió mucha información sobre él, salvo que era fruto de la relación entre Odín y una giganta llamada Gríðr. Vidar habitaba en la ciudad fortificada de los dioses, pero no se menciona el nombre de su reino específico, como en el caso de los demás miembros de los *Æsir*. Lo único que se sabe es que su tierra estaba llena de hierbas altas y árboles.

Al igual que Odín atesoraba su lanza y Thor su martillo, Vidar tenía su propia posesión preciada. El dios tenía un zapato robusto pero mágico, fabricado especialmente para la última batalla. Todos los días, Vidar recogía trozos de cuero que dejaban los zapateros y los pegaba a su zapato. Con el tiempo, su zapato se hizo tan grueso y resistente que era imposible cortarlo incluso con la hoja más afilada. Era el mismo zapato que usaría para vengar a su padre.

Vidar también era conocido como el dios silencioso. La razón de esto, sin embargo, sigue siendo desconocida. Algunos sugieren que se debía a que nunca alardeaba de su victoria sobre Fenrir, mientras que otros afirman que se debía a que Vidar solo aparecía en un cuento. Es seguro decir que no sabemos nada de su personalidad, aparte de su poderosa fuerza; se creía que Vidar era uno de los dioses más fuertes de Asgard, solo superado por Thor. Aunque el dios solo se menciona pocas veces en los poemas antiguos (su nombre aparece brevemente en tres poemas de la *Edda Poética* y en dos poemas de la *Edda en Prosa*), Vidar desempeñó sin duda un gran papel durante el crepúsculo de los dioses.

Vidar apuñalando a Fenrir, por W. G. Collingwood, 1908.[57]

Desde el principio de los tiempos, se profetizó que casi todos los dioses perecerían debido a las fuerzas del caos, incluido el propio padre de todos. Mientras Thor consiguió matar a Jörmungandr antes de morir, Heimdall mató con éxito a Loki antes de que sucumbiera a sus propias heridas y Týr y Garmr se mataron mutuamente. Odín no fue capaz de eliminar a su enemigo predestinado, Fenrir. El dios tuerto fue tragado entero por el lobo gigante, pero su muerte fue vengada inmediatamente por su propio hijo, Vidar.

El valiente dios, con su zapato de cuero, saltó sobre la mandíbula inferior de Fenrir y mantuvo abierta la boca de la monstruosa criatura con sus propias manos. Según el poema *Gylfaginning*, Vidar mató al lobo desgarrándole la mandíbula, aunque hay otras fuentes que afirman que lo mató apuñalando al lobo en su corazón palpitante.

No obstante, el dios silencioso acabó con éxito con la vida de la monstruosa criatura y vengó la muerte de su padre, tal y como había previsto la vidente. Cuando una nueva tierra emergió de las aguas tras los horrendos acontecimientos del Ragnarök, Vidar, junto con otros pocos dioses supervivientes, reconstruyó el mundo.

Capítulo 8: Freyja y Frigg

La diosa Freyja no solo gozaba del favor de los *Æsir*, sino también de los gigantes de las indómitas tierras de Jötunheimr. Se decía de ella que era la diosa más bella y hermosa de Asgard, lo que explica por qué varios gigantes intentaron hacerse con ella de todas las formas posibles. En una ocasión, un gigante disfrazado de maestro de obras se ofreció a ayudar a los dioses a construir los muros que rodeaban Asgard. A cambio, pidió a la diosa. Otro gigante, llamado Thrym, robó una vez el poderoso martillo de Thor. Cuando los dioses le exigieron que devolviera el arma a su dueño, el fanfarrón gigante pidió la mano de Freyja en matrimonio.

Sin embargo, su maravillosa belleza no era el único atributo que poseía. Freyja estaba asociada con la fertilidad, el amor, la sexualidad y la magia. La diosa también era considerada una de las deidades más importantes entre los *Æsir*; gracias a ella, los *Æsir* adquirieron el poderoso arte del *seidr*, magia chamánica que utilizaban para prever y modelar el futuro. En un principio, Freyja formaba parte de la tribu de los *vanir* y solo cuando terminó la guerra de los dioses se convirtió en un miembro honorable de los *Æsir*. La diosa era hija única de Njord, el dios *vanir* del mar, y de madre desconocida. Freyja también tenía un hermano gemelo llamado Freyr.

Se decía que estaba casada con un oscuro personaje llamado Odr (Óðr) (algunos afirman que se trataba, de hecho, de Odín) y juntos tuvieron dos hermosas hijas llamadas Hnoss y Gersemi. No se sabe mucho sobre su marido y sus dos hijos, excepto que Odr emprendió un viaje y dejó atrás a Freyja durante mucho tiempo. La diosa pronto se preocupó por su marido y fue a buscarlo sin éxito. Sabiendo que ya no podría ver a su amado esposo, la diosa lloró, y cuando sus lágrimas cayeron al suelo, se convirtieron en oro.

Mientras su hermano gemelo gobernaba y moraba en el reino de Alfheim, Freyja vivía en Asgard. Tenía su propia e intrincada sala llamada Sessrúmnir, que se alzaba en medio de Fólkvangr, el mismo campo donde residían los guerreros caídos que elegía a dedo. Dado que su estatus en Asgard era casi equiparable al del padre universal, la diosa tenía el honor de elegir cuál de los guerreros más valientes entraría primero en su sala. Una vez elegidos sus guerreros y héroes, Odín se llevaba a la otra mitad a su sala, el Valhalla.

Ilustración de Freyja montando su jabalí, por Lorenz Frølich, 1895.⁸⁸

Al igual que los demás dioses de Asgard, Freyja tenía sus propias formas de viajar por los reinos. O bien montaba en su carro, tirado por dos gatos negros, o bien utilizaba su capa mágica de plumas y se convertía en halcón, lo que le permitía volar fácilmente entre los reinos. A veces, la diosa también era vista montando un jabalí llamado Hildisvíni, el mismo al que Loki acusó una vez de ser su amante humano, Óttar, disfrazado.

Pero esa no fue la única acusación que Loki hizo contra Freyja. En una ocasión, el embaucador afirmó que la diosa era una inmoral por acostarse con más de una docena de hombres, ya fueran dioses, humanos, elfos o enanos, a pesar de ser la diosa de la lujuria y la sexualidad. Sin embargo, aunque Loki tenía una lengua afilada, no era de los que acusaban a los dioses y diosas sin razón. La acusación nació en la historia de cómo Freyja obtuvo su preciado collar, Brísingamen.

Una buena mañana, la diosa salió de su salón y fue vista nada menos que por el mismísimo dios de las travesuras. Loki la siguió mientras caminaba sospechosamente por Bifröst, atravesando Midgard y adentrándose en el oscuro reino de Svartalfheim. Finalmente, se detuvo en una caverna desconocida. Con cuidado, la diosa entró en la oscura caverna y avanzó por el estrecho pasadizo, mientras Loki la seguía en silencio. Cuando llegaron al final de la caverna, la temperatura del aire empezó a cambiar; hacía algo más de calor de lo habitual. Aquí, Freyja se encontró con una forja perteneciente a cuatro enanos llamados Dvalinn, Alfrik, Berling y Grer. Por mucho que estuvieran cautivados por la bella diosa, los enanos no dejaron de trabajar; continuaron martilleando y templando un tesoro en particular.

Freyja en la cueva de los enanos, por Louis Huard, 1891.⁵⁹

Se decía que la diosa sentía un gran amor por el oro, así que bastó una sola mirada al brillante collar para que se enamorara. Completamente hipnotizada por su brillo y sus intrincados diseños y giros, Freyja hizo inmediatamente una oferta a los maestros herreros. «Les proporcionaré montones de oro y plata a cambio de ese fino collar».

Los enanos, sin embargo, rechazaron la oferta, pues afirmaban poseer ya tanta plata y oro que no necesitaban más. «Si es así, digan su precio y yo me encargaré de ello», dijo de nuevo la diosa, negándose a abandonar la caverna sin el intrincado collar.

«Pasa una noche con cada uno de nosotros, y el collar es tuyo», exigió uno de los enanos.

Aunque asqueada por sus miradas perversas, la diosa accedió y pasó una noche con cada uno de ellos. Al final de la cuarta noche, uno de los enanos se le acercó con el reluciente collar y se lo puso en el cuello. Con el corazón contento, la diosa se despidió de ellos y regresó rápidamente a su morada en la ciudad fortificada de los dioses. Pero Loki, que había presenciado todo el suceso, había regresado a Asgard mucho antes que ella. Tras llegar a la ciudad, el embaucador se dirigió directamente a la sala de Odín, donde solicitó una audiencia inmediata con el padre universal.

«¿Cuál es el problema para que tengas que verme con tanta premura?», preguntó el dios tuerto sentado en su alto sitial, acompañado de sus lobos acostados a sus pies.

Sin vacilar, el embaucador le contó al dios el collar recién atesorado por Freyja y hasta dónde había llegado para conseguirlo. El todopoderoso se levantó furioso y golpeó el suelo con su lanza, Gungnir. «¡Esto es indignante!» rugió Odín.

Loki, por su parte, esbozó una sonrisa siniestra, pero se desvaneció de inmediato al oír la orden del todopoderoso. «Quítaselo, Loki. Solo ese castigo la hará sufrir».

El dios de las travesuras hizo una mueca. «Creo que sería imposible colarse en su salón en contra de sus deseos».

De nuevo, Odín golpeó el suelo con su lanza. «¡Consígueme ese collar, Loki, o no vuelvas a mostrar tu cara nunca más!».

Esa noche, Loki se coló en el salón de Freyja y se dirigió en silencio a su cámara principal. La puerta, sin embargo, estaba bien cerrada, y el embaucador fue incapaz de forzarla. Así que el astuto dios hizo lo que tenía que hacer: se transformó en mosca y exploró la zona. Tal y como esperaba, la sala de Freyja estaba tan bien construida que ni siquiera había un pequeño agujero por el que el cambiaformas pudiera colarse. No podía entrar por el ojo de la cerradura ni por el hueco entre el suelo y la puerta con cerrojo. Loki voló entonces hacia el tejado y fue ahí cuando por fin vio una abertura. La grieta era tan pequeña que el astuto dios apenas pudo introducirse.

Pero cuando por fin entró en la cámara, surgió otro problema, ya que Freyja dormía de espaldas con el collar sujeto al cuello. El embaucador no era capaz de quitar el brillante collar sin despertar a la diosa. Así que, de nuevo, se transformó en mosca y le picó en la mejilla. Freyja soltó un pequeño gemido, pero luego rodó hacia un lado. Con el cierre expuesto, Loki robó con éxito a Brísingamen. Sujetando el collar con fuerza en la mano, el dios abrió la puerta y salió lentamente de la sala.

A la mañana siguiente, Freyja se despertó sintiendo su cuello ligeramente más expuesto que de costumbre. Al darse cuenta de que su puerta estaba entreabierta, se tocó rápidamente el cuello para palpar el collar. Cuando se dio cuenta de que no estaba, la diosa se levantó inmediatamente y salió del salón. Sabía que había sido Loki quien le había robado su preciado collar, ya que no había otro ladrón tan ágil como él. También sabía que no lo habría hecho si no fuera por orden del padre de todos.

«¡Tú hiciste esto!» irrumpió en la sala de Odín. «¡Devuélveme mi collar si quieres mantener la paz en Asgard!».

El padre de todo, que estaba sentado en su trono con sus dos cuervos posados sobre sus hombros, se volvió para mirar a la diosa, con su único ojo lleno de fuego. «¡Tú, Freyja, has traído la vergüenza a ti misma y a los otros dioses! Has vendido gustosamente tu cuerpo a los asquerosos enanos solo para poder satisfacer tu codicia».

La diosa pisoteó más cerca del padre de todo. «Tú quién eres para hablar de vergüenza, Odín. Ahora, dime, ¿dónde está mi collar?»

Los dos dioses habrían podido pasarse todo el día y toda la noche peleándose, pero a Odín se le ocurrió un plan. «Puedes recuperar tu preciado collar con una condición». Freyja, aún enfurecida, escuchó las palabras del dios tuerto. «Quiero que provoques una catástrofe entre dos reyes de Midgard. Deja que luchen entre ellos por la eternidad. Haz eso y el collar será tuyo de nuevo». Freyja miró severamente al jefe de los dioses antes de aceptar su condición.

Y así, la diosa *vanir* despertó el odio entre los dos reyes de Midgard, Heidin y Hogni. Los dos se encontraron en medio del campo de batalla y chocaron sus espadas hasta que ambos cayeron, tendidos en un charco de su sangre. Sin embargo, con el poderoso hechizo de Freyja lanzado sobre ellos, los dos reyes resucitaron al día siguiente.

Mientras los reyes recogían sus espadas cada mañana y continuaban con su interminable batalla, Freyja recuperaba su preciado collar.

Como se creía que Freyja estaba casi al mismo nivel que Odín, algunas fuentes sugieren que la diosa era la misma esposa del padre de todos, Frigg. Se decía que las diosas eran inicialmente una sola entidad hasta que, en algún momento, evolucionaron hasta convertirse en dos seres separados. Frigg era muy conocida entre los pueblos germánicos, por lo que es plausible que los nórdicos la reimaginaran como Freyja antes de adoptar también a Frigg, lo que explicaría por qué Freyja aparece más en los poemas antiguos que Frigg.

La afirmación también se debe a las numerosas similitudes entre ambas diosas. Al igual que Freyja, Frigg era una *völva*, y tenía la capacidad de realizar *seidr* y prever el futuro. Las dos diosas poseían un abrigo de plumas, con el que se convertían en halcones. Incluso se las asociaba con lo mismo, la fertilidad, aunque la asociación de Frigg con la fertilidad era más hacia la tierra, las cosechas, el matrimonio y la familia, mientras que Freyja se inclinaba más hacia la sexualidad, la lujuria y el amor. Incluso hay teorías de que sus maridos eran la misma persona. Freyja estaba casada con Odr, mientras que Frigg lo estaba con Odín, y ambos eran conocidos por embarcarse en largos viajes a través de los reinos dejando atrás a sus esposas.

Sin embargo, este asunto sigue siendo objeto de debate entre eruditos e historiadores, ya que hay varias fuentes que sugieren que Freyja y Frigg son dos deidades distintas. En *Lokasenna*, por ejemplo, Loki fue advertido por Freyja justo después de que el embaucador calumniara a Frigg por su infidelidad. «¡Cuidado con tu propia lengua, Loki! Frigg conoce el destino de todos los seres», dijo la diosa *vanir*. Esto demostraría que, en efecto, eran dos seres distintos, ya que ambas estaban presentes en el festín.

También se creía que Frigg era hija de Fjörgynn, otra oscura deidad del pasado, en lugar de Njord, el padre de Freyja. La reina de Asgard tenía su propio reino. Llamaba a las marismas, Fensalir, su hogar, y allí, Frigg estaba acompañada por otras cuatro diosas y sirvientas: Lofn, la diosa del amor prohibido; Hlin, la diosa de la protección; Fulla, su sierva que también era la diosa de los secretos; y Gná, su mensajera.

Al ser la reina de las *ásynjur*, o diosas de Asgard, y la única a la que se le permitía sentarse en Hliðskjálf, no era raro que fuera más astuta que todos, incluso que el propio padre de todo. Hubo un tiempo en que ambos decidieron hacer una apuesta. Mientras Odín supervisaba el reino de la humanidad desde su alto asiento, se encontró con una batalla inminente entre dos tribus germánicas llamadas los vándalos y los winnílicos. Dirigiéndose a su esposa, Odín declaró que favorecía más a los vándalos y que le gustaría concederles la victoria en la guerra, mientras que Frigg pensaba lo contrario.

Ilustración de Frigg y Odín sentados en su trono, por Lorenz Frølich, 1895.[60]

La diosa expuso sus razonamientos a su marido, pero el desacuerdo se convirtió rápidamente en una acalorada discusión. Cansado de discutir, Odín propuso una solución. «Pongamos fin a la contienda y durmamos. La primera tribu que aparezca a mi vista mañana por la mañana será la ganadora de la guerra», dijo el padre de todos, sabiendo que solo los vándalos serían visibles desde la ventana junto a su cama.

Por supuesto, Frigg conocía el sucio truco de su marido y no estaba dispuesta a dejarlo ganar la apuesta tan fácilmente. Así que, mientras Odín dormía, ordenó a las mujeres de los winnilers que se colocaran el pelo largo sobre la cara para que parecieran barbas. Entonces la diosa giró cuidadosamente la cama hacia el otro lado para que su marido viera primero a los winnilers a través de su ventana.

Cuando Odín se despertó a la mañana siguiente, se sintió confuso al ver por la ventana un ejército de hombres de largas barbas en lugar de los vándalos. Así pues, no le quedó más remedio que honrar el juramento hecho a su esposa. El padre todopoderoso concedió la victoria a los winnilers tal y como Frigg había sugerido.

Aunque Frigg siempre tenía una manera de cambiar las cosas a su favor, no lo consiguió cuando se trataba de su hijo, Baldur. La diosa conocía bien la profecía y sabía que nadie podía escapar a su destino: la muerte de Baldur debía ocurrir. Pero como madre, hizo todo lo posible para proteger a su hijo un poco más. Incluso después de la muerte del dios brillante, nunca dejó de intentar traerlo de vuelta a la tierra de los vivos, lo que finalmente fracasó, gracias a uno de los planes de Loki.

Capítulo 9: Hel y Sif

El reino de los muertos era tan sombrío como una llanura de la nada. De hecho, algunos decían que Helheim no era un lugar de tormento, pero tampoco era un palacio con salones dorados, cámaras y banquetes. Al igual que los demás reinos del mundo nórdico, Helheim tenía su propia soberana, a la que se conocía con el nombre de Hel.

Hel era hija de Loki, el dios del caos, los trucos y las travesuras, y de su amante gigante, Angrboda. Aunque su padre era un dios que vivía entre los muros fortificados de Asgard, Hel no era considerada una diosa. En su lugar, se la identificaba como una *jötunn*. No se parecía a su madre, ya que había nacido con la mitad de su cuerpo azul y en descomposición, casi como un cadáver.

Hel por Johannes Gehrts, 1889.[61]

Al igual que sus otros dos monstruosos hermanos, Jörmungandr y Fenrir, con los que no tenía una relación estrecha, Hel fue secuestrada de su hogar en Jötunheimr por los *Æsir*. Mientras que Jörmungandr fue arrojado al mar y Fenrir fue llevado a Asgard (y pronto atado tras crecer demasiado), Hel tuvo un destino ligeramente mejor. El padre de todos la arrojó a las profundidades de Helheim, donde se le concedió plena autoridad para gobernar sobre los muertos.

En su reino, se decía que Hel poseía un gran número de mansiones, todas ellas rodeadas de altos muros y enormes puertas para que ningún ser vivo pudiera entrar. Cada vez que alguien llegaba al reino oscuro, ya fuera un muerto o un dios, era recibido por la feroz mascota de Hel, Garmr, el mismo sabueso infernal que se enfrentaría a Týr durante el crepúsculo de los dioses.

Aunque su reino se describía como otro lugar en el que se residía tras la muerte, eso no significaba que los culpables de crímenes vagaran libremente sin pagar por sus errores. La reina de Helheim arrojaba a estas personas a otra sala en las profundidades, llamada Nastrond, que significa «orilla de los cadáveres». En esta desagradable sala, los culpables de asesinato, adulterio y ruptura de juramentos debían vadear un torrente de líquido venenoso y enfrentarse a la criatura con forma de dragón llamada Níðhöggr (Nidhogg), que chupaba hasta la última gota de su sangre mientras un lobo desgarraba su cuerpo.

Pero no todas las salas de Helheim estaban llenas de largos torrentes de veneno y serpientes reptantes. Eljudnir, por ejemplo, era la gran sala donde residía la reina. Dentro de su morada había todo tipo de muebles como los que podrían encontrarse en un hogar normal, salvo que tenían nombre y todos simbolizaban desgracias. La mesa de comedor de Hel se llamaba «hambre», mientras que sus cuchillos se llamaban «inanición». Su cama se llamaba «cama de enfermo» y también había una larga cortina llamada «desgracia».

Al ser la soberana de los muertos y amiga de nadie, se creía que Hel era dura, despiadada y feroz. Sin embargo, nunca mostró ninguno de estos rasgos cuando se enteró de la muerte de Baldur. En su lugar, la giganta preparó un exuberante salón para el brillante dios y su esposa, Nanna. Les dio la bienvenida a su reino como invitados de honor y les sirvió un abundante festín de comida caliente y fresca. Lo mismo puede decirse cuando Hermod la visitó desesperado.

Hermod ante Hela, por John Charles Dollman, 1909.[63]

Hermod, que había montado el caballo de su padre, Sleipnir, fue detenido por uno de los muchos sirvientes de Hel, Modgud, al final del puente, al descubrir que era un ser vivo. Tras concedérsele el paso, Hermod tuvo que saltar las imponentes murallas y más tarde llegó al gran salón de Hel. Al encontrarse con el dios viviente, Hel escuchó su petición; había pedido a la reina que liberara a su hermano, Baldur, de vuelta a la tierra de los vivos. La reina podría haber denegado la petición de inmediato, pero tal vez existía simpatía en su frío corazón, ya que accedió a hacerlo con una condición. Hel sólo dejaría marchar al hijo de Odín si todas las criaturas de los nueve reinos lloraban su muerte, condición que no se cumplió, gracias al truco de Loki.

Con Baldur atrapado en el reino de los muertos, el Ragnarök se puso en marcha. Aunque Hel no estuvo presente en el campo de batalla luchando contra los *Æsir*, sí preparó un ejército de muertos deshonrosos para luchar junto a su padre, Loki. Este ejército de muertos pronto abordaría el Naglfar, un barco construido enteramente con las uñas de los muertos. Dirigido y liderado por el vengativo dios de las travesuras, el barco surcó las olas del diluvio provocado por Jörmungandr hasta que finalmente desembarcó en Vígríðr (Vigrid), el campo de batalla de la última guerra. Aquí fue donde el ejército de Loki chocó espadas con los *einherjar*, los valientes héroes de Odín del Valhalla y los guerreros elegidos por Freyja de Fólkvangr.

En contraste con Hel, estaba la diosa Sif. A diferencia de su representación en las películas, en las que Sif aparece como una feroz diosa guerrera que marchaba a las batallas con armadura y espada en mano, la diosa no era conocida por su fuerza y sus atributos guerreros. Según los poemas antiguos, Sif estaba asociada con la tierra, la agricultura y la belleza.

La diosa estaba casada nada menos que con el mismísimo dios del trueno y se decía que tenía dos hijos. Con Thor, tuvo una hija llamada Thrud; con otro personaje no identificado, tuvo un hijo llamado Ullr, que era el dios del tiro con arco. Junto con Thor, Sif y sus hijos vivían en Bilskírnir, una enorme sala en Thrudheim (Þrúðheimr), uno de los muchos reinos de Asgard.

Aunque estaba casada con el *Æsir* más fuerte y prominente, pocos escritos la describen con detalle, lo que ha llevado a eruditos e historiadores a elaborar diferentes teorías sobre su vida. Algunos afirman que Sif era una diosa prominente y que los nórdicos la asociaban a menudo con la tierra y la fertilidad, sobre todo porque su marido simbolizaba el cielo y la lluvia, dos cosas que fomentan la fertilidad y la agricultura. Sin embargo, con el tiempo fue eclipsada por Freyja y Frigg, deidades más conocidas de la fertilidad. Pero hay quien no está de acuerdo con esta afirmación, sobre todo el erudito en estudios religiosos Rudolf Simek, ya que, según él, no existen historias o relatos exactos que describan claramente a Sif como la diosa de la fertilidad y la tierra.

Sin embargo, de lo que sí se puede estar seguro es de que Sif era considerada la deidad más bella de Asgard. Incluso el gigante Hrungnir reconoció su belleza cuando amenazó borracho a los *Æsir*. «Los mataré a todos excepto a Freyja y a Sif, la más bella de todas», dijo el gigante ebrio tras perder una carrera de caballos contra Odín. «A las dos diosas me las llevaré conmigo a mi morada en Jötunheimr». Sin embargo, el orgulloso y fanfarrón gigante no llegó a realizar su deseo, ya que Thor llegó justo a tiempo. Hrungnir retó entonces a Thor a un duelo. El gigante acabó muerto, con el cráneo destrozado en mil pedazos.

Aunque Sif solo se menciona una vez en ese cuento, otra historia en la que la bella deidad ocupa un lugar más destacado es la de los antiguos escritos de Snorri, titulada *Skáldskaparmál*.

Descrita por Snorri como «la más hermosa de todas las mujeres», Sif era, sin duda, amada por el dios del trueno. El rasgo más conocido de la diosa era su espesa cabellera dorada; algunos dicen que simboliza un rico campo de trigo o maíz dorado. A pesar de lo duro y feroz que podía llegar a ser el dios del trueno, se decía que Sif era su punto débil. El poderoso dios incluso presumía de la hermosa cabellera de su esposa cuando salía a beber cerveza con sus compañeros dioses. Pero poco sabía que su esposa estaba a punto de ser la próxima víctima del embaucador Loki.

Sif, por John Charles Dollman, 1909.⁶⁸

Sif pasaba horas cuidando su cabello, sobre todo porque sabía que a su marido le encantaban sus mechones. Por la mañana, la diosa se levantaba y se cepillaba el pelo con un peine enjoyado, y por la tarde se dirigía a los brillantes arroyos cercanos a su salón y lavaba su preciada cabellera. Pasaba horas acariciándose el pelo junto al río y, más tarde, colocaba su espesa y larga cabellera sobre una roca y esperaba a que el sol abrasador la secara. Esta era la rutina diaria de Sif, pero cambió cuando a Loki se le ocurrió otra de sus travesuras.

Una hermosa tarde, Sif estaba afuera, sentada sobre el musgo suave a orillas del río mientras se secaba el pelo al sol. No ocurría nada inusual, salvo que la diosa se sentía extremadamente somnolienta. Esto era obra de Loki, que la había seguido sigilosamente hasta el río y le había lanzado un hechizo mágico. El embaucador esperó tras los arbustos hasta que Sif finalmente cedió y se quedó dormida contra una roca. Con la diosa ya profundamente dormida, se acercó a ella con un par de visillos limpios y brillantes en la mano.

Loki sabía que el cabello dorado de Sif era su más preciada posesión y lo mucho que Thor lo adoraba. Con una sonrisa socarrona esculpida en su rostro, el embaucador agarró un puñado del sedoso y suave cabello dorado de Sif y se lo cortó con sus brillantes tijeras. La diosa, que estaba bajo un poderoso hechizo, no movió ni un músculo y seguía profundamente dormida mientras Loki continuaba cortándole el pelo mechón a mechón, hasta que no quedó ninguno. Al final de esta vergonzosa travesura, Sif quedó junto al río con la cabeza desnuda.

Durante este desafortunado incidente, Thor no se encontraba en Asgard; el dios del trueno había salido en su viaje habitual a través de los reinos. Pero aquel día al regresar, se quedó perplejo cuando Sif no le recibió en la puerta como de costumbre. La llamó varias veces, pero solo su voz llenaba el vestíbulo. Ni siquiera la suave voz de su esposa de cabellos dorados respondía a sus llamadas. Y así, Thor fue y llamó a todas las puertas de Asgard, preguntando a los demás dioses y diosas dónde podría haber ido su esposa. Ninguno de ellos tenía respuestas, lo que dejó al dios del trueno decepcionado y preocupado.

Al llegar de nuevo a su casa, Thor oyó una débil voz que le llamaba desde lejos. Inmediatamente reconoció la voz, por lo que se acercó lentamente al oscuro rincón. Allí estaba Sif, que llevaba un velo que cubría su cabeza desnuda. «¡No mires, Thor!», sollozó en cuanto su marido se acercó a donde estaba. «No quiero que me veas así. Estoy avergonzada, así que dejaré nuestro salón y viviré entre los enanos en Svartalfheim».

«Mi querida Sif», respondió Thor. «¿Qué te ha ocurrido para que pienses que no perteneces a Asgard?». La diosa reveló al dios del trueno que había perdido su cabello dorado, que tanto gustaba. Sif estaba convencida de que con la pérdida de su cabello, el afecto de amor de Thor hacia ella también desaparecería. Una vez más, le dijo a su marido que abandonaría Asgard a toda prisa para no volver jamás.

Cuando Thor vio a su esposa avergonzada y triste sin su cabello, entró en cólera. «¡Soy el más fuerte de todos los que viven en Asgard, y con toda mi fuerza, daré caza a quien te haya hecho esto y te devolveré tu hermosura!» exclamó el poderoso dios antes de tomar a su esposa de la mano. Juntos se dirigieron a la Casa del Consejo, donde algunos de los dioses y diosas estaban sentados en sus tronos, riendo y bebiendo hidromiel.

En cuanto Thor irrumpió, con Sif a su lado, las risas fueron sustituidas por un completo silencio. La ira que brillaba en los ojos del dios del trueno y la aparición de Sif con un velo cubriéndole la cabeza ya era para decir a los dioses que algo terrible había sucedido. Cuando Thor mencionó lo que le había ocurrido a su esposa, los dioses jadearon, pero uno de ellos insistió en que se trataba de una broma de Loki. «Nadie más en Asgard se atrevería a realizar un acto vergonzoso como este, excepto el hijo de Laufey».

Thor, completamente alimentado por su ira, gritó que encontraría a Loki y le daría caza, aunque huyera y se escondiera en las frías profundidades de Helheim. «¡Lo mataré con mis propias manos por lo que hizo!» gritó el dios del trueno. Pero fue detenido por el padre todopoderoso. Odín había prohibido que cualquiera de los *Æsir* se matara en Asgard; en su lugar, deseaba convocar a Loki a la sala donde le haría redimirse por su vergonzosa travesura.

Cuando Loki llegó, notó rápidamente la furia ardiente en los ojos de Thor y la mirada severa de su hermano de sangre, Odín. Allí mismo supo que tenía que hacer algo rápido si quería vivir un día más.

«Debes devolver la justicia a Sif, Loki», dijo el padre de todo. «Cueste lo que cueste».

A toda prisa, el embaucador abandonó Asgard y se abrió camino a través de oscuros pasadizos bajo la tierra hasta que finalmente llegó al reino de los enanos, Svartalfheim. Allí, Loki se vio rodeado por los ruidosos martillos golpeando los yunques, los siseos del metal caliente cayendo en agua fría y las fraguas bombeando un hollín espeso y oscuro.

El embaucador paseó y quedó asombrado por algunos de los objetos que se forjaban; uno era una lanza bien equilibrada llamada Gungnir, que más tarde fue regalada a Odín, y otro era *Skidbladnir*, un barco mágico que podía navegar por cualquier tipo de océano y plegarse como un trozo de tela hasta caber en el bolsillo. Este barco fue regalado más tarde a Freyr, el dios de la paz.

Por supuesto, el embaucador tenía sus maneras cuando se trataba de persuadir a otros para satisfacer sus necesidades. Así que habló con los enanos, elogiando su pericia y admirando su trabajo. Los enanos estaban encantados con su presencia; por una vez, no se sentían insultados ni amenazados. Sabiendo que se había ganado su simpatía, Loki preguntó a los maestros herreros, los hijos de Ivaldi, si eran lo bastante hábiles como para convertir un lingote de oro en finos hilos. «Si pudieran forjarlos en hilos aún más finos que el cabello de Sif, los dioses estarían muy celosos de ustedes».

Dispuestos a aceptar el reto, los enanos cogieron inmediatamente un lingote de oro y lo echaron al fuego. Cuando estuvo lo bastante caliente, lo cogieron con unas tenazas de hierro y lo golpearon en el yunque con sus martillos hasta que empezaron a tomar forma hilos de oro. Los maestros herreros se sentían halagados por los continuos cumplidos de Loki y cuando el dios sugirió que podían pedir cualquier cosa a los de Asgard, trabajaron en los hilos dorados durante días, poniendo gran empeño y habilidad en su trabajo.

Pasaron un par de días y el lingote de oro se había convertido por completo en un tocado con hilos tan finos como el cabello dorado de Sif. Cada hebra era brillante y más suave que la seda. Loki cogió los hilos dorados y los puso en la palma de la mano; eran largos y fluían hasta el suelo con movimientos suaves. Aunque el tocado estaba hecho de una barra de oro, nadie podía sentir su peso: la pluma de un pájaro era más pesada que los hilos.

Dado el éxito de su plan, Loki agradeció a los enanos su duro trabajo y no se marchó sin antes hacerles falsas promesas. El dios de las travesuras emprendió entonces el camino de regreso a la ciudad de los dioses y se dirigió directamente a la Casa del Consejo, donde los *Æsir* esperaban su regreso.

Las miradas de Thor y Odín eran las mismas que cuando Loki se había marchado, pero él ya no estaba asustado. Sonrió y sostuvo los hilos dorados frente a él. «Ya puedes quitarte el velo, Sif, pues estoy aquí para redimir mi error», dijo con orgullo. Una vez que la dolorida diosa se quitó el velo, el embaucador le colocó con cuidado el tocado dorado en la cabeza. Las hebras doradas caían hermosamente sobre sus hombros y fluían suavemente a su espalda. Con una poderosa magia infundida en ellos, los hilos dorados se alargaban de vez en cuando como si fueran pelo de verdad creciendo de la cabeza de Sif. Todos los dioses presentes estaban asombrados por lo maravillosos que eran los hilos dorados, y Sif estaba encantada. La tristeza ya no rondaba su expresión y sus mejillas enrojecieron al sostener su nueva cabellera. La diosa era, en verdad, la más bella de todas.

Capítulo 10: El Valhalla y las valquirias

*«El quinto es Gladsheimr, / y allí brilla el oro
Se extiende el Valhalla a todo lo ancho
Y allí Odín / elige cada día
A los hombres caídos en combate».*

(*Grímnismál*, estrofa 8, traducida al inglés por Henry Adams Bellows).

Se dice que una vez que las tres mujeres del destino, conocidas como las *norns*, habían hilado los hilos y tejido el tapiz del destino, ningún alma podía escapar de su destino, ni siquiera los gigantes de las frías y brumosas montañas de Jötunheimr o los dioses más poderosos de Asgard. Así que, cuando Odín descubrió que el Ragnarök pronto llegaría, supo que debía prepararse para la batalla.

Los dioses por sí solos no eran suficientes para defenderse de los miles de gigantes que marchaban hacia su reino, así que Odín tuvo que levantar su propio ejército con los valientes mortales que habían caído en el campo de batalla. Estos leales guerreros de Odín se llamaban *einherjar* y lucharon junto a los dioses guerreros contra las fuerzas del caos lideradas por Loki.

Para albergar a los guerreros muertos, Odín construyó una gran sala. Esta sala era conocida en nórdico antiguo como *Valhǫll*, pero la mayoría la conoce como Valhalla, que también se traduce como «Sala de los muertos». En *Grímnismál*, Odín, disfrazado de Grímnir, describió el

Valhalla con todo detalle. La ornamentada sala se alzaba en el reino de Glaðsheimr, justo en medio de la llanura eterna conocida como Iðavöllr. Se podía divisar fácilmente esta vasta sala, ya que era una de las más grandiosas del reino, con sus vigas hechas enteramente de lanzas brillantes y su techo totalmente fortificado con escudos pulidos. Sobre la magnífica sala revoloteaba un águila; algunas fuentes afirman que las águilas eran un símbolo de batalla y que cuando una revoloteaba, era una clara señal de que se acercaba una batalla. En este caso, se trataba del Ragnarök.

Valhalla, de Emil Doepler, 1905.⁶⁴

Dentro de la sala del Valhalla había 540 puertas. Cada día, ochocientos *einherjar* salían de cada una de ellas, tras lo cual se sometían a largas y agotadoras horas de entrenamiento. Estos guerreros de élite se enfrentaban entre sí, equipados con cotas de malla, espadas y lanzas. Derramaban sangre y su vitalidad disminuía durante el entrenamiento, pero al atardecer, todas sus heridas sanaban y recuperaban la salud. También era el momento en que los guerreros dejaban las armas y obtenían como recompensa un abundante banquete.

A todos les servían interminables raciones de carne, que procedían de un jabalí llamado Sæhrímnir. Como las cabras mágicas de Thor, este jabalí en particular volvía a la vida cada vez que era sacrificado. Para pasar la comida, los guerreros bebían cuernos llenos de hidromiel producida por la cabra Heidrun. Esta cabra mítica estaba en lo alto del Valhalla, consumiendo las hojas rojas y doradas del árbol llamado Læraðr. Pero Heidrun no era el único animal que habitaba en la parte superior de la gran sala, ya que un gran ciervo llamado Eikþyrnir también moraba en su techo. Mientras la criatura comía el follaje de Læraðr, su cornamenta goteaba agua en el mundo de abajo, produciendo ríos y arroyos.

Para los vikingos, entrar en el Valhalla era el objetivo final. Sin embargo, no todos los guerreros que morían en el campo de batalla tenían garantizada la entrada en la magnífica sala de Odín, ya que la mitad de ellos eran enviados a Fólkvangr, otra gran sala para los vikingos caídos. Esta sala estaba dirigida por la diosa Freyja. Se creía que la propia Freyja elegía a los que le parecían dignos para su sala, mientras que Odín depositaba su confianza en las valquirias o «electoras de los caídos».

Algunos creen que las valquirias eran demonios de la muerte que vagaban por el sangriento campo de batalla y se daban un festín con los cuerpos de los héroes caídos antes de llevarse sus almas al inframundo. Algunos incluso afirman que eran criaturas malvadas, ya que utilizaban hechizos maliciosos y magia para matar a los guerreros que no les gustaban. Se creía que las valquirias, al igual que las *norns*, tenían la capacidad de decidir el destino de los guerreros.

Aunque algunos creen que las valkirias eran amenazadores demonios de la muerte, algunas fuentes también sugieren que eran poderosas y honorables guerreras que servían a Odín. Su origen, sin embargo, es incierto; algunos estudiosos creen que eran doncellas guerreras sobrenaturales de linaje desconocido. Otros afirman que las valquirias fueron humanas hijas de reyes, reinas y guerreros legendarios.

Valquirias, de Emil Doepler, hacia 1905.[65]

Estas doncellas guerreras solían ser representadas como hermosas mujeres de cabellos dorados o negros. Cuando no estaban en los cielos sobre un campo de batalla, las valquirias permanecían en la sala del Valhalla luciendo elegantes vestidos. Pero la mayoría de las veces, estas guerreras eran representadas montando fuertes caballos (aunque algunos dicen que también montaban lobos y jabalíes), con casco y cota de malla, un escudo en una mano y una lanza en la otra.

Además de servir hidromiel a los *einherjar* y en ocasiones ayudar a los seres humanos de Midgard, las valquirias desempeñaban una importante función, elegían y conducían a los más dignos entre los héroes asesinados a la sala ornamentada de Odín. El padre de todo, que supervisaba todas las batallas de Midgard desde su trono, determinaba a qué bando de la guerra favorecía. Y así, por orden de Odín, las valquirias montaban sus corceles y viajaban a la tierra de los humanos.

Una vez llegadas al campo de batalla, las valquirias se encargaban de tomar decisiones sobre qué bando de la guerra saldría victorioso. Algunos dicen que las valquirias permanecían en las nubes sobre el campo de batalla con los ojos bien abiertos. Cuando percibían que sus guerreros favoritos se acercaban a la muerte, las doncellas guerreras descendían en picada y los protegían de su destino. Cuando la batalla terminaba, los cuerpos de los guerreros muertos en el campo de batalla que eran elegidos eran transportados por las valquirias y enviados al Valhalla, donde se convertían en *einherjar*.

Aunque las valquirias tenían plenos poderes para determinar el resultado de las batallas en Midgard, debían hacerlo según las preferencias de Odín. Eran leales al padre de todo, ninguna de ellas se atrevió a desobedecer su orden, excepto Brynhild (o Brunilda), una de las valquirias más poderosas. Fue castigada con la condena de vivir la vida de un mortal. No solo fue condenada al matrimonio, sino que su historia de amor es una de las más trágicas de la mitología nórdica.

Brynhild era hija de un legendario rey nórdico llamado Bulthi. Incluso antes de ser elegida por el padre poderoso para asumir los deberes de una valquiria, Brynhild era una mujer maravillosa que no conocía el miedo.

Un día, Odín vio una batalla en Midgard. La guerra era entre dos poderosos reyes llamados Hjalmgunnar y Agnar. Sentado en su trono, el padre declaró que prefería a Hjalmgunnar, el rey mayor, antes que al joven Agnar. Y así, ordenó a Brynhild que bajara al campo de batalla y decidiera el resultado de la encarnizada guerra.

Sin demora, la sabia valquiria montó en su corcel y se dirigió hacia la tierra de los humanos, donde permaneció en los cielos observando a los mortales chocar espadas y arrojar lanzas. Aunque era muy consciente de que el padre de todo prefería que el rey mayor se alzara con la victoria, Brynhild pensaba lo contrario. La audaz valquiria decidió ponerse del lado de Agnar y lo hizo victorioso.

Al regresar a Asgard, la valquiria se enfrentó a Odín, que se enfureció por su decisión. «Ya no eres una valquiria, te arrojaré al mundo de los humanos, donde seguirás viviendo como una mortal y serás condenada a contraer matrimonio», dijo ferozmente el padre de todo, ya que no podía aceptar la desobediencia de Brynhild. Pero Odín no solo deseaba echarla de Asgard y arrojarla a Midgard, sino que también quería encarcelarla en un torreón remoto en la cima del monte Hindarsfjall. En lugar de encerrarla, Odín decidió inducirle un sueño encantado del que solo despertaría ante alguien que deseara casarse con ella. La audaz valquiria respondió entonces que nunca se sometería y se casaría con un hombre temeroso. «Muy bien», dijo el padre de todo antes de sumir a Brynhild en un profundo sueño usando Svefnthorn o la «espina del sueño».

Tal como Odín había amenazado, Brynhild fue llevada a un torreón aislado en la cima de una montaña. Como la valquiria se negaba a casarse con cualquiera, el padre de todo construyó un anillo de fuego alrededor del lugar donde la valquiria dormía para que solo los héroes más valientes pudieran despertarla.

Habían pasado muchos años desde que Brynhild había entrado en el sueño profundo cuando, de repente, un hombre se acercó al torreón montado en su caballo. Algunos conocían al hombre solo por su nombre, Sigurd, mientras que otros lo conocían como el legendario cazador de dragones que descendía del mismísimo Odín. Cuando el legendario héroe se topó con el torreón y el ardiente círculo de fuego, sacudió las riendas de su caballo y logró entrar, completamente ileso.

Dentro del torreón, Sigurd vio inmediatamente a Brynhild, que seguía prisionera en su profundo sueño. Primero le quitó el yelmo a la valquiria dormida y rápidamente quedó hechizado por su maravillosa belleza. Entonces se dio cuenta de lo apretada que estaba su cota de malla; parecía que casi le atravesaba la carne. Suavemente, Sigurd aflojó los cordones, lo que permitió a Brynhild finalmente respirar hondo y despertar de su sueño de años.

Aunque llevaba años dormida, no había necesidad de que Sigurd se presentara, puesto que la valquiria ya sabía quién era; se decía que ella tenía el conocimiento de los acontecimientos que aún estaban por suceder. Sigurd, en cambio, no sabía con quién estaba hablando, así que le preguntó el nombre a la valquiria y la causa de que estuviera prisionera en un torreón tan aislado.

Al enterarse de que la mujer a la que había despertado había sido la doncella guerrera de Odín, Sigurd comenzó a pedirle a Brynhild palabras de sabiduría y conocimientos útiles. La valquiria estaba más que encantada de cumplir el deseo del valiente héroe, así que le enseñó casi todo lo que sabía. En primer lugar, Brynhild le enseñó el conocimiento de las runas, su origen y para qué se utilizaban. Luego le enseñó a curar heridas y enfermedades y a calmar las olas. Brynhild incluso le dio sabias palabras que podrían ahorrarle algunos problemas en sus viajes. «No duermas en el camino abierto, pues hay muchos espíritus malignos que habitan en la naturaleza», dijo la valquiria. «Nunca confíes en la descendencia de aquellos a quienes has matado», continuó, «pues hasta el más pequeño de los lobeznos puede morder».

Completamente cautivado por la valquiria y sus vastos conocimientos, el legendario héroe se enamoró de Brynhild. Antes de abandonar la fortaleza, Sigurd le propuso matrimonio y le prometió que pronto volvería para casarse con ella. Brynhild, que por fin había encontrado a un hombre que no temía a nada, aceptó la propuesta y juntos juraron que nada se interpondría entre ellos. Muchos intentaron advertir al héroe legendario que Brynhild no estaba interesada en el matrimonio. «Después de todo, ella fue una doncella guerrera. Es imposible que deje el yelmo y elija el juego del amor». Le decían esto al héroe, pero Sigurd era tan testarudo que nunca se hubiera casado con nadie que no fuera Brynhild. Y así, cuando Sigurd regresó junto a la valquiria, le regaló un anillo, uno que había llevado el propio Odín. Este anillo se llamaba Andvaranaut y estaba maldito sin que ninguno de los amantes lo supiera.

Cuando Sigurd se comprometió con la valquiria dándole un anillo, que era también su posesión más preciada, Brynhild quiso proteger el compromiso. Así, se rodeó de otro círculo de fuego para que solo Sigurd pudiera pasar indemne.

El siguiente viaje de Sigurd le llevó a un reino gobernado por el rey Gjúki del clan Gjúkung. Al entrar en su salón, el legendario héroe fue recibido calurosamente por la familia real, especialmente por Grimhild, la esposa de Gjúki, que deseaba acoger a Sigurd en la familia, junto con sus tesoros. Aunque Sigurd mencionó que ya había jurado casarse con una valquiria, Grimhild pensó que sería mejor que se casara con Gudrun, su única hija. Y así, la reina comenzó a urdir su malvado plan, que consistía en infusionar el hidromiel del héroe con una poción que le haría olvidar todo su amor por la valquiria.

Bastó un sorbo de su hidromiel para que Sigurd ya no recordara su promesa a Brynhild. Incluso su hija, Aslaug, había escapado de su pensamiento y de su mente. Como su plan había tenido éxito, la reina convenció a su marido para que le ofreciera al héroe la mano de su hija. Sigurd, por supuesto, se sintió honrado por la oferta y la aceptó de inmediato. Pronto se casó con Gudrun y juntos tuvieron un hijo llamado Sigmund.

Con su única hija casada con un héroe legendario, Grimhild comenzó a tramar otro de sus planes. Esta vez, estaba organizando una boda para uno de sus tres hijos, Gunnar. La reina persuadió a su hijo para que se casara con Brynhild. «Ve ahora y pide su mano en matrimonio», dijo Grimhild. «No hay persona en el mundo que sea tan hermosa como Brynhild».

Gunnar estaba realmente interesado, pero le preocupaba algo. «¿Y si me considera indigno de ella? Después de todo, es una valquiria», preguntó el hijo de Gjúki.

«¡Nadie rechazaría a un héroe como tú!» Sigurd, que seguía bajo el hechizo de Grimhild, lo animó.

Juntos, Gunnar y Sigurd viajaron a caballo a través de los bosques y subieron al monte Hindarsfjall hasta que pudieron ver el torreón de Brynhild rodeado por un anillo de fuego abrasador. Como la valquiria solo permitía a Sigurd atravesar las llamas, a Gunnar le costó mucho llegar incluso a las puertas del torreón. Al acercarse a las llamas, su caballo se encabritó y se negó a seguir. Gunnar intentó entonces montar en el caballo de Sigurd, Grani, pero este no se movía sin su amo en la silla.

«Intercambiemos apariencias», dijo Gunnar. «Podemos intercambiar nuestras ropas y apariencias. Puedes montar tu caballo a través de las llamas y pedir la mano de la valquiria en mi nombre». Tras asumir la apariencia de Gunnar, Sigurd montó en su caballo y atravesó el anillo de fuego con facilidad.

En el salón principal estaba Brynhild. La valquiria estaba sentada en su alto asiento, afilando su espada. Cuando vio al hombre que entraba en su salón, se puso rápidamente en pie. «¡Has vuelto, mi querido Sigurd!», dijo emocionada. Sigurd, que llevaba el disfraz de Gunnar, pudo ver el brillo de los ojos de la valquiria, pero seguía sin recordar su agradable historia juntos.

«Tú no eres Sigurd», exclamó Brynhild furiosa cuando por fin vio al hombre de cerca. El Sigurd disfrazado se presentó entonces como Gunnar y le explicó la verdadera intención de su visita. Aferrada aún a la promesa que había hecho con el héroe legendario, Brynhild rechazó con frialdad la propuesta de Gunnar.

«Las llamas», dijo el héroe disfrazado. «¿No las pusiste para que solo pudieran pasar los hombres más valientes? ¿Y no te comprometiste a casarte solo con quien no conoce el miedo?». La valquiria se quedó sin palabras. Al fin y al cabo, había jurado casarse con aquel que había demostrado ser el más valiente de todos los héroes, así que aceptó la propuesta.

Sigurd, que seguía disfrazado, se quedó con la valquiria durante tres noches, pero por la noche, ponía su espada desenvainada entre ellos. «Juré no tocarte jamás hasta que nos casemos», dijo el héroe. En realidad, se aferraba a su honor, ya que solo estaba en el torreón por el bien de Gunnar.

Cuando terminaron las tres noches, el héroe disfrazado se preparó para partir, pero no sin antes notar el fino anillo en uno de los dedos de la valquiria. Puede que Sigurd se hubiera olvidado de Brynhild, pero era imposible que olvidara su preciado tesoro, Andvaranaut. Con cuidado, le quitó el anillo del dedo y lo cambió por el que Gunnar le había dado antes.

Por fin se acercaba el día de la boda y cuando intercambiaron sus votos, Sigurd salió del hechizo de Grimhild. El legendario héroe recordaba ahora todo sobre la valquiria, pero ya era demasiado tarde. Sigurd estaba nublado por la decepción y la tristeza al contemplar a su amada valquiria en brazos de otro hombre.

En cuanto a Brynhild, estaba más que irritada de ver a Sigurd vivo y casado con otra mujer, así que empezó a burlarse de su esposa. Mientras estaban junto al río, las dos mujeres discutían sobre quién de los dos era el más valiente. Brynhild se jactaba de que su marido, Gunnar, había atravesado las llamas solo para pedir su mano. Gudrun se enfureció cuando la valquiria empezó a menospreciar a Sigurd, así que reveló la verdad. «Nunca fue Gunnar quien saltó a través de las llamas. Fue, de hecho, mi marido, Sigurd, que estaba disfrazado». Cuando Brynhild acusó a Gudrun de mentir, esta le mostró el anillo, Andvaranaut, que abrazaba su dedo. La valquiria reconoció el anillo al instante y, sabiéndose engañada, juró venganza.

Más tarde, la valquiria mintió a su marido, diciéndole que Sigurd la había tocado en la cama mientras estaba disfrazado. Entonces exigió la muerte del héroe, pero Gunnar se negó, ya que Sigurd era su hermano jurado. En su lugar, Gunnar persuadió a su hermano menor, Guttorm, que no estaba vinculado al juramento, para que cogiera una espada y matara al legendario héroe. Y así, mientras Sigurd dormía profundamente en su habitación, Guttorm entró silenciosamente con una espada empuñada con fuerza. Luego clavó la espada en el pecho del héroe. Antes de exhalar su último suspiro, Sigurd alcanzó su propia espada y la lanzó hacia el joven Guttorm, causándole la muerte.

Brynhild, además, ensució sus manos matando al hijo de Sigurd, Sigmund. Sin embargo, aunque su venganza estaba cumplida, la valquiria no se sentía en absoluto aliviada. Brynhild reveló a su marido que Sigurd era realmente un hombre honorable, ya que nunca la había tocado mientras ella estaba en su torreón. Luego le habló de los destinos de su clan, los Gjúkung, y de otros acontecimientos importantes que aún estaban por suceder. Habiendo perdido ya las ganas de vivir, la valquiria decidió poner fin a su propia vida. Cuando se encendió la pira funeraria de Sigurd, Brynhild saltó directamente a las llamas y yació junto a él. Y así, la valquiria más sabia y el héroe legendario cabalgaron juntos hacia Hel.

Capítulo 11: Las fortificaciones de Asgard

Asgard también es conocida como la ciudad fortificada de los dioses. Estaba rodeada de imponentes murallas, tan fuertes que ni siquiera un gran terremoto podía hacer temblar sus cimientos. Estos muros fortificados mantuvieron sanos y salvos a los poderosos dioses de Asgard, protegidos de todas las amenazas indeseadas de gigantes y troles. Sin embargo, aunque parezca increíble, estos fuertes muros no siempre estuvieron ahí.

Cuando los dioses de las tribus de *Æsir* y *vanir* se dieron cuenta de que su larga guerra no iba a terminar y que ambos bandos se enfrentaban cada día a más destrucción, acordaron sellar un pacto y coexistir pacíficamente. Pero antes de eso, ambos reinos sufrieron muchas bajas, especialmente Asgard. Durante la guerra, los dioses de Vanaheim lanzaron un poderoso ataque contra las murallas de Asgard y las redujeron a escombros y cenizas. Debido a esto, Asgard quedó indefensa y cualquier *jötunn* era libre de atacar.

Cuando se alcanzó la paz entre los dioses y terminaron de construir el reino de la humanidad, Odín volvió a centrarse en su propio reino. El padre de todo estaba preocupado por la seguridad de Asgard y reflexionaba sobre la mejor manera de fortificar la ciudad. Sin embargo, Asgard era tan grande que construir una muralla a su alrededor llevaría años. Mientras Odín caminaba de un extremo a otro de la ciudad, con la cabeza ocupada en el asunto, vio una figura que se acercaba a la ciudad por Bifröst. Este misterioso ser había viajado hasta el reino de los dioses y tenía una interesante oferta para ellos.

El hombre misterioso se presentó ante los dioses y afirmó ser un maestro constructor. «Puedo construir un fuerte muro de piedra que rodee esta ciudad en solo tres estaciones y cuando termine, ni los gigantes ni los monstruos podrán penetrarlo», declaró. Los dioses se sorprendieron por su afirmación y, al mismo tiempo, desconfiaron de su oferta. Para hacer una propuesta tan atrevida, terminar una muralla que rodeara una ciudad enorme en tan poco tiempo, el constructor debía de tener algo más en mente. «Bueno, por un precio, claro», continuó. A cambio de construir las murallas, el maestro de obras pedía cosas que los dioses tuvieron que pensar dos veces antes de aceptar. Por ejemplo, pidió la mano de la diosa Freyja en matrimonio, junto con el sol y la luna para que lo llevaran de vuelta al lugar de donde había venido.

Obviamente, los dioses no dieron una respuesta de inmediato, sino que se reunieron para una rápida discusión. Necesitaban un muro fortificado para protegerse, pero el precio fijado por el constructor era demasiado alto. Los dioses no habían planeado perder a una diosa poderosa y valiosa de su panteón y dejar que el mundo se volviera oscuro y frío sin el sol y la luna. Justo cuando estaban a punto de rechazar la atrevida oferta del constructor, Loki intervino y convenció a los dioses de lo contrario.

El embaucador afirmó que el constructor solo presumía de sus habilidades. Sugirió a los dioses que hicieran una contraoferta: tendría que terminar los muros en una sola estación para conseguir a Freyja junto con el sol y la luna. Los dioses escucharon atentamente la idea de Loki, pero seguían inseguros. «No será capaz de terminarlo», dijo el embaucador con plena confianza. «Lo máximo que podría hacer es la mitad del trabajo, así que ¿por qué no ver cómo lo intenta? No pondrá sus manos sobre Freyja, el sol o la luna si no logra terminar a tiempo, y nosotros tendremos la mayor parte de las paredes hechas». Loki vio la oferta como una oportunidad de construir las murallas gratis y consiguió persuadir a los dioses para que vieran la situación como él.

Entonces los dioses se reunieron con el misterioso maestro de obras y le informaron de su decisión: debía terminar la construcción de las murallas antes del primer día del verano. El constructor preguntó si podía traer a su fiel caballo para trabajar con él, a lo que los dioses accedieron. También se aseguró de que los dioses no le hicieran ningún daño mientras estuviera en la ciudad construyendo las enormes murallas. Sin demorarse más, el misterioso constructor y los dioses sellaron el acuerdo, que fue presenciado por muchos.

Ilustración del misterioso maestro de obras y su caballo, por Robert Engels, 1919.[66]

Al día siguiente, el maestro de obras regresó a la ciudad de Asgard con su corcel, Svadilfari. Los dioses vigilaron de cerca al constructor mientras trabajaba. Era muy hábil en su trabajo, pero lo que más sobresalía era su caballo. El maestro de obras era muy trabajador y tenía una gran fuerza, pero su caballo era el doble de fuerte y podía trabajar todo el día y toda la noche sin un segundo de descanso. El constructor acarreaba las piedras para las murallas y las colocaba con cuidado, pero sin pausa, alrededor de la ciudad, hasta que los imponentes muros tomaban forma, mientras Svadilfari arrastraba todas las enormes rocas hasta las murallas. La construcción avanzaba muy bien y sin problemas a medida que pasaban los días, lo que preocupaba a los dioses. Cuando terminó el invierno y se acercaba la primavera, la mitad de Asgard ya estaba rodeada por altos muros. Tal y como había prometido, los muros eran tan fuertes que ni siquiera las criaturas más monstruosas del mundo podían atravesarlos.

Pasaron más días. El constructor y su caballo no dejaban de trabajar y los muros casi llegaban a las puertas de Asgard. Faltaban tres días para que el verano sustituyera a la primavera y los dioses empezaban a entrar en pánico. Tampoco Freyja estaba tranquila, pues no estaba en absoluto dispuesta a abandonar su salón y estar con un hombre sospechoso con pasado desconocido. Entonces, los dioses recordaron la verdadera razón por la que habían aceptado el arriesgado acuerdo; si no hubiera sido por la persuasión de Loki, no habrían tenido que enfrentarse a este problema. Así, convocaron al hijo de Laufey y le dieron una advertencia. «Esto es culpa tuya, Loki», dijo Odín. «Tú eres el que ideó este plan, así que más te vale pensar en una solución antes de que el constructor cumpla su parte del trato».

Los dioses empezaron a amenazar al embaucador, diciéndole que se enfrentaría a la muerte más fea que alguien pudiera imaginar si no se le ocurría una solución allí mismo. Asustado por su posible destino, Loki juró rápidamente que lo arreglaría todo y que nada malo le ocurriría a Freyja, al sol o a la luna.

Loki y Svadilfari, por Dorothy Hardy, 1909.[7]

Loki sabía que no había nada que pudiera hacer o decir al maestro de obras para impedirle trabajar, así que planeó engañar al fuerte semental, Svadilfari. Los dioses observaron cómo el embaucador se adentraba en el bosque. Al cabo de un momento, una hermosa yegua salió del mismo lugar en el que se había metido Loki. La yegua trotó graciosamente, exhibiéndose frente a Svadilfari, que estaba ocupado ayudando a su amo a completar la construcción de las murallas. En cuanto el semental vio a la hermosa yegua, se soltó inmediatamente de su arnés, abandonó la obra y se lanzó a perseguir a la yegua por el bosque. Los dioses de Asgard, que presenciaron todo el incidente, se divirtieron, ya que sabían que la yegua que había conseguido distraer al gran semental era, en realidad, Loki disfrazado.

La persecución entre los dos caballos duró horas; galoparon por las llanuras de día y de noche, y el maestro de obras se quedó solo en la obra, acarreando piedras pequeñas de un lado a otro. Al día siguiente, esperó a que regresara su fuerte semental. Pasaban las horas y seguía trabajando solo. El constructor sabía que Svadilfari no volvería a su lado pronto y también se daba cuenta de que no había forma de que pudiera terminar de construir las murallas a tiempo él solo. Sabiendo que su plan de casarse con una diosa y capturar la luna y el sol estaba a punto de fracasar, el maestro de obras estalló en una furia que solo un gigante de las montañas podía igualar. Destrozó los numerosos árboles que crecían a su alrededor y rompió las rocas y piedras que había reunido para las murallas. Los dioses vieron la reacción del constructor y no se sorprendieron al descubrir que en realidad era un gigante: algunos de los dioses sospechaban ya de su verdadera naturaleza.

Aunque los dioses habían llegado a un acuerdo para no dañar al constructor mientras estuviera en Asgard, descubrir que era un *jötunn* cambió por completo la situación. Convocaron a Thor, que estaba lejos en el este, luchando contra los troles de montaña, para que se enfrentara al constructor. El asesino de gigantes llegó rápidamente. Asestó un golpe mortal en el cráneo del maestro de obras utilizando su martillo. El golpe fue tan fuerte que el cráneo del constructor se rompió en miles de pedazos y todo su cuerpo fue arrojado a las profundidades de Helheim.

Con el gigante maestro constructor muerto, los dioses pudieron descansar tranquilos. Freyja podía permanecer en Asgard sin preocuparse de que nadie se la llevara. El sol y la luna estaban en su lugar y el mundo no había sido tragado por la oscuridad total. Con un solo golpe en el cráneo, el constructor había recibido su pago: la muerte instantánea. Sin embargo, Asgard no estaba totalmente protegida, ya que las murallas no habían sido terminadas. Los dioses no esperaban más amenazas para su ciudad, pero los muros inacabados causarían bajas cuando llegara el día del Ragnarök.

Loki, por su parte, no fue visto en Asgard tras el incidente, al menos hasta varios meses después. Durante todo ese tiempo, presumiblemente estuvo en el bosque, gravemente preñado de un potro fruto de su encuentro con Svadilfari. Entonces dio a luz a un hermoso caballo gris de ocho patas. Este magnífico corcel recibió el nombre de Sleipnir («el deslizador»), y Loki se lo llevó consigo a Asgard.

Cuando el embaucador llegó al reino de los dioses, se le acercó el padre de todo, que se maravilló ante el insólito caballo. Los *Æsir* poseían muchos corceles que cabalgaban sobre Bifröst y cada uno tenía sus propias habilidades. El caballo de Freyr, Blodughofi, podía galopar a través del fuego y salir ileso. Gullfaxi, un caballo dorado regalado a Magni por Thor, corría tan rápido como el viento por tierra, aire e incluso agua. Pero Sleipnir era el mejor de todos, igual que Yggdrasil era el mejor de todos los fresnos y Thor el más poderoso de todos los dioses. Se podía montar el caballo de ocho patas y viajar rápidamente entre los mundos, incluido el reino de los muertos, Helheim.

Odín cabalga hacia Hel, por W. G. Collingwood, 1908.[88]

«¡Tómalo!» dijo Loki al todopoderoso, ofreciéndole el insólito caballo como regalo. Odín aceptó inmediatamente el regalo y dio la bienvenida al hijo de Laufey a Asgard. Con Sleipnir como su fiel montura, el padre universal podía galopar por los nueve reinos a toda velocidad. Una vez, Odín retó al gigante más poderoso, Hrungnir, a una carrera de caballos. El dios y el gigante montaron sus cabalgaduras (Odin en Sleipnir y Hrungnir en Gullfaxi) y corrieron desde las corrientes fluviales hasta las escarpadas colinas y espesos bosques de Jötunheimr, hasta que finalmente llegaron a las puertas de Asgard. Como era de esperar, Sleipnir ganó la carrera y mantuvo su título como el mejor caballo del universo. Más tarde, el padre de todo, con Gungnir (su lanza) firmemente agarrada, cabalgaría sobre el caballo de ocho patas a través del campo de batalla de Vigrid para enfrentarse a Fenrir el lobo y caer finalmente abatido.

Capítulo 12: El sacrificio de Odín y el hidromiel de la poesía

«Creo que colgué del árbol del viento,
Colgado allí durante nueve noches con sus días;
Con lanza fui herido, y fui ofrecido
A Odín, yo mismo a mí mismo,
Sobre el árbol del que nadie conocerá nunca la raíz que corre por debajo».

(*Hávamál*, Verso 138, traducido al inglés por Henry Adams Bellows)

Los humanos nacen con cinco sentidos, que utilizan para descubrir el mundo que les rodea, pero se decía que Odín había sido bendecido con el sexto sentido: el conocimiento. El padre de todo lo sabía casi todo. Sabía calmar las olas del mar embravecido, sabía desafilar las espadas de sus enemigos y dejarlos ciegos, sabía curar y tratar todo tipo de heridas y enfermedades que asolaban el mundo y sabía resucitar a los muertos para que hablaran y le revelaran secretos. Sin embargo, este conocimiento ilimitado no le fue concedido sin un precio. El padre de todos tuvo que realizar un largo y duro viaje a través de los reinos y llevar a cabo el sacrificio definitivo antes de ser bendecido con tan inestimable sabiduría.

La búsqueda de sabiduría de Odín comenzó cuando se dio cuenta de que su sed de conocimiento era cada vez mayor. Así, el padre de todos emprendió un viaje a Jötunheimr, la tierra indómita de sus enemigos, los gigantes. Odín, que iba disfrazado de viajero, vagó solo por la fría tierra brumosa hasta que llegó a un pozo situado justo debajo de una de las tres enormes raíces de Yggdrasil.

Se creía que el pozo, también conocido como Mímisbrunnr, contenía toda la inteligencia y sabiduría del mundo. Su guardián, Mimir, había bebido una vez del pozo con el Gjallarhorn (el mismo cuerno que Heimdall sopló cuando llegó el Ragnarök) y su agua le había otorgado una sabiduría excepcional y un conocimiento infinito, hasta el punto de ser conocido entre los *Æsir* como el más sabio. Odín sabía que un sorbo del agua del pozo era todo lo que necesitaba para obtener toda la sabiduría del mundo. Y así, se acercó al pozo y saludó a su guardián, Mimir, que algunos estudiosos sugieren que podría ser su tío.

«¿Por qué has venido a mi pozo, poderoso Odín?» preguntó Mimir.

«Por sabiduría, por supuesto», respondió el todopoderoso. «Soy el padre de todos y el señor de los dioses. Entonces, dime, Mimir, ¿cómo podría estar a la altura de ese título si no logro obtener y absorber todo el conocimiento y la inteligencia de este universo?». Odín preguntó al ser sabio si podía beber de su pozo de conocimiento, pero Mimir alegó que, aunque fuera el jefe de todos los dioses, Odín tenía que pagar un alto precio antes de cumplir su petición. Así, el sabio exigió al todopoderoso que sacrificara uno de sus ojos.

Odín habría hecho con gusto cualquier cosa con tal de poseer más poder y conocimiento. Entonces, sin siquiera dudarlo, se arrancó el ojo. Se dice que sus gritos de dolor resonaron por todo el universo y sacudieron los cimientos del mundo. Luego, utilizando sus propias manos, dejó caer su ojo en el pozo de conocimiento de Mimir.

«He cumplido mi parte», dijo el jefe de los dioses. Cumpliendo también su parte del trato, Mimir cogió el cuerno y sacó el agua resplandeciente de su pozo. Luego pasó el cuerno al padre de todos, que inmediatamente bebió el agua de un solo trago. Con el cuerno vaciado hasta la última gota, Odín obtuvo un poder intelectual que ninguno de los dioses de Asgard podría igualar jamás, excepto el propio Mimir. Pero eso no fue todo, ya que también ganó una profunda cicatriz en una de sus cuencas oculares y otro nombre para sí mismo: el dios tuerto.

Aunque Odín se quedó con un solo ojo al final de su búsqueda de la sabiduría en Jötunheimr, el todopoderoso aún podía supervisar el universo con total claridad; de hecho, podía verlo incluso mejor. Mientras estaba sentado en su trono, Hliðskjálf, otro acontecimiento llamó su atención. Era la visión de las *norns* bajo el Árbol de la Vida; estaban justo al lado del pozo de Urd. Estas tres mujeres estaban ocupadas dictando el destino de todos los seres del universo y lo hacían tallando runas en el enorme tronco de Yggdrasil. Una vez que terminaran, los humanos y todas las demás criaturas, incluidos los propios dioses, conocerían su destino.

A partir de su observación, Odín supo que las runas no eran simplemente un sistema de escritura formado por un conjunto de letras y símbolos. Sabía que las runas también se utilizaban para invocar poderes mágicos. Combinadas con el conocimiento de la magia y las inscripciones, podían utilizarse para lanzar hechizos, maldecir a una persona, imbuir un arma determinada con grandes habilidades e incluso curar heridas y enfermedades. Al igual que las *norns*, alguien que conociera el arte de las runas también podía predecir el futuro y protegerse de terribles desgracias.

Sabiendo que aún no poseía todo el conocimiento del mundo, Odín sintió envidia de las *norns*. Deseaba adquirir el misterioso conocimiento de las runas y haría absolutamente cualquier cosa para hacer realidad este sueño. Así, de nuevo, Odín abandonó su salón y partió en otra búsqueda. Esta vez, viajó al centro del mundo, donde crecía Yggdrasil y donde se encontraba el pozo de Urd. Las runas, sin embargo, solo aparecían a quienes eran dignos y no conocían el miedo. Algunos incluso decían que

Ilustración de Odín sacrificándose, por Lorenz Frølich.[69]

solo se podían ver las runas en la muerte. Así que el padre de todos realizó otro gran sacrificio para probarse a sí mismo.

Odín se colgó de una rama de Yggdrasil y se atravesó la carne con su propia lanza. Durante nueve días y nueve noches, el padre de todos estuvo colgado del árbol, con la piel y el cuerpo expuestos al calor abrasador, las tardes ventosas y las noches frías y tormentosas. Se negó a que lo alimentaran o lo cuidaran y prohibió a los dioses que lo salvaran: ninguno de los *Æsir* debía acercarse al padre de todos ni proporcionarle alimento.

Se creía que en la novena noche, cuando el dios muriera debido a su sacrificio, se apagarían todas las luces del mundo. Pero pasada la medianoche, el dios volvió a la vida y trajo consigo un poderoso conocimiento de las runas. Gracias a su sacrificio, el todopoderoso dominó nueve hechizos y dieciocho encantamientos, que más tarde compartió con sus compañeros dioses de Asgard.

Debido a su poderoso conocimiento de las runas y la magia, no es de extrañar que el dios tuerto se asociara con la sabiduría, la guerra e incluso la muerte. Pero la magia, los hechizos y la capacidad de prever el futuro no eran lo único que buscaba el todopoderoso. También buscaba el hidromiel de la poesía.

Después de que la guerra entre los *Æsir* y los *vanir* llegara a un punto muerto, los dioses decidieron envainar sus armas y acordar una tregua para coexistir pacíficamente. Para sellar el trato, los dioses de ambas tribus escupieron en un recipiente. De su saliva nació un gran ser, llamado Kvasir.

Se decía que Kvasir era el más sabio entre los hombres, y también se le consideraba el mejor poeta del mundo. Podían inundarlo de preguntas y él nunca dejaba de responder a cada una de ellas con facilidad. Debido a su gran ingenio e inteligencia, Kvasir viajaba a menudo por el mundo, proporcionando a los hombres conocimientos y consejos.

Sin embargo, las cosas estuvieron a punto de desviar su curso cuando dos misteriosos enanos llamados Fjalar («engañador») y Galar («gritón») decidieron invitar al sabio ser a su casa. Kvasir, que desconocía por completo sus malas intenciones, aceptó la invitación de inmediato y cuando llegó a su puerta, fue recibido por los dos enanos. Una vez que se cercioraron de que no había más ojos observándolos, Fjalar y Galar asesinaron a Kvasir, tras lo cual recogieron su sangre en tres enormes recipientes.

Con miel, los enanos prepararon su sangre hasta que se convirtió en una bebida muy especial llamada hidromiel de la poesía. Quien bebiera, aunque solo fuera un sorbo de este hidromiel especial, adquiriría las habilidades definitivas de un poeta o un erudito.

Al cabo de un tiempo, los dioses de Asgard empezaron a preguntarse por el paradero de Kvasir, especialmente Odín. Tenían sospechas sobre los dos enanos, pero tanto Fjalar como Galar ya tenían preparadas sus respuestas si los dioses llegaban a su casa con preguntas. «Se ahogó en su propio conocimiento ilimitado» era lo que los enanos planeaban decir a aquellos que los cuestionaran. Pronto, los enanos adquirieron un nuevo pasatiempo; empezaron a matar por deporte. Su siguiente víctima fue un gigante llamado Gilling, al que ahogaron hasta la muerte cerca de su casa. El gigante, sin embargo, estaba casado, y su repentina desaparición hizo que su esposa llegara a la puerta de los enanos.

«¿Han visto a mi marido?», preguntó la pobre giganta.

«Está muerto», respondieron los enanos sin ningún remordimiento. Al enterarse de la suerte de su marido, la giganta prorrumpió en fuertes llantos, que irritaron rápidamente a los dos enanos. Y así, mataron a la llorosa giganta, dejando caer una pesada piedra de molino sobre su cabeza.

Unos días después, los enanos recibieron a otro invitado. Era un gigante llamado Suttung, hijo de Gilling. El gigante estaba furioso cuando se enteró del asesinato de su padre, y deseaba que los enanos pagaran por sus malvadas acciones. Así que capturó a Fjalar y a Galar y los llevó al mismo lugar donde su padre se había ahogado. Con la marea baja, ató a los dos traviesos enanos a una roca. Sabiendo que se ahogarían cuando subiera la marea, los enanos empezaron a suplicar por sus vidas.

«¡Por favor, perdónanos!», gritó uno de ellos. «¡Déjanos compensar la muerte de tu padre! Déjanos ir, y cada gota del hidromiel de la poesía será tuya». Suttung sabía que hacerse con el hidromiel pondría a los dioses increíblemente celosos, así que accedió a liberar a los enanos a cambio de las tres cubas del hidromiel de la poesía.

Odín vio todo el incidente y se enfureció por el hecho de que un gigante poseyera un objeto tan valioso. El dios tuerto, que siempre perseguía la sabiduría y el conocimiento, quiso robar el hidromiel al gigante. Sin embargo, no iba a ser fácil, ya que Suttung había escondido el preciado hidromiel en algún lugar de su casa, en lo alto de la montaña y custodiado por su propia hija, Gunlod.

Así que el padre de todos ideó un nuevo plan. En lugar de viajar directamente a la morada de Suttung, Odín se disfrazó (esta vez como un campesino errante llamado Bölverkr) y se dirigió a la granja del hermano del gigante, Baugi. Al llegar, el dios vio a nueve sirvientes de Baugi sudando bajo el sol y esforzándose por cortar el heno. Odín se acercó a ellos y de debajo de su capa, el dios disfrazado sacó una piedra de afilar. «Usen esta piedra de afilar en sus guadañas. Solo tendrán que hacer un mínimo esfuerzo para cortar el heno».

Los nueve esclavos estaban encantados de que sus guadañas estuvieran más afiladas que antes y terminaron su trabajo en solo unos instantes. «¡Esta es, sin duda, la mejor piedra de afilar del mundo!», dijo uno de los criados. «¿Se la venderías a alguno de nosotros?».

«Por supuesto», respondió el todopoderoso. «Pero tiene un alto precio». Antes de alejarse, Odín lanzó la piedra de afilar al aire. Los nueve esclavos, con sus guadañas en las manos, corrieron hacia la piedra de afilar, pero la desesperación les ganó; se degollaron unos a otros accidentalmente.

Al enterarse de que todos sus esclavos habían muerto, Baugi se llenó de rabia y decepción. Pero Odín, que seguía disfrazado de Bölverkr, se acercó a él y le ofreció ayuda. «Puedo hacer todo el trabajo de los nueve esclavos», afirmó orgulloso el dios disfrazado.

«¿Y el precio por tu ayuda?». Baugi le miró.

«Solo me gustaría un sorbo del preciado hidromiel de tu hermano».

Baugi guardó silencio un momento y le dijo al labrador errante que no podía prometerle el hidromiel, pero sí llevarlo a Suttung. Odín aceptó de inmediato y comenzó a trabajar en la granja.

Una vez terminado el verano, el dios disfrazado regresó a Baugi y exigió su recompensa. Entonces, el gigante lo condujo a las montañas y, finalmente, llegaron a la morada de piedra de Suttung. Baugi se reunió con su hermano y le expuso la situación. Suttung, sin embargo, se negó a dar su preciado hidromiel al dios disfrazado, por mucho que hubiera ayudado a su hermano. Dirigiéndose al campesino, Baugi afirmó que había cumplido su parte del trato. «Solo prometí traerte aquí, y eso fue lo que hice».

Odín, cuya mente estaba llena de trucos y planes, entregó al gigante un taladro por debajo de su capa. «Lo menos que podrías hacer para pagarme es perforar la montaña y hacer un camino a donde se esconde el hidromiel». Baugi le dirigió una mirada preocupada, no lo convencía el plan. «No te preocupes, Baugi. Tomaré un sorbo tan pequeño que tu hermano ni se dará cuenta».

El gigante sabía que el dios no se iría de la montaña con las manos vacías, así que tomó el taladro y perforó la ladera. Al cabo de un rato, Baugi dejó de perforar y se volvió para mirar al dios. «Ya está hecho».

Odín sospechó de la afirmación del gigante, así que sopló en el agujero. El polvo volvió a su cara, demostrando que el gigante había intentado engañarlo. «No lo creo», dijo Odín, impidiendo que el gigante se marchara. «Tienes que seguir perforando».

Sin forma de escapar, Baugi hizo lo que el dios disfrazado le ordenaba. Cuando el gigante dejó de trabajar, Odín volvió a soplar en el agujero. Esta vez, el polvo atravesó hacia el otro lado. Tras darle las gracias por cumplir su parte del trato, Odín se transformó en serpiente y se deslizó por el pequeño agujero. Baugi intentó apuñalar al dios con el taladro, pero era demasiado lento.

Cuando por fin entró, el dios adoptó la apariencia de un atractivo joven y se acercó a Gunlod, que custodiaba el hidromiel. Encantó a la giganta con sus palabras y falsas promesas. El dios hizo creer a la giganta que pronto pediría su mano en matrimonio. Durante tres noches seguidas, el dios disfrazado acudió a su cama y se quedó con ella. Mientras le susurraba seducciones al oído, el dios pidió a la giganta un sorbo de hidromiel. La primera noche, el dios bebió un sorbo de hidromiel y vació todo el recipiente. La segunda noche, volvió a hechizar a la giganta y volvió a tener acceso al hidromiel. El dios se tragó hasta la última gota del segundo recipiente. La tercera noche, volvió a hacer lo mismo.

Ahora que los tres recipientes estaban vacíos, Odín tenía que asegurarse de que el hidromiel no se le subiera a la garganta, o todos sus esfuerzos serían una pérdida de tiempo. Así pues, se transformó en águila y escapó de la morada de Gunlod. Su vuelo, sin embargo, no era nada rápido, ya que el dios estaba hinchado; su estómago estaba demasiado lleno de hidromiel. Suttung vio al águila sospechosa saliendo desde la guarida de su hija, así que adoptó la forma de un águila enorme y persiguió al dios.

Los dioses de Asgard vieron la persecución, y cuando Odín se acercaba a las murallas, arrastraron rápidamente tres enormes naves fuera de su palacio. Suttung batió sus alas con todas sus fuerzas, pero no logró atrapar al dios y se vio obligado a retirarse. Odín, que aún tenía forma de águila, llegó sano y salvo a Asgard. Entonces tomó los tres recipientes y vomitó todo el hidromiel que había tragado.

Mientras el todopoderoso regurgitaba el hidromiel, unas pequeñas gotas cayeron en el mundo de los hombres. Mientras que el mejor hidromiel de las vasijas se repartió entre los *Æsir*, las pequeñas gotas de hidromiel pasaron a los humanos y se convirtieron en la fuente de todo mal para poetas y eruditos mediocres.

Capítulo 13: La atadura de Fenrir

Odín estaba sentado en su alto trono, Hliðskjálf, dominando los nueve reinos, cuando vio algo alarmante en la tierra de los gigantes. En lo profundo del desierto de Jötunheimr había una giganta llamada Angrboða (Angrboda), que vivía con sus tres hijos: Jörmungandr, Fenrir, y Hel. El padre todopoderoso sentía algo oscuro en ellos, sobre todo cuando supo que los tres monstruosos niños eran vástagos de Loki.

En *Völuspá*, se cuenta que Odín convocó una vez al espíritu de una *völva* o vidente muerta para que apareciera ante él y la persuadió de que le contara el pasado, el presente y el futuro. Aunque reacia, la *völva* le contó a Odín todo lo que sabía, pero la profecía sobre el fin del mundo fue lo que más llamó la atención del padre de todos.

«Habrá un día en que las fuerzas del caos superarán en número a los guardianes del orden», dijo la *völva*. «Loki y sus hijos se liberarán y traerán el terror al mundo. Los muertos del reino oscuro de Helheim navegarán hacia la tierra de los vivos y causarán la catástrofe, mientras que los gigantes de fuego blandirán sus espadas llameantes, quemando el mundo y reduciéndolo a cenizas». La profecía fue explicada al jefe de los dioses con todo detalle, incluido su propio destino; Odín perecería durante el Ragnarök. Sería devorado por el lobo gigante, Fenrir.

Desde que los dioses supieron su destino a manos de los hijos de Loki, los declararon monstruos y enemigos de los *Æsir*. Cuando Odín descubrió dónde se criaban los tres niños, ordenó a sus compañeros dioses que viajaran a Jötunheimr, tomaran a todos los vástagos de Loki y los trajeran a Asgard. Odín se sintió asqueado cuando vio por primera vez a Jörmungandr, que en aquel entonces era una pequeña serpiente. Para tratar con él, Odín lo arrojó a las profundidades del mar de Midgard, donde moraría hasta que llegara el Ragnarök. Jörmungandr creció lentamente, pero con el paso del tiempo se convirtió en una enorme serpiente, hasta el punto de que podía rodear toda la Tierra y morderse la cola.

A continuación, Odín posó sus ojos en Hel, la hija de Loki, cuyo aspecto era inusual; la mitad de su rostro parecía el de un ser humano normal de piel clara, mientras que la otra mitad era de un azul sombrío, casi como un cadáver en descomposición, con partes del cráneo descubiertas. A diferencia de Jörmungandr, que fue arrojado al mar, Hel fue enviada a Helheim, donde gobernaría sobre los muertos por enfermedad, vejez y accidentes.

Por último, Odín miró al lobezno Fenrir, aunque algunos se refieren a él como Fenris. Una mirada bastó para que el padre de todo sintiera un escalofrío en sus huesos, ya que sabía que sería Fenrir quien lo devoraría al llegar el crepúsculo de los dioses. A Odín se le ocurrió una idea; planeó mantener al lobo en Asgard para poder vigilarlo en todo momento.

Se dice que Fenrir vivía pacíficamente entre los dioses en Asgard. El encargado de cuidarlo no era otro que el dios Týr. Todos los días, el dios del honor y la justicia daba de comer carne a Fenrir con sus propias manos y, a veces, pasaba algún tiempo jugando con el lobezno después de volver a casa o antes de emprender un viaje fuera del reino.

Týr alimentando a Fenrir, ilustrador desconocido.[70]

Aunque Fenrir no causaba ningún problema en Asgard, a los dioses les resultaba difícil mirarlo sin que sus ojos se llenaran de terror. Se aferraban a la profecía y estaban seguros de que el lobo solo les traería desgracias. Mientras que se dice que Jörmungandr tardaba mucho en crecer, con Fenrir ocurría todo lo contrario. Cuando los dioses lo llevaron a Asgard, Fenrir no era más que un pequeño cachorro que podía ser sostenido por las manos de un niño, pero con el paso de los días, creció enormemente. Pronto, nadie fue capaz de sostenerlo, y mucho menos de vencer su poderosa fuerza.

Viendo el alarmante crecimiento del lobo, Odín comenzó a planear su próximo movimiento. El padre de todo no podía quedarse quieto mientras el monstruoso hijo de Loki se hacía más fuerte. Era deshonroso derramar la sangre del lobo dentro de las puertas de Asgard, así que tenía que pensar en otra cosa tan rápido como pudiera. Fue entonces cuando los otros dioses sugirieron atar a Fenrir. A toda prisa, Odín se levantó de su trono y ordenó a los mejores herreros de Asgard que fabricaran una atadura suficientemente fuerte para impedir que el lobo se moviera. Pocos días después, los herreros presentaron con orgullo la primera atadura al jefe de los dioses, y esta cadena recibió el nombre de Laedingr.

Odín, junto con los demás dioses de Asgard, cogió la atadura recién hecha y se la llevó al lobo gigante. Fenrir, sin embargo, no había sido informado de los planes, ya que no querían arriesgarse a que el lobo hiciera estragos en su reino. En su lugar, los dioses le dijeron que la atadura no era más que una simple prueba de fuerza. Los dioses lo engañaron diciéndole que, al liberarse de la atadura, sería considerado el ser más fuerte del mundo. Deseoso de ser conocido por su poderosa fuerza, Fenrir aceptó ser atado con Laedingr.

Con un enorme pero lento suspiro de alivio, los dioses de Asgard se acercaron con cuidado al lobo gigante y lo ataron. Fenrir no se movió y esperó a que los dioses retrocedieran unos pasos. Con todos los ojos fijos en él, Fenrir se levantó y se zafó de la atadura sin dificultad. Solo necesitó un intento para que la atadura se hiciera pedazos. Sintiendo que había superado la prueba de los dioses, Fenrir rugió de orgullo.

Los dioses, especialmente Odín, se sintieron perturbados y aterrorizados por la fuerza del lobo. «Imaginen lo terrible que sería si el lobo estuviera libre para campar a sus anchas por el campo de batalla, atacando y despedazando a cada uno de nosotros», decían los dioses. Así, fueron a reunirse de nuevo con los herreros. «¡Necesitamos una atadura más fuerte!», exclamaron. «Una que sea más fuerte que la anterior».

Los dioses obtuvieron entonces lo que habían pedido. Los herreros les presentaron otra atadura, a la que llamaron Dromi. Era el doble de fuerte que Laedingr y mucho más larga y ancha. Con la segunda atadura en sus manos, los dioses invitaron a Fenrir a probar de nuevo su fuerza. Sin embargo, esta vez el lobo se mostró más cauteloso, ya que la atadura parecía más robusta y fuerte que antes. Pero los *Æsir* tenían sus maneras de persuadir al lobo gigante, que pronto accedió a ser atado.

Fenrir tiró una vez, pero la atadura seguía intacta, dejando a los dioses al borde de sus asientos. El lobo volvió a tirar y la atadura empezó a aflojarse. A Fenrir le costó unos cuantos tirones, pero consiguió liberarse. Una vez más, el lobo había demostrado su poder y había dejado a los dioses consternados.

Casi incapaz de contener su miedo, Odín convocó a Skírnr a su salón. «Ve a Svartalfheim deprisa», ordenó el padre de todos. «Allí encontrarás a los enanos, que son todos maestros herreros».

Sin demorarse un solo instante, el mensajero viajó al reino de los enanos, que se encontraba en las profundidades de la tierra. Entonces se reunió con los maestros herreros y los convenció de forjar la atadura más fuerte de todo el universo: Gleipnir.

Con el aire lleno de hollín y el olor a humo procedente del horno, los enanos comenzaron su trabajo. Forjaron la atadura utilizando recursos inusuales: el sonido de las pisadas de un gato, la barba de una mujer, las raíces de una montaña, los tendones de un oso, el aliento de un pez y la saliva de un pájaro. Una vez forjada, el mensajero la llevó al reino de los dioses y se las presentó.

Con Gleipnir en su poder, los dioses fueron a ver a Fenrir una vez más, esta vez con más confianza que antes. Cuando el joven lobo gigante vio la tercera atadura, no pudo evitar desconfiar de los dioses. A diferencia de las dos anteriores, Gleipnir tenía un aspecto diferente; la atadura era casi tan suave como la seda, y era tan ancha como una simple cinta. Fenrir empezó a sospechar que los dioses querían engañarlo, por lo que decidió declinar el desafío.

Entonces los *Æsir* se burlaron del lobo. «Ya te has liberado antes de dos fuertes ataduras, así que ¿qué dificultad puede tener una cinta?». Esto despertó aún más las sospechas del lobo, pero aceptó el desafío a regañadientes con una condición: pidió que uno de los dioses le pusiera una de sus manos en la boca. Si era cierto que los dioses intentaban engañarlo, arrancaría de un mordisco la mano de la espada del *Æsir*.

Los dioses guardaron silencio al oír la petición de Fenrir. Sabían que el joven lobo no se liberaría esta vez, así que ninguno de ellos estaba dispuesto a perder su mano. La discusión entre los dioses se detuvo cuando Týr, el único que se atrevía a alimentar y cuidar al lobo, se ofreció como voluntario. Se acercó a Fenrir y puso tranquilamente su mano en la boca del lobo gigante. Entonces, los demás dioses se acercaron para ponerle la atadura y, una vez que terminaron, se alejaron rápidamente.

Tyr y Fenrir, por Viktor Rydberg, 1911.[71]

Fenrir se sacudió en vano. Una vez más, tiró y se sacudió para liberarse, pero cuanto más lo intentaba, más fuerte lo sujetaban las ataduras. Sabiendo que su suposición inicial era cierta (los dioses estaban intentando engañarlo), cerró la mandíbula y mordió la mano derecha de Týr. Ninguno de los *Æsir* trató de ayudarlo, y el lobo se abalanzó sobre ellos, tratando de atacar. Los dioses se rieron del lobo indefenso, excepto Týr, que se quedó mirándolo. No se sabe a ciencia cierta por qué Týr reaccionó así cuando vio a Fenrir finalmente atado. Tal vez realmente se preocupaba por el lobo, ya que era él quien lo había alimentado desde que era un cachorro. Tal vez de algún modo sabía que al engañar y traicionar a Fenrir, habían sellado sus propios destinos y estaban un paso más cerca de que se cumpliera la profecía. Algunas fuentes incluso afirman que si los dioses hubieran criado bien al lobo sin traicionarlo, tal vez Fenrir habría estado de su lado al llegar el Ragnarök.

La atadura de Fenrir, por Dorothy Hardy, 1909.[73]

Con la atadura sujetándolo fuertemente, Fenrir ya no podía moverse. Así que los dioses tomaron Gelgja, una cadena que se decía que era irrompible, y reforzaron la atadura. Sabían que sería peligroso mantener a un lobo furioso dentro de su fortaleza, así que los dioses arrastraron al pobre lobo a una isla solitaria y desierta llamada Lyngvi. En la isla, la cadena irrompible estaba fuertemente atada a una losa de piedra y clavada por los dioses en el suelo. Negándose a rendirse, Fenrir luchó e intentó atacar a los dioses cercanos. De repente, uno de los *Æsir* se acercó al lobo y le clavó su espada en la mandíbula para mantenerle la boca abierta.

Fenrir aulló impotente hasta que la saliva brotó de su enorme boca. De la saliva de Fenrir surgió el río turbio llamado Ván. Algunos creen que los dos hijos de Fenrir, Sköll y Hati, intentaron liberarlo, pero fracasaron porque las ataduras eran demasiado fuertes. Se dice que Fenrir permaneció retenido y atado en la isla con la boca abierta hasta que se produjo el Ragnarök.

Cuando se produjo el Ragnarök, el lobo feroz se liberó de su larga y dolorosa atadura y corrió a través de los reinos, devorando todo y a todos los que se interponían en su camino. Su última parada era el campo de batalla de Vígríðr (Vigrid), donde esperaría al dios que había planeado su captura. Aunque Fenrir fue posteriormente asesinado por el hijo de Odín, Vidar, logró cumplir su venganza devorando al jefe de los dioses.

Capítulo 14: Thor en el país de los gigantes

A cambio de un lugar donde pasar la noche, Thor había sacrificado sus dos cabras y las había utilizado para preparar la cena. Aunque el campesino y su familia podían compartir la comida con los dioses, Thor les había advertido estrictamente que no rompieran ninguno de los huesos de las cabras, ya que interferiría en el proceso de resurrección. Sin embargo, Loki consiguió convencer a Thjalfi, el hijo del campesino, para que rompiera uno de los huesos de la cabra y probara el tuétano. Las cabras resucitaron a la mañana siguiente, pero una de ellas cojeaba de un lado.

Al descubrirlo, Thor estalló en cólera. Sin embargo, sintió compasión por los campesinos al ver lo miserables que eran. Así pues, el dios de barba roja accedió a no hacerles ningún daño y solo se llevó a los dos hijos de la pareja (Thjalfi y Röskva) para compensar sus maldades. Los hermanos se convirtieron en sus sirvientes más leales y lo acompañaron en una serie de aventuras. Aunque en los poemas antiguos apenas se menciona a Röskva, se decía que Thjalfi era uno de los humanos más rápidos corriendo y podía ganar muchas carreras. Thor encargó al joven que llevara su cartera, que contenía todas las provisiones y recursos que el dios necesitaba durante sus viajes.

Y así, con los dos jóvenes sirvientes a cuestas, Thor y Loki continuaron su viaje hacia la tierra de los gigantes. Dejaron atrás el carro y salieron de la granja a pie. Los cuatro viajeros se dirigieron hacia el este, donde tuvieron que navegar a través del gran océano y vadear peligrosos ríos. Después, continuaron su viaje hasta llegar a un espeso bosque. Sin embargo, apenas llegaron al bosque se estaba terminando la luz, pues el sol empezaba a ser sustituido por la tenue luz de la luna.

«Descansemos», sugirió el dios del trueno después de viajar desde Midgard hasta Jötunheimr durante todo el día.

Bajo la luz de la luna, los cuatro viajeros buscaron un lugar seguro para pasar la noche. No se dormía a la intemperie, sobre todo cuando la tierra estaba habitada por bárbaros gigantes. Después de vagar por la naturaleza salvaje durante bastante tiempo, dieron con una sala de aspecto peculiar. El edificio era macizo, al igual que su entrada. La puerta era tan ancha que abarcaba de un extremo a otro. Al darse cuenta de que se hacía tarde, Thor y sus compañeros entraron en la peculiar sala para descansar un poco.

Mientras dormían profundamente, un ruido fuerte y terrible despertó al dios de barba roja. Era medianoche y el sonido se hacía más fuerte a medida que pasaban los segundos. Pronto, al terrible ruido le siguió un terremoto. Todo el edificio temblaba y parecía que las paredes iban a derrumbarse. Presintiendo el peligro, Thor se puso en pie de un salto y sacudió a sus tres compañeros para sacarlos de su sueño hasta que se dieron cuenta de lo que estaba pasando.

«Debemos estar en guardia», dijo el dios del trueno. «¡Vayan a buscar un lugar más seguro!». Dieron tumbos en la oscuridad mientras continuaban los terribles ruidos y terremotos. Entonces, se encontraron frente a otra cámara; era estrecha y tan oscura como el bosque exterior.

Loki y los dos jóvenes hermanos se metieron dentro y se sentaron en el suelo, con los cuerpos temblorosos, aterrorizados por lo que podía ocurrir. Thor tranquilizó a sus compañeros, asegurándoles que estarían a salvo mientras se dirigía a la puerta y montaba guardia durante toda la noche. Pronto empezó a salir el sol y se oyó débilmente el trinar de los pájaros. Thor se levantó y caminó hacia la amplia entrada para investigar el origen del terrible ruido y los temblores que los aterrorizaron durante la noche.

En cuanto Thor puso un pie fuera, se quedó atónito al ver a un gigante durmiendo en medio del bosque. «¡Por fin!», exclamó en voz baja mientras sostenía Mjölnir firmemente en la mano. Desde el inicio del viaje, Thor había estado buscando un gigante para matar y por fin lo había encontrado.

El gigante aún dormía cuando Thor oyó algo familiar; eran los ronquidos del gigante los que habían provocado el terrible ruido y habían causado los terremotos. El gigante exhaló con tanta fuerza que incluso la más grande de las montañas tembló. Preparado para atacar al gigante dormido, Thor se acercó lentamente a él con su martillo. Justo antes de que el dios de barba roja pudiera levantar Mjölnir y golpear el cráneo del *jötunn*, el enorme gigante abrió los ojos. Se puso en pie con la lentitud de un anciano tullido y miró sin comprender al dios del rayo. A diferencia de los otros *jötnar* a los que el dios se había enfrentado antes, este no parecía amenazador en absoluto. De hecho, parecía más bien amistoso.

Entonces, Thor bajó su martillo. Se puso de pie con las manos en la cintura y preguntó el nombre del gigante. «Skrymir es como me llaman», respondió el gigante. Justo antes de que Thor pudiera presentarse con orgullo, el gigante interrumpió: «¡Te conozco! Eres el poderoso Thor de Asgard». Skrymir se giró entonces para mirar a su lado, donde estaba su enorme guante. Entonces se acercó y lo cogió, pero no antes de que Loki y los dos hermanos salieran de él. Durante toda la noche, los viajeros habían estado refugiándose en el interior del guante del gigante y la cámara con la que habían tropezado durante el terremoto era en realidad el pulgar del guante.

Encuentro de Skrymir con los dioses, por Elmer Boyd Smith, 1902.[78]

Tras conocer a todos los viajeros, el gigante les preguntó adónde se dirigían. Thor le dijo que se dirigían a Jötunheimr. Skrymir se ofreció entonces a hacerles compañía durante el camino, a lo que Thor accedió, ya que no percibía ningún peligro en el alegre gigante. Aquel día, antes de emprender el viaje, Skrymir detuvo a los viajeros, pues se había dado cuenta de lo pesado que resultaba para los diminutos seres arrastrar sus maletas.

«Nos espera un largo viaje. Lo menos que puedo hacer es llevarles las provisiones. Toma, puedes ponerlas en mi bolsa», ofreció el amable gigante. Como a Thor no le quedaba mucha comida, aceptó y entregó sus provisiones a Skrymir. A continuación, el gigante ató la bolsa y la izó sobre su cuerpo antes de caminar en dirección a Jötunheimr.

Tras todo un día caminando y tratando de seguir el ritmo de los grandes pasos de Skrymir, los viajeros estaban exhaustos y encontraron un roble, bajo el que se acostaron. El gigante también había pedido un poco de descanso, diciendo que necesitaba una siesta antes de continuar la aventura. «Necesitan cenar», dijo el gigante mientras dejaba su gigantesca bolsa en el suelo. «Adelante, coge tus provisiones», dijo antes de caminar hacia un grupo de musgo y arbustos. Una vez que el gigante se quedaba dormido, roncaba terriblemente.

Thor sacudió la cabeza y se dirigió hacia la bolsa del gigante para tomar algo de comida para él y sus compañeros. El dios intentó abrir la enorme bolsa, pero el nudo era tan fuerte que solo pudo desenredarlo un centímetro. El dios de poca paciencia volvió a intentarlo, usando toda su fuerza para desatar el nudo, pero fracasó. Sus ojos se estaban enrojeciendo, y su rostro se tensó. Se estaba enfadando enormemente, ya que sus intentos eran inútiles. Thor estaba seguro de que el gigante lo hacía a propósito para que sus compañeros vieran su fracaso. Loki estaba allí y todos sabían cómo le gustaba al embaucador avergonzar a los demás.

Sin dudarlo, Thor se ajustó su cinturón de fuerza y agarró su poderoso martillo. Se dirigió a pisotones hacia el dormido Skrymir. El dios del trueno balanceó su martillo y golpeó al gigante en la cabeza. El golpe fue tan fuerte que Mjölnir casi se hunde en el cráneo del gigante. Skrymir, sin embargo, dejó de roncar y abrió lentamente uno de sus ojos. Se incorporó y miró a su alrededor; el gigante pensó que le había caído una hoja en la cabeza. Thor, que estaba acostumbrado a matar gigantes con un solo golpe, se sorprendió por la reacción del gigante. «¿Cenaste, Thor?» preguntó Skrymir al aturdido dios. Ignorando la pregunta del gigante, Thor le informó que iban a dormir bajo otro árbol cercano.

Thor atacando a Skrymir mientras duerme, por Ludwig von Maydell.[74]

Mientras el resto de su grupo dormía, Thor mantenía los ojos abiertos. Estaba perplejo por lo que acababa de ocurrir. Se sintió avergonzado dos veces: una cuando no consiguió desatar la bolsa de provisiones del gigante y otra cuando su golpe salió mal. Por fin se le pasó la rabia y trató de descansar, pero, por desgracia, solo pudo hacerlo hasta medianoche, cuando los ronquidos de Skrymir resonaron en el bosque y, de nuevo, el suelo tembló. El dios estaba furioso, así que agarró de nuevo su martillo y se dirigió hacia el gigante.

Deseoso de no repetir el mismo error, Thor alzó más alto a Mjölnir. Doblando su fuerza, asestó un poderoso golpe justo en el cráneo de Skrymir. Esta vez, el gigante se despertó, sobresaltado. «¿Me ha caído una bellota en la cabeza?», preguntó en voz baja. De nuevo, se sobresaltó al ver a Thor a su lado. «¿Va todo bien, amigo mío? ¿Qué haces aquí?» preguntó el gigante, despistado.

Thor apretó la mandíbula y se limitó a decir que iba a volver a dormir. Sin embargo, el dios no podía dejar marchar al gigante sin más, sobre todo cuando asimiló su poderoso golpe como una bellota caída del árbol. Así que esperó a que Skrymir volviera a dormirse y, cuando lo hizo, Thor asestó otro fuerte golpe con su poderoso martillo. Asestó un golpe en la sien del gigante y un sonido sordo recorrió la densa madera. El dios había participado antes en muchas batallas contra gigantes (incluso hoy en día hay una estatua suya en Odense, Dinamarca, que representa su lucha) y ninguno de ellos había sobrevivido al poderoso golpe de su martillo. Así que Thor estaba seguro de que esta vez lo había hecho bien y que Skrymir había encontrado su destino.

Sin embargo, para decepción de Thor, Skrymir abrió los ojos y se rascó un poco la cabeza. «Supongo que hay pájaros anidando en estos árboles, ya que puedo sentir sus plumas cayendo sobre mí». Luego miró a Thor, que una vez más estaba a su lado. «No duermes nada bien, amigo mío», dijo Skrymir antes de agarrar su enorme bolsa y ponerse de pie. «Vamos. Ya casi hemos llegado».

Cuando se acercaban a la tierra de los gigantes, Skrymir se volvió para mirar al dios del trueno y le dio un consejo. Afirmó que los gigantes de la fortaleza (o Utgard, como algunos preferían llamar a su tierra) eran mucho más grandes y altos que él. «Así que mantén los ojos abiertos y evita expresar tu orgullo», dijo el amistoso gigante antes de alejarse de Thor y sus compañeros y volver sobre sus pasos adentrándose en el denso bosque. Thor se sintió aliviado de que el gigante los hubiera dejado y esperaba que nunca volvieran a cruzarse.

No fue hasta el mediodía cuando los cuatro viajeros llegaron por fin a la fortaleza de los gigantes. Se trataba de una ciudad enorme, con imponentes puertas que impedían la entrada a los forasteros no deseados. Tal y como esperaban, las puertas estaban cerradas y los candados eran tan enormes que era imposible que el dios del trueno los abriera. Sin embargo, los espacios entre los barrotes eran lo suficientemente amplios como para que los dioses y los dos jóvenes hermanos se colaran por ellos. Thor pensó que esta idea era deshonrosa, pero no le quedó otra opción. Y así, se colaron entre los barrotes y se encontraron dentro de Utgard. Se dirigieron al gran salón y, una vez dentro, se vieron rodeados por una compañía de enormes gigantes, más altos que Skrymir y los otros que Thor había conocido antes.

Thor, recordando el consejo de Skrymir de que contuviera su orgullo, se dirigió al final de la sala, donde el rey de los gigantes estaba tranquilamente sentado en su trono. El dios de barba roja era, por supuesto, bien conocido entre los gigantes de Jötunheimr, razón por la cual el rey gigante lo reconoció de inmediato. «Así que tú eres el poderoso Thor de Asgard». Miró al dios. «He oído muchas historias sobre tu poder, pero no esperaba que fueras tan pequeño». Thor solo lo miró fijamente. «¡Ven ahora! Veamos de qué están hechos tú y tus compañeros. ¿Qué tal unos cuantos desafíos?».

Loki dio un paso al frente y presumió de sus habilidades; afirmaba que podía devorar comida más rápido que cualquier criatura viva, gigantes incluidos. Algunos dicen que el dios embaucador estaba tan hambriento que esta era su forma de conseguir que le sirvieran comida caliente, mientras que otros sugieren que Loki intentaba salvar su dignidad y la de sus compañeros. No obstante, el rey gigante, que respondía al nombre de Utgarda, aceptó el desafío de Loki y envió a uno de los suyos a enfrentarse al embaucador. El oponente de Loki se llamaba Logi («fuego»). Entre los dos había un enorme comedero de carne. El desafío era sencillo: ganaría el primero que devorara la carne y llegara al centro del comedero. Así, tanto Loki como Logi engulleron la carne tan rápido como pudieron y llegaron al centro al mismo tiempo. Sin embargo, Logi ganó el punto, ya que también había devorado todos los huesos y el enorme plato.

«Seguro que alguno de ustedes podría ganar en algo», se burló Utgarda una vez que Loki perdió. El siguiente desafío fue una carrera entre Thjalfi y otro ser llamado Hugi («viejo»). Se dirigieron al punto de partida fuera de la sala. Aunque se decía que Thjalfi era un veloz corredor, Hugi demostró ser más rápido que él, incluso pudo volver sobre sus pasos a mitad de camino para controlar a su oponente una vez que había llegado a la línea de meta. La segunda vez que corrieron, Thjalfi perdió por mucho, al igual que la tercera. De nuevo, Utgarda se rió, pero, aunque Thjalfi había perdido la carrera, Utgarda dijo que era el ser humano más rápido que había visto.

A continuación, Thor fue desafiado a redimir el honor de su equipo. No podía aceptar el hecho de que tanto Loki como Thjalfi hubieran perdido ante el cínico rey gigante. Utgarda preguntó entonces a Thor qué sabía hacer mejor para demostrar su poder. Después de todo, todos los gigantes habían estado hablando de él. El dios del trueno le dijo al rey gigante que sabía beber hidromiel mejor que todos los presentes en la sala. Al ver el tamaño del dios de barba roja, Utgarda soltó una sonora carcajada. «Muy bien», dijo antes de ordenar a su sirviente que trajera un enorme cuerno que los gigantes utilizaban para beber. «Si puedes acabar con el hidromiel de un solo trago, serás aclamado como un gran bebedor. Si puedes terminarlo en dos, se te considerará justo, pero si ni siquiera puedes terminar el hidromiel en tres, entonces no tengo palabras para ti, poderoso Thor».

Thor agarró el cuerno y engulló el hidromiel de un solo trago, pero cuando se detuvo a mirar cuánto había bebido, solo se había movido una ínfima parte del licor. El dios, por supuesto, se negó a rendirse, así que volvió a beber con todas sus fuerzas. El nivel de licor disminuyó notablemente, pero aún quedaba mucho. El dios del trueno respiró hondo y volvió a beber hidromiel hasta que ya no pudo más. Echó un vistazo al cuerno. Aunque el hidromiel había bajado aún más que antes, todavía quedaba más de la mitad. Thor, lleno de ira, finalmente se rindió.

Utgarda tenía otro desafío en mente, especialmente diseñado para el poderoso dios. Thor debía levantar del suelo al gigantesco gato del rey. El monstruoso gato fue llevado inmediatamente a la sala; era de color gris y tenía los ojos tan amarillos como el mismísimo sol ardiente. Thor se acercó a la horrenda criatura y, con todas sus fuerzas, trató de levantarla del suelo. Cuanto más intentaba levantarlo, más fuerte arqueaba el gato su cuerpo, tratando de mantenerse en el suelo. Thor volvió a utilizar todo su cuerpo para levantar al misteriosamente fuerte gato. Esta vez, una de sus patas se levantó del suelo. Sin embargo, eso fue todo lo que el dios pudo conseguir, ya que las otras tres patas del gato seguían en el suelo, como si estuvieran pegadas.

El rey gigante se divirtió al ver a Thor esforzándose tanto por levantar a un gato. «¿Supongo que mi gato es demasiado pesado para ti, dios del trueno?».

Thor estuvo a punto de coger Mjölnir, pero se contuvo. «¡Si se dice que los gigantes son tan fuertes, vengan aquí y luchen conmigo!», exclamó el dios del trueno.

«Luchar no es más que un juego de niños, maestro Thor. ¡Ninguno de mis hombres querría hacerlo! Pero muy bien, tengo a alguien en mente que podría enfrentarse a ti». Utgarda llamó a su sirviente, Elli, cuyo nombre significa simplemente «edad».

Thor se sintió insultado, ya que Elli era una anciana tullida. Tenía la espalda terriblemente encorvada y arrugas por todas partes en la cara.

Cuando Elli se acercó por primera vez al dios, Thor se negó a luchar con ella, alegando que nunca haría daño a una mujer, y mucho menos a una extremadamente vieja e incapaz. Sin embargo, la anciana empezó a burlarse del dios y la sala se llenó con los aullidos de la gigante sobre cómo el poderoso dios no era en absoluto digno. Así, Thor se abalanzó sobre la anciana y rodeó su cuerpo tullido fuertemente con sus gruesos brazos con la esperanza de oírla gritar de dolor. La mujer, sin embargo, permaneció inmóvil y sin mostrar ninguna emoción. Enfurecido, Thor apretó aún más su agarre para romperle las costillas, aun así, la anciana no se movió.

Cuando llegó el momento de que Elli golpeara, un solo ataque bastó para que el dios del trueno cayera de rodillas. Se dice que los brazos de la anciana eran tan duros como el grueso tronco de un árbol. Así, Thor perdió otro desafío.

«Es suficiente por esta noche. No más desafíos», dijo Utgarda cuando terminó la lucha. «Comamos juntos. Tú y tus compañeros pueden pasar la noche aquí y emprender el viaje de vuelta por la mañana temprano». Incluso después de todos los insultos, el rey gigante dio a Thor y a sus compañeros lo mejor que podía ofrecerles.

A la mañana siguiente, los cuatro viajeros estaban listos para emprender el camino de regreso a Asgard. Utgarda los condujo fuera de la sala y fue entonces cuando confesó sus trucos. Se reveló que Skrymir, el gigante que habían encontrado en el bosque, era, en realidad, el propio Utgarda. El rey gigante le dijo al dios del rayo que su fuerza era realmente todopoderosa, ya que la enorme bolsa de provisiones que había intentado abrir estaba forjada mágicamente con hierro. El hecho de que Thor hubiera conseguido mover el nudo un centímetro era bastante impresionante. En cuanto a los golpes de martillo que Thor le había infligido, Utgarda explicó que había evadido con éxito los tres; en lugar de su cráneo, el dios había golpeado la montaña, y el golpe había creado tres valles. «Si no hubiera logrado esquivar tus poderosos golpes, quizá estaría muerto», dijo el rey gigante.

Lo mismo con los desafíos a los que se habían enfrentado los viajeros la noche anterior. Utgarda había aplicado la magia en todos ellos. La actuación de Loki en su desafío fue notable, ya que en realidad competía contra el propio fuego, mientras que Thjalfi competía contra el pensamiento, algo imposible de superar en rapidez. En cuanto a Thor, el cuerno del que había bebido estaba conectado al gran océano. «Bajaste las mareas después de beber de ese cuerno», explicó Utgarda. «Sobre el gato, mi poderoso Thor, intentabas levantar a la mismísima Serpiente del Mundo». Incluso los gigantes estaban al borde de sus asientos cuando vieron a Thor levantar una de las patas. Por último, pero no por ello menos importante, los gigantes se asombraron de lo mucho que había aguantado el dios durante el combate, ya que, en realidad, Thor estaba luchando contra la vejez.

«Ahora que sabes la verdad, te advierto que nunca vuelvas a nuestra tierra». El rey gigante miró al dios del trueno con toda seriedad. Tras conocer los trucos e ilusiones de los gigantes, el rostro de Thor enrojeció y la ira lo consumió. Agarró a Mjölnir y estaba a punto de matar a Utgarda y destruir toda su fortaleza. Sin embargo, en cuanto se volvió, el gigante no estaba por ninguna parte y su enorme castillo había desaparecido. Lo que quedaba eran cuatro viajeros, furiosos y confundidos.

Capítulo 15: Thor y Mjölnir

Mjölnir era una poderosa arma que pertenecía nada menos que a Thor, el poderoso protector de Asgard y de Midgard. Con Mjölnir en la mano, el dios del trueno había derrotado a miles de gigantes que deseaban llevar la perdición a sus compañeros dioses sin una sola herida. Pero el martillo no solo servía para destruir y matar; el poderoso dios también lo necesitaba para resucitar a sus dos cabras mágicas.

Dado que Mjölnir era un arma de poder y actuaba como un instrumento divino, ayudó enormemente al dios del trueno en casi todas sus aventuras por los reinos. Era sin duda la posesión más preciada de Thor y tenía que agradecérselo a Loki. El martillo fue forjado originalmente por los enanos y fue Loki quien lo solicitó. Todo comenzó cuando el embaucador le gastó una broma a la esposa de Thor, Sif: había cortado el cabello dorado de la diosa, lo que provocó que Thor amenazara con romperle todos los huesos del cuerpo si no le devolvía la gloriosa belleza a su esposa.

Al viajar a Svartalfheim, Loki consiguió que los hijos de Ivaldi forjaran un tocado de oro para Sif. Sin embargo, eso no fue lo único que obtuvo de los enanos, ya que también había pedido la lanza llamada Gungnir y el barco llamado Skidbladnir. El embaucador deseaba entregárselos a los dioses y los enanos accedieron a fabricarlos y dejarlo regresar a Asgard con los tres tesoros. Sin embargo, antes de que Loki abandonara el reino de los enanos, ideó otro de sus traviesos planes. Decidió pasar por la sala de Brokk y Eitri, otros dos maestros herreros y rivales de los hijos de Ivaldi.

Al llegar a la entrada de la gran sala, los dos enanos se pusieron rápidamente en pie y se acercaron al embaucador. Se fijaron en los tres objetos que Loki tenía en su poder y rápidamente se irritaron al saber que todos ellos habían sido forjados por sus rivales. Al notar la desagradable reacción de los dos hermanos, Loki sonrió y comenzó a burlarse de ellos. «¿Qué les parece la artesanía de estos objetos?», preguntó el astuto dios. «¿Han visto algún trabajo mejor?».

«Por supuesto. Los nuestros son mejores. Son incluso los mejores». respondió Brokk.

«Entonces, ¿creen que pueden hacer cosas aún más finas que estas?», preguntó el embaucador. Los enanos le lanzaron una mirada y continuaron alardeando sin rodeos de sus exquisitas habilidades como herreros.

«Entonces, ¿qué tal una apuesta? Forjen para mí tres objetos más finos que estos y mi cabeza será suya», dijo Loki, haciendo una apuesta lo suficientemente alta como para que los enanos aceptaran de inmediato. Así, los dos hermanos comenzaron a acarrear los recursos necesarios para sus artesanías mientras Loki se sentaba detrás con un cuerno lleno de hidromiel para saciar su sed. Los maestros herreros habían ordenado estrictamente al dios que no hiciera nada excepto sentarse y esperar a que terminaran con sus finas artesanías.

Poco después, el aire se llenó del humo que salía del horno, pues Brokk había arrojado docenas de trozos de madera en él. Eitri, por su parte, estaba trabajando en un rollo de alambre de oro antes de pasar a la piel de cerdo. Brokk empezó a bombear el fuelle y Eitri le advirtió que no parara hasta que él volviera o, de lo contrario, el objeto no saldría tan perfecto como habían planeado. El dios de las travesuras escuchó esto, e inmediatamente se transformó en una mosca. En su nueva forma, voló hasta la áspera mano de Brokk y lo picó. El enano, sin embargo, estaba tan concentrado en bombear el fuelle que ni siquiera notó la picadura. Pronto, Eitri regresó y, con un par de tenazas de hierro, sacó de la fragua ardiente el tesoro recién elaborado: se trataba de Gullinbursti, un jabalí dorado con la capacidad de correr por el aire y el mar.

A continuación, los enanos trabajaron con un exquisito bloque de oro. Una vez más, Eitri le dijo a Brokk que siguiera bombeando hasta que él regresara. Loki escuchó la advertencia de Eitri, así que una vez más, se convirtió en mosca. Esta vez, voló hasta el sudoroso cuello de Brokk y lo picó el doble de fuerte. El enano sintió el aguijón esta vez y se estremeció, pero sus manos siguieron bombeando el fuelle. Pasaron unos minutos y Eitri regresó por fin. Sacó el oro del horno convertido en Draupnir, un anillo que podía multiplicarse en ocho anillos más del mismo peso cada nueve noches.

Por último, los enanos trabajaron con una gran pila de hierro pesado. La echaron al horno, la sacaron, le dieron forma a martillazos y tallaron su costado. Luego, igual que antes, Brokk se encargó de bombear el fuelle hasta que Eitri regresara. «¡No podemos arriesgarnos a dañar este, pues es imposible repararlo!», exclamó antes de dejar a Brokk con su tarea. Por supuesto, al oír lo serio que estaba Eitri, Loki volvió a convertirse en mosca y se posó entre los ojos de Brokk. Lo picó con todas sus fuerzas hasta que un chorro de sangre corrió por la amplia frente del enano y llegó a sus ojos. Brokk soltó el fuelle solo un segundo para poder limpiarse la sangre que le impedía ver, pero el daño ya estaba hecho. Eitri se acercó corriendo al horno y no pudo evitar sacudir la cabeza, decepcionado, al sacar el último objeto. Se trataba del poderoso martillo, Mjölnir, y el defecto podía verse en su mango; era muy corto, pero su poder seguía siendo magnífico. Se podía lanzar el martillo en diferentes direcciones y siempre volvía.

Al ver que solo el mango estaba afectado, los dos hermanos se sintieron aliviados. Con caras llenas de orgullo, entregaron los tres objetos mágicos a Loki. «Viajemos a Asgard y veamos de quién es la mejor artesanía», se jactó Brokk.

Al llegar a Asgard, Loki y Brokk se dirigieron directamente a la sala donde se habían reunido los dioses. Loki presentó los tres primeros objetos: entregó el cabello dorado a Sif, regaló la poderosa lanza al padre de todos y el barco mágico a Freyr. A continuación, Brokk se adelantó y presentó las otras tres artesanías; el jabalí dorado fue entregado a Freyr, mientras que el anillo de Draupnir fue regalado al todopoderoso. Por último, Brokk entregó Mjölnir al dios del trueno. Thor levantó el pesado martillo y se maravilló de su exquisita artesanía. Todos los dioses de la sala quedaron impresionados y asombrados por su poder devastador, hasta el punto de que ni siquiera se preocuparon por su pequeño defecto, el mango corto.

Con todos los regalos presentados, los tres dioses intercambiaron miradas entre sí y enseguida estuvieron de acuerdo en que Mjölnir era la mejor obra que jamás habían visto. «Parece que le debes al enano tu cabeza, Loki», dijo el padre de todo. Comprendiendo finalmente que su apuesta era demasiado alta, Loki desapareció de la sala en un intento de escapar de su propia palabra.

Thor estaba en deuda con Brokk por haberle honrado con tan gran arma, así que inmediatamente se puso en pie y persiguió al embaucador. Bastaron unos instantes para que el dios del trueno regresara a la sala, arrastrando a Loki tras de sí.

«¡Espera!», exclamó el embaucador. «¡Aposté mi cabeza, pero no mi cuello!».

Brokk lo miró, irritado porque el embaucador había vuelto a sacar lo mejor de él. «Muy bien. Entonces, me gustaría coserte los labios, Loki. Así podrás dejar de hacer falsas promesas.

Loki acabó con los labios fuertemente cosidos por el enano, pero fue por poco tiempo. Cuando Brokk se marchó, el travieso dios salió corriendo del gran salón y se arrancó los hilos de cuero de los labios.

Desde que Thor fue dotado con Mjölnir, nunca emprendía un viaje sin él. Incluso los dioses rara vez lo veían caminar sin su poderosa arma colgando de la cintura. Mientras que los dioses atesoraban el Mjölnir, ya que ayudaba enormemente a Thor a proteger su ciudad de todo tipo de amenazas, no podía decirse lo mismo de los gigantes; el martillo era bien conocido entre los *jötnar*, pero solo porque muchos de su especie habían muerto a causa de él. Pocos de ellos se atrevían siquiera a acercarse a la preciada arma del dios del trueno, y mucho menos a robarla... excepto uno.

Una mañana, Asgard se vio sorprendida por otra rabieta del dios de barba roja. Thor se había despertado sin su martillo. Buscó por toda su enorme sala, irrumpiendo por una puerta tras otra, pero Mjölnir no estaba por ninguna parte. Cuanto más tiempo pasaba, más se enfurecía el dios, y de repente, alguien vino a su mente: Loki. «¿Quién más podría haber hecho una broma tan horrible?», pensó Thor. Así, gritó el nombre del embaucador tan fuerte como pudo hasta que los sonidos de los truenos fueron oídos por aquellos que estaban abajo, en Midgard.

El poderoso dios salió de su salón y fue a ver al embaucador. «¿Qué pasó, Thor?», preguntó Loki. Por una vez, parecía despistado. El dios del trueno explicó con fiereza que su martillo había desaparecido y señaló con el dedo al embaucador, pues estaba convencido de que Loki estaba detrás de esta travesura. «Esta vez no», respondió Loki. «Pero creo saber quién tiene tu preciado martillo. Primero, visitemos a Freyja en su salón».

Los dos dioses se reunieron entonces con Freyja en su enorme salón, donde Loki le pidió prestado su abrigo mágico de plumas. Al enterarse de lo sucedido, la diosa entregó el abrigo a Loki sin tardanza. Usando el abrigo mágico, Loki se transformó en un halcón y comenzó su viaje a la fría y brumosa tierra de los gigantes.

Una vez en Jötunheimr, Loki surcó los cielos en busca del culpable. Unos instantes después, divisó a un enorme gigante de hielo sentado en un túmulo, cuidando de sus numerosos perros y caballos. El gigante era conocido con el nombre de Thrym.

«¿Por qué has venido a esta fría tierra nuestra?», preguntó Thrym en cuanto vio que Loki se acercaba a él con prisa. Cuando el embaucador le preguntó por Mjölnir, el gigante rio y admitió que había sido él quien lo había robado. «Lo escondí a ocho millas bajo tierra para que nunca más pueda ser encontrado por gente como tú», dijo el gigante.

«Todo el mundo tiene un precio, Thrym. Dime el tuyo y yo me encargaré de ello».

El gigante de hielo sonrió a Loki. «La diosa más bella de Asgard», respondió socarronamente. «Quiero la mano de Freyja en matrimonio. A cambio, devolveré el martillo a su dueño».

Poco después, Loki regresó a la ciudad fortificada de los dioses portando la mala noticia del paradero de Mjölnir. La noticia hizo estallar de ira a Thor. No le gustaba nada que un gigante hubiera robado su preciado martillo. El dios del trueno se dirigió entonces a Freyja e insistió en que se pusiera un vestido de novia de inmediato. «Si el gigante quiere a Freyja, ¡que así sea!», exclamó con rudeza.

La diosa respondió con un bufido. «¡Qué atroz!». Thor no era el único enfadado, la sala empezó a temblar cuando Freyja se opuso ferozmente a la idea. Como de los dos dioses enfurecidos no podía salir una solución mejor, decidieron celebrar un concilio para discutir el asunto con los demás dioses de Asgard.

«Tengo una idea», dijo Heimdall, el dios brillante, dando un paso al frente. Sugirió que siguieran la petición del gigante, excepto que Freyja no sería la que iría a Jötunheimr. En lugar de la bella diosa, pidió a Thor que se pusiera el vestido de novia. El dios de barba roja, por supuesto, se mostró en total desacuerdo con la absurda sugerencia de Heimdall. No era nada varonil que un dios fuerte como él se pusiera el vestido de una mujer.

«Bueno, ¿tienes otras ideas, Thor? Thrym es un enemigo duro, incluso para ti. Supongo que no te gustaría enfrentarte a él sin tu poderoso martillo». Thor guardó silencio, pero aún no estaba seguro de la idea.

«Usa mi collar. Esto debería convencer al gigante de que soy yo quien está bajo el velo nupcial», dijo Freyja.

«Y yo te acompañaré», dijo Loki, ofreciéndose como voluntario para disfrazarse de la doncella de Thor.

El dios Thor vestido como Freyja, por Elmer Boyd Smith, 1902.[75]

Con el plan preparado, los dos dioses fueron a cambiarse. Loki se puso alegremente un vestido, mientras que Thor, de mala gana, dejó que

Freyja y sus doncellas lo vistieran. El vestido de novia estaba bellamente adornado con piedras preciosas y gemas. En su cintura colgaba un juego de llaves y en su dedo llevaba un exquisito anillo. En su cuello estaba el brillante collar de Freyja, el Brísingamen. Mientras que Loki podía pasar fácilmente por la doncella, el disfraz de Thor no resultaba nada convincente, especialmente con su torso voluminoso y sus ojos fieros; ni siquiera el velo más fino podía ocultar su rostro vengativo. No obstante, tras el cambio de imagen, el dios de barba roja y su sierva, Loki, emprendieron un viaje a Jötunheimr, montados en el carro de cabras mágicas de Thor.

Una vez que Thrym supo que su futura esposa se acercaba a su salón, el ansioso gigante ordenó rápidamente a sus sirvientes que se prepararan para la boda. El gigante de hielo dio la bienvenida a los dos dioses disfrazados con un gran banquete. Una vez sentados sus invitados de honor, empezó a alardear de su riqueza y su fuerza. Afirmó que ya poseía todo en el mundo ahora que tenía a Freyja como esposa. Pero cuando se sirvió la comida, el gigante se sorprendió al ver el inusual apetito de su novia. Incluso vestido con un ajustado traje de novia, Thor devoró un buey entero, ocho salmones, la tarta nupcial entera y tres barriles llenos de hidromiel.

Loki, que temía que el gigante sospechara de alguna manera, inventó una excusa para el bárbaro comportamiento de Thor. «Perdona a la señora Freyja, mi poderoso Thrym. Tu novia estaba tan ansiosa por verte que llevaba ocho días sin comer». El gigante le dijo a Loki que nunca antes había visto tanto apetito en una mujer, pero que, en efecto, estaba impresionado.

Loki se sintió aliviado de que el gigante no sospechara de su novia, pero el embaucador tuvo que pensar rápido de nuevo cuando el gigante se acercó de repente a Thor para darle un beso. Al acercarse a la cara de su novia, el gigante se sobresaltó al ver dos ojos feroces que lo miraban bajo el velo.

«Perdona a mi señora, poderoso Thrym». Loki se puso inmediatamente en pie. «¡Tu novia estaba tan emocionada por casarse contigo que se negó a dormir durante ocho noches seguidas! Tú, más que nadie en esta sala, deberías saber lo que el cansancio extremo puede provocar en los ojos». Thrym seguía sorprendido, pero se lo quitó de encima rápidamente.

Thor destruye al gigante Thrym, por Lorenz Frølich, 1906.[76]

Más tarde, la hermana mayor de Thrym entró en la sala y se presentó ante Thor. Pidió un regalo nupcial, que era un honorario que la novia y su familia debían pagar al hombre con el que iba a casarse. «Quítate ese anillo de oro que tienes y entrégamelo», ordenó la giganta con rudeza. Al mismo tiempo, Thrym llamó a sus sirvientes para que trajeran Mjölnir. Luego puso el pesado martillo sobre el regazo de su novia para consagrar la boda.

Con la preciada arma de nuevo a su alcance, los ojos de Thor se iluminaron, e inmediatamente la agarró por su corto pomo. El dios de barba roja rompió su personaje de novia y golpeó el cráneo de Thrym con su martillo hasta que el enorme cuerpo del gigante cayó al suelo, sin vida. Su siguiente objetivo fue la giganta que se había atrevido a pedirle el anillo de oro. En lugar de una tarifa nupcial, Thor le obsequió un golpe mortal justo en la cabeza. Con su toga rasgada, el dios continuó destruyendo a todos los gigantes del gran salón.

Cuando la sala de Thrym quedó limpia, los dos dioses regresaron a Asgard. Ni un solo gigante se atrevió a repetir el error de Thrym y Thor no volvió a perder de vista a Mjölnir. Más tarde, el dios del trueno desataría todo el poder de Mjölnir luchando contra la Serpiente del Mundo durante el Ragnarök. Y cuando finalmente murió por el veneno de Jörmungandr, Mjölnir pasó a sus hijos, Magni y Modi.

Mjölnir es considerado el arma más poderosa de la mitología nórdica y el martillo se ha convertido en un símbolo de fuerza y poder. Algunos incluso sugieren que Mjölnir tiene un significado religioso, ya que sus símbolos se encontraban a menudo en las tumbas de los guerreros caídos en el campo de batalla.

Ilustración de un colgante de Mjölnir.[77]

Durante la Edad Media, los vikingos (especialmente los que adoraban abiertamente a Thor) solían llevar un amuleto con un dije en forma de Mjölnir. Algunos incluso creían que quienes llevaban el dije recibían la poderosa protección de Thor y permanecían a salvo de cualquier amenaza.

Capítulo 16: La muerte de Baldur y la atadura de Loki

«*Vi por Baldur, / el dios sangrante,*
El hijo de Odín, / su destino establecido:
Famoso y justo / en los campos elevados,
Con la fuerza de la madurez / el muérdago se situó».

(*Völuspá*, estrofa 32, traducida al inglés por Henry Adams Bellows)

El hijo de Odín siempre paseaba por la ciudad fortificada luciendo una hermosa sonrisa. Baldur era conocido por irradiar alegría y su amable forma de relacionarse con todos los seres del mundo lo convertía en un dios especial. Sin embargo, un día, los *Æsir* notaron algo diferente en el resplandeciente dios; su rostro estaba sombrío y la luz que brillaba en él era tenue. Desde ahí, los dioses comenzaron a cuestionarse ese inusual comportamiento. Incapaz de aguantar más, Baldur les informó de que había sido acosado por un sueño siniestro. «Siento como si mi vida corriera peligro», dijo el brillante dios.

Los dioses sabían que debían proteger a Baldur a toda costa. No solo porque era amado por muchos, sino también por la profecía; la muerte de Baldur era una señal temprana del Ragnarök. Como ninguno de los *Æsir* podía interpretar el sueño, eligieron a Odín para que descubriera el significado detrás de él.

Sin perder más tiempo, el todopoderoso montó en su corcel de ocho patas y galopó hacia el reino de los muertos. Una vez allí, Odín descubrió que una de las salas estaba siendo preparada con todo lujo de detalles, como si el inframundo estuviera a punto de recibir a un invitado de honor. Asumiendo uno de sus muchos disfraces, el dios tuerto invocó a una vidente muerta para que respondiera a sus preguntas.

«Esta sala, ¿para quién es?», preguntó el todopoderoso.

«Con el mejor hidromiel servido en la mesa y el mejor trono preparado, ¡seguro que es para Baldur!». Respondió la vidente, que continuó contándole al disfrazado Odín todos los acontecimientos que estaban por suceder: la muerte de Baldur, su asesino y la persona que vengaría su muerte. Sin embargo, dejó de hablar abruptamente en el momento en que descubrió que la persona que tenía delante era el mismísimo padre de todos.

El invencible Baldur, por Elmer Boyd Smith, 1902.[78]

Ahora que conocía el significado de la premonición de Baldur, el dios tuerto se dirigió a Asgard con el corazón encogido. Los otros dioses de Asgard se desanimaron al enterarse del descubrimiento de Odín. Un día, Frigg envió a sus numerosos mensajeros por todo el reino para que todos los habitantes juraran que nunca harían daño a su preciado hijo. Una vez que los mensajeros regresaron con los juramentos, los dioses se reunieron y se divirtieron con la nueva inmunidad de Baldur.

Por turnos, los *Æsir* agarraban todo lo que podían (piedras, palos, cuchillos y lanzas) y lo lanzaban hacia el dios resplandeciente. Como todo y todos habían jurado no hacerle daño, Baldur permanecía indemne sin importar los objetos y armas que le lanzaran.

Al ver esto, Loki se irritó. «¿Qué tiene de especial Baldur para ganarse tal inmunidad?», pensó para sí. Y así, ideó otro de sus planes.

El embaucador se transformó en una anciana y fue a ver a Frigg. Al principio, le preguntó a la diosa por qué los dioses se reían en la sala. Después, le preguntó si realmente había obtenido el juramento de todo y de todos en los nueve reinos. «Pues sí», respondió Frigg, sin tener ni idea de con quién estaba hablando. «Excepto el muérdago. No creí que pudiera hacerle daño a mi hijo, así que nunca le pedí que hiciera un juramento». Los ojos de Loki brillaron, pues había obtenido la respuesta que buscaba.

Rápidamente, el embaucador fue al bosque y buscó muérdago. Una vez que hubo reunido suficiente, Loki creó una lanza con él. Con una sonrisa siniestra esculpida en su rostro, el astuto dios regresó a Asgard y se acercó al hermano ciego de Baldur, Hodr.

«¿Te sientes excluido, Hodr?» preguntó Loki al dios ciego.

«Bueno, no hay nada que pueda hacer, Loki. Ni siquiera puedo ver, mucho menos apuntar a nada».

El embaucador entregó entonces a Hodr la lanza de muérdago que había fabricado. «Toma esto. Guiaré tu brazo para que des en el blanco. Así honrarás la fuerza de tu hermano».

No pasó mucho tiempo hasta que las risas fueron sustituidas por un completo silencio. La lanza de muérdago lanzada por Hodr y guiada por Loki voló directo al pecho del dios brillante. La herida era tan profunda que Baldur cayó muerto al suelo de inmediato.

Se esperaba la muerte de Baldur, pero nadie pensaba que sería tan pronto. Habían perdido a su amado dios y habían puesto en marcha el Ragnarök. En lugar de morir valientemente en la batalla, el brillante dios había muerto sin luchar, lo que le valió un lugar en las sombrías tierras de Helheim. Hodr, por su parte, fue asesinado por otro de los hijos de Odín, Váli (no confundir con el hijo de Loki, que en algunas fuentes también se llama Váli), tal y como había previsto la vidente. Se cree que Váli vengó a Baldur cuando solo tenía un día de vida.

Con el corazón encogido, los dioses prepararon un funeral para su amado dios. Convirtieron el barco de Baldur, Hringhorni, en una pira y depositaron en ella sus restos. El funeral comenzó con una procesión; al frente iba Freyr en su carro tirado por Gullinbursti, su jabalí dorado. Detrás de él iban las valquirias, que escoltaban al todopoderoso y a su esposa. Heimdall les seguía en su caballo, mientras Freyja montaba en su carro. Detrás iba Thor, a pie, dispuesto a consagrar la pira.

Cuando llegó el momento de lanzar el *Hringhorni* al mar, los dioses lo pasaron mal, porque el barco era tan macizo que no se movía. Los *Æsir* se vieron obligados a invocar a una giganta llamada Hyrrokkin para que les ayudara. La giganta, sin embargo, empujó el barco con demasiada fuerza, haciendo que el mundo temblara. Esto enfureció a Thor, pero Odín le impidió coger su martillo y matar a la giganta.

Nanna no pudo soportar ver a su marido tendido sin vida en el barco y su corazón dejó de latir de repente. Los dioses cargaron su cuerpo y depositaron sus restos junto a los de su marido. A continuación, Odín extrajo su preciado anillo, Draupnir, y lo colocó sobre la pira, antes de susurrar al oído de su hijo muerto; se desconoce qué dijo el padre de todos antes de enviar a su hijo al inframundo.

Las últimas palabras de Odín a Baldur, por W. G. Collingwood, 1908."

Aunque Baldur fue entregado sano y salvo al reino de Helheim, Frigg estaba casi segura de que podía resucitar a su hijo, así que envió a

Hermod al inframundo, donde negoció con la señora de los muertos. Hel accedió a devolver a Baldur y a su esposa a la tierra de los vivos si todos lloraban su muerte.

De nuevo se enviaron mensajeros a través de los reinos para asegurarse de que todos los habitantes del universo derramaran al menos una lágrima por el dios resplandeciente. La condición de Hel casi se cumple, pero fue arruinada por una giganta llamada Thökk. Ella se negó fríamente a llorar por la muerte de Baldur. Era difícil creer que existiera alguien que odiara al dios justo... pero la terca giganta no era otra que Loki disfrazado.

La muerte del amado dios no fue algo que los *Æsir* pudieran olvidar. Lloraron y se alimentaron de nada más que tristeza durante días. Pero cuando la tristeza fue desapareciendo poco a poco, los dioses decidieron celebrar un festín en la resplandeciente sala de Ægir, bajo las ondulantes olas, tal vez para aligerar el ánimo tras pasar por un incidente devastador. Con el caldero de ocho kilómetros de profundidad que Thor y Týr le habían traído, Ægir accedió a ser el anfitrión del festín y fue capaz de preparar a los dioses un suministro interminable de hidromiel.

Loki luchando con los dioses, por Lorenz Frølich, 1895.[80]

Casi todos los dioses de Asgard abandonaron sus asientos aquel día y viajaron a la sala de Ægir, excepto Thor, que se encontraba en su habitual aventura en Jötunheimr. Odín y Frigg abandonaron sus salones en primer lugar, seguidos por Vidar, Sif, Idun y su esposo, Bragi. Luego les siguió Njord, junto con sus hijos, Freyr y Freyja. Al festín no solo asistieron los dioses, pues los elfos también tomaron asiento en el banco. Incluso Loki estaba allí, con su mente llena de planes y travesuras.

Pronto comenzó el festín y el aire se llenó de risas y charlas. Los cuernos de los invitados nunca estaban vacíos y eran llenados por dos diligentes servidores: Fimafengr, el manejador veloz, y Eldir, el hombre de fuego. Se movían por la sala a gran velocidad y entretenían a los invitados, asegurándose de que sus platos y copas estuvieran llenos.

Los dioses estaban tan impresionados por el duro trabajo y la diligencia de los dos servidores que no dejaban de alabarlos. A Loki, sin embargo, le irritaba que todos los adoraran. Su rostro enrojecía cada vez que un nuevo cumplido llegaba a sus oídos. Miró a uno de los camareros, Fimafengr, y cuando pasó junto a él se lanzó hacia delante y lo apuñaló con su cuchillo hasta matarlo.

Las risas fueron inmediatamente sustituidas por un fuerte alboroto cuando el servidor cayó al suelo con un torrente de sangre. Los dioses se levantaron de un salto y desenvainaron sus espadas. Sin vacilar, persiguieron a Loki fuera de la sala, y el embaucador corrió directamente hacia el bosque oscuro, salvando su propia vida. Cuando ya no pudieron ver la sombra del travieso dios en ningún lugar, los dioses regresaron a la vasta sala de Ægir y reanudaron su banquete. Se sirvió más hidromiel y, de nuevo, la sala se llenó de grandes risas y conversaciones.

Poco después, el hijo de Laufey emergió de la oscuridad y fue hacia la sala. Loki detuvo al otro servidor, Eldir, junto a la puerta e interrumpió bruscamente su trabajo. «¿Qué fue todo ese ruido?», preguntó el embaucador. «Dime, Eldir, ¿de qué hablan los dioses ahí dentro?».

El servidor le dijo la verdad. «Estaban comparando su fuerza y sus armas y compartiendo historias de sus mayores victorias. Eso es todo. No encontrarás allí ninguna buena palabra sobre ti».

El rostro de Loki se contorsionó en una expresión siniestra. Hizo a un lado al camarero y volvió al vestíbulo. Se quedó en la puerta como si no hubiera hecho nada malo. Los dioses y los elfos sentados en el banco saludaron al hijo de Laufey con un silencio absoluto.

«¿Puede alguien traerme al menos una cerveza? Llevo bastante tiempo en el camino». Ninguno de los dioses le respondió, excepto Bragi.

«Vete, ahora, Loki, ya que los dioses no te dan la bienvenida aquí».

Ignorando al dios, Loki se volvió hacia el todopoderoso. «Alto, ¿no somos hermanos de sangre? ¿Y no juramos que nunca beberíamos sin el otro? Supongo que no estarás planeando romper nuestro sagrado vínculo».

Odín frunció el ceño y se volvió hacia su hijo, Vidar. «Dale espacio para que se siente, Vidar, antes de que desaten más problemas sobre nosotros». El hijo de Odín se levantó y entregó al embaucador un cuerno de hidromiel. Entonces Loki se subió a la mesa y gritó un brindis. «¡Salve, Æsir! ¡Salve, Ásynjur! Excepto Bragi, que no sabe nada de hospitalidad».

Bragi intentó persuadir al embaucador para que dejara de causar más problemas. Le ofreció como regalos un caballo, anillos de oro y una espada si accedía a volver a su asiento y se abstenía de escupir tonterías. El embaucador, sin embargo, respondió lanzando insultos a la cara de Bragi. Acusó al dios de ser un cobarde.

Loki se burla de Bragi, por W. G. Collingwood, 1908.[81]

Bragi, por supuesto, estaba a punto de perder la paciencia mientras el hijo de Laufey seguía insultándolo. «Quédate en tu sitio, Bragi», le dijo su mujer, Idun, tratando de calmarlo. «Piensa en el honor de nuestra familia».

«¡Silencio, Idun!» Loki señaló con el dedo a la diosa de la juventud. «Tú tampoco eres mejor que tu marido. ¡Todos en esta sala conocen tus ansias de sexo! Incluso te acostaste con el asesino de tu hermano». Ni una palabra salió de la boca de la diosa. El silencio en la sala era obvio, pero Loki no planeaba detener sus payasadas. Continuó insultando a cada uno de los dioses presentes en el festín.

Sus siguientes víctimas fueron las dos diosas de la fertilidad, Gefjun (también deletreada como Gefjon) y Frigg. Loki señaló con el dedo y acusó a las dos de infidelidad. «Tú, Frigg, eres una mujer sin vergüenza. Lo sé desde que te acostaste con los dos hermanos de tu marido mientras él no estaba».

Freyja se puso en pie de un salto y advirtió al embaucador que tuviera cuidado con su lengua. «¡Cuida tus palabras, Loki! Frigg sabe todo lo que está por suceder, ¡aunque nunca lo revelaría!».

El embaucador ignoró la advertencia de Freyja. «¡Silencio, Freyja! Porque no eres más que una prostituta. ¡Te has acostado con todos los dioses, así como con elfos e incluso con enanos de debajo de las montañas!».

Ninguno de los dioses escapó a la afilada lengua de Loki y ninguno pudo detenerle en sus payasadas, excepto el dios del trueno, que acababa de llegar de su largo viaje desde Jötunheimr. Thor, con Mjölnir agarrado con fuerza, se acercó ferozmente al ruidoso embaucador. «¡Vete, o usaré mi fuerza para romperte el cráneo en cien pedazos!», lo amenazó el dios de barba roja.

Loki necesitó cuatro amenazas de muerte por parte del dios del trueno para finalmente abandonar el festín. «Muy bien, Thor. Me despido por tu culpa, pues soy consciente de lo que eres capaz de hacer». Luego echó una última mirada a los dioses de la sala. «Después de esta noche nunca tendrán un banquete tan fino. Pronto, el fuego envolverá a cada uno de ustedes y todo lo que han construido será destruido».

Los dioses enmudecieron y no toleraron por más tiempo las artimañas del embaucador. Algunos dijeron que mientras se burlaba de Frigg, Loki accidentalmente había soltado la lengua sobre su papel en la muerte de Baldur. Así, los dioses decidieron poner fin a las travesuras del embaucador.

Loki nunca regresó a Asgard después del festín en el salón de Ægir. Sabía que los *Æsir* lo cazarían tarde o temprano, así que se refugió en las indómitas tierras de Jötunheimr. Moraba en una humilde casa en la cima de una montaña. Esta casa estaba hecha de piedras, y tenía cuatro puertas para ver siempre si alguien entraba por la fuerza.

Durante el día, el dios de las travesuras se transformaba en salmón y se mezclaba con los demás peces bajo una cascada oculta. Aterrorizado ante la posibilidad de que los dioses descubrieran su disfraz, Loki pasaba las noches inventando herramientas que creía que los dioses podrían crear para atraparlo. Una noche, sentado junto a su hoguera, el embaucador tejió una red de pesca; los hilos estaban finamente retorcidos para que ni el pez más pequeño pudiera atravesarla. Así, el embaucador empezó a cavilar sobre una forma de escapar en caso de que los dioses la utilizaran contra él.

De repente, el ansioso dios se vio perturbado por un ruido que venía de lejos. Sabía que procedía de los dioses; el todopoderoso debía haber descubierto por fin su escondite desde el alto asiento, Hlidskjalf (Hliðskjálf). Presa del pánico, Loki arrojó la red de pesca a las llamas y rápidamente se transformó en salmón para saltar al frío arroyo.

Kvasir, el dios sabio, irrumpió en su casa de cuatro puertas y se encontró con la red de pesca medio quemada. Debido al descuido del propio Loki, los dioses sabían lo que debían crear para darle caza. Así, los *Æsir* construyeron otra red, tan fina como la que Loki había creado, y la echaron al arroyo. El embaucador, sin embargo, logró evadir su trampa. Los *Æsir* lanzaron la red varias veces más, pero no lograron atrapar al salmón.

Por fin, Thor perdió la paciencia. Abandonó la red y vadeó hasta el centro del arroyo. Loki decidió escapar a mar abierto, así que dio un audaz salto. Sin embargo, no pudo escapar a su destino, ya que Thor consiguió agarrarlo por la cola mientras estaba en el aire.

Los dioses no podían matar al alborotador, ya que era hermano de sangre de Odín. Así que lo llevaron a una cueva aislada. Entonces, arrastraron tres enormes losas de piedra y taladraron un agujero en cada una. Antes de vengarse de Loki, trajeron a sus dos hijos. Uno de los dioses convirtió a Váli en un lobo que enloqueció y despedazó a su hermano, Narfi. Los dioses destriparon el cadáver de Narfi. Con sus entrañas ensangrentadas, los *Æsir* ataron a Loki a las tres losas de piedra.

Para asegurarse de que el embaucador sufriera aún más, convirtieron sus ataduras en hierro rígido.

Skadi, la hija del gigante Thjazi, recordaba que Loki había participado en el asesinato de su padre, así que colocó una serpiente sobre la cara del embaucador. Esta serpiente goteaba su veneno en los ojos del dios. La esposa de Loki fue tan fiel como siempre: permaneció al lado de su marido, sosteniendo un cuenco para que el veneno no tocara los ojos ni la piel de Loki. Sin embargo, a medida que pasaba el tiempo, el cuenco se llenaba hasta el borde, y Sigyn no tenía más remedio que vaciarlo. Y cada vez que se alejaba, el veneno goteaba en los ojos de Loki, que gritaba de dolor, provocando terribles terremotos en todo el universo.

Solo cuando se acercara el Ragnarök, Loki se liberaría de su castigo. Hasta entonces, permanecería en la cueva, atado y sufriendo.

Capítulo 17: Ragnarök

«El sol se vuelve negro, / la tierra se hunde en el mar,
Las estrellas calientes caen / del cielo se desprenden;
Feroz crece el vapor / y la llama que alimenta la vida,
Hasta que el fuego salta alto / por encima del mismo cielo».
(*Völuspá*, estrofa 57, traducida al inglés por Henry Adams Bellows).

Las tierras estaban totalmente cubiertas de nieve. El viento soplaba en todas las direcciones, haciendo que la temperatura descendiera cada segundo. El calor del sol ya no llegaba a la tierra. Ninguna planta podía sobrevivir a aquel clima, ni siquiera los animales más fuertes. Campesinos, nobles, héroes, reyes y reinas permanecieron en sus moradas, temblando asustados por lo que pudiera ocurrir. Pasó un año más y no se sentía ni el más mínimo calor. El invierno se había apoderado del mundo, sin dejar espacio para que el verano floreciera de nuevo. Finalmente, habían pasado tres años y en el mundo seguía nevando.

Pronto, los humanos empezaron a luchar entre sí. Las guerras se libraban en el frío campo de batalla. Día y noche, los sonidos de hachas, espadas y lanzas chocando contra escudos de hierro resonaban por toda la llanura. Los suministros de alimentos se deterioraron, los recursos ya no alcanzaban y el clima no hacía más que empeorar. Los humanos se desesperaron. Su moral cayó en picada y la justicia dejó de existir. Los padres mataban a sus hijos para conseguir comida suficiente. Los hombres mataban a sus madres y los hermanos se mataban entre sí para sobrevivir un día más.

No se trataba de un invierno normal ni de un cambio climático. Se le conocía como Fimbulwinter; duraba tres años seguidos, sin verano. También era una de las señales de que el Ragnarök se estaba aproximando.

La palabra nórdica antigua *Ragnarök* tiene más de una traducción. Algunos traducen la palabra como el «crepúsculo de los dioses», mientras que otros lo llaman el «destino de los dioses». Sin importar la traducción, los eventos que sucedieron en este tiempo fueron los mismos. Los dioses de Asgard finalmente lucharon contra las fuerzas del caos lideradas por Loki, y el mundo pereció, dejando tras de sí solo sangre y cenizas.

Las *norns* ya habían determinado el destino de todos los seres, incluidos los poderosos dioses de Asgard, y no había forma de evitarlo. El padre de todo era muy consciente de ello, así que hizo todo lo que pudo para al menos retrasar la desoladora destrucción. Recorrió el mundo en busca de conocimiento, invocó el alma de una vidente muerta para que le hablara de los acontecimientos futuros, formó su propio ejército de valientes y encarceló a aquellos de los que se decía que formaban parte de las fuerzas del caos, incluido su hermano de sangre Loki. Cuando Baldur murió, Odín supo que todos estaban un paso más cerca del Ragnarök, pero cuando llegó el fuerte invierno y duró tres años sin descanso, el todopoderoso empezó a sentir miedo, ya que sabía lo que ocurriría a continuación.

Para alertar a los dioses de Asgard del comienzo de la guerra, un gallo llamado Gullinkambi cantó hasta resonar en todas las habitaciones del Valhalla. Al oírlo, los *einherjar* se prepararon rápidamente para la batalla. Otro gallo llamado Fjalar también cantó en la indómita tierra de Jötunheimr para señalar el comienzo de la guerra a los gigantes. A diferencia de los dioses, los gigantes sonrieron al oír esta señal. En Hel, los muertos deshonrosos también se prepararon en el momento en que cantaba el tercer gallo, que no tenía nombre. El sabueso sangriento de Hel ladró ferozmente fuera de la caverna de Gnipa, sabiendo que pronto sería libre de sus grilletes.

Los dioses seguían sentados inquietos en sus tronos mientras el mundo se oscurecía. Sköll y Hati habían perseguido a Sol y Mani desde el principio de los tiempos. Los lobos nunca habían logrado devorarlos, pero esta vez sería diferente. Sköll alcanzaría finalmente el carro que transportaba a Sol, con lo que devoraría el sol, mientras que Hati se tragaría ansiosamente la luna. Las estrellas también se desvanecerían de los cielos abiertos, dejando solo oscuridad y vacío.

Entonces, llegó el momento en que los enanos bajo tierra abandonaron sus moradas, pues empezó a temblar terriblemente. Los suelos de todos los rincones del mundo temblaron con tanta fuerza que incluso el Árbol de la Vida, Yggdrasil, no pudo mantenerse más en pie. A medida que el poderoso fresno caía al suelo, también lo hacían los demás árboles del universo. Las montañas se partían en dos y los peñascos se rompían en mil pedazos.

Debido al terremoto, Fenrir consiguió liberarse de sus ataduras. El lobo se había criado en Asgard, pero había sido traicionado por los dioses tras crecer demasiado. Fenrir no deseaba nada más que venganza. Finalmente, libre de Gleipnir, el lobo gigante corrió por el reino con las fauces abiertas, devorando todo lo que se interponía en su camino.

Al mismo tiempo, otro de los monstruosos vástagos de Loki, Jörmungandr, soltó su propia cola, que rodeaba Midgard. La enorme serpiente surgió entonces del mar sin fondo, provocando horrendas olas y una gran inundación, que arrasó con el mundo de los hombres. Mientras la Serpiente del Mundo se dirigía hacia Asgard, escupía en el camino un veneno que podía matar cualquier cosa, incluso a los dioses.

Mientras que la inundación trajo terror a los humanos, fue una oportunidad para que el barco llamado Naglfar zarpara. Este enorme barco estaba hecho de los clavos de los muertos y había sido construido por la propia reina de Helheim.

El gigante de la espada flamígera, de John Charles Dollman, publicado en 1909.[82]

Loki, que también se había liberado de sus ataduras, era el encargado de dirigir el barco a través de la inundación. A bordo del

Naglfar iban miles de gigantes y los ejércitos de los muertos. Todos estaban listos para probar la sangre de los dioses. En el cielo, un águila revoloteaba y chillaba para señalar que la batalla se acercaba.

Mientras la tierra seguía temblando y los árboles eran arrancados del suelo, el cielo vacío se abrió. A través de esta abertura, una horda de gigantes de fuego de Muspelheim irrumpió en el mundo de abajo. Los lideraba nada menos que Surtr, que pisoteaba el mundo mientras blandía su espada ardiente. Los gigantes de fuego quemaron todo lo que había sobre la tierra y convirtieron las tierras ya destruidas en cenizas. Surtr y sus secuaces atravesaron Bifröst y sus estelas de fuego hicieron que el puente arco iris se derrumbara lentamente. Cuando los gigantes ardientes estaban a medio camino de Asgard, los gigantes de escarcha, liderados por un *jötunn* llamado Hrym, resurgieron y cruzaron los ríos helados, dirigiéndose a la ciudad fortificada.

Heimdall, que divisó a los hijos de Muspelheim desde lejos, sopló inmediatamente Gjallarhorn para avisar a los dioses de Asgard. Todos los dioses de la ciudad se reunieron para celebrar un último consejo, excepto el padre universal. En su lugar, Odín montó en su corcel de ocho patas y se dirigió a Mímisbrunnr. Una vez allí, el dios tuerto se acercó al sabio ser y le pidió consejo. «Solo hay un final para esta destrucción, y tú lo sabes», habló Mímisbrunnr. «Ya es hora de que saludes a tu destino».

Y así comenzó: Odín se armó con su poderosa lanza y se vistió con una brillante cota de malla y su casco de alas doradas. Luego regresó al Valhalla, donde preparó a sus valientes guerreros, los *einherjar*. El todopoderoso y los demás dioses guerreros de Asgard marcharon hacia Vigrid, la llanura vacía donde tendría lugar la batalla. Odín estaba de pie frente a los *einherjar*, con una de sus manos envolviendo fuertemente a Gungnir. Por supuesto, los gigantes los superaban en número, pero se mantuvieron firmes. Entre los gigantes, solo una criatura podía hacer palidecer al padre de todos, y no era otra que su enemigo predestinado, Fenrir.

El lobo gigante se adelantó para enfrentarse al dios tuerto. Su gruñido amenazador podía oírse desde el otro lado del campo de batalla. Thor, por su parte, comenzó a golpear a la Serpiente del Mundo con su martillo. El dios del trueno enloqueció, pero también lo hizo Jörmungandr, que llevaba mucho tiempo esperando para matar a su enemigo. El campo de batalla de Vigrid seguía temblando, mientras Freyr se enfrentaba al señor de Muspelheim, Surtr. El dios *vanir*, sin embargo, no estaba muy decidido a luchar contra su enemigo, ya que le faltaba su preciada espada. Si no hubiera entregado la espada a Skírnr, su destino podría haber sido diferente. Týr, el dios manco, también estaba ocupado en el campo de batalla; se defendía del sangriento sabueso de Helheim, Garmr, que intentaba morderle la otra mano. En el otro extremo del campo de batalla estaba Heimdall. Chocaba espadas con el vengativo dios de las travesuras, Loki.

La guerra duró mucho tiempo. Tanto los dioses como las fuerzas del caos continuaron derramando la sangre de los demás. Los *einherjar* lucharon valientemente al lado de Odín, pero ninguno pudo rescatar al todopoderoso de su destino, pues estaba sellado que sería engullido por el lobo gigante. Fenrir finalmente obtuvo su venganza y cerró sus fauces. Aulló para marcar su victoria, pero fue interrumpido cuando el hijo de Odín, Vidar, cargó contra él con los ojos llenos de fuego. El dios silencioso se abalanzó hacia el lobo gigante y le pisó la mandíbula inferior con su zapato de hierro. Con sus propias manos, el dios abrió la mandíbula de Fenrir, matándolo al instante.

Thor y la serpiente de Midgard, por Emil Doepler, 1905.[13]

A un lado del campo de batalla, se podía ver a Thor alzando Mjölnir en el cielo, listo para asestar el golpe mortal a la Serpiente del Mundo. Jörmungandr fue derrotada por las manos del dios del trueno, pero antes de caer al suelo, la serpiente escupió su letal veneno hasta cubrir al dios de pies a cabeza. Con Jörmungandr muerta, Thor dio exactamente nueve pasos antes de que su cuerpo se rindiera. Por una vez, Mjölnir cayó de su mano y el dios del trueno se rindió a su destino.

Lo mismo ocurrió a Týr y Garmr, que se hirieron mutuamente en batalla. Ambos perecieron y ninguno salió victorioso. Lo mismo podría decirse de Heimdall y el hijo de Laufey. Heimdall consiguió poner fin a las traiciones y artimañas de Loki, matándolo sin piedad. Pero antes de morir, Loki consiguió asestar un par de fuertes cuchilladas al padre de la humanidad. Y así, los dioses perdieron a su vigilante.

Ambos bandos sufrieron grandes bajas; muchos ya habían muerto. La llanura de Vigrid estaba saturada de sangre y había cadáveres por todas partes, ya fueran gigantes, monstruos o dioses. El mundo empezó a hundirse en el gran océano y no quedó más que un vacío. La profecía se había cumplido: todo lo que el padre había creado había sido destruido.

Representación del nuevo mundo, por Emil Doepler, hacia 1905."

Sin embargo, algunos creen que el Ragnarök no era el fin de todo y que el mundo renació pronto. Cuando ya no se oyeron rugidos ni gritos en el campo de batalla y después de que todas las llamas encendidas por los de Muspelheim se habían extinguido, un nuevo mundo surgió de las aguas. Las montañas tomaron forma, se crearon cascadas y se formaron nuevos ríos.

Los dioses sobrevivientes se reunieron en la llanura virgen de Iðavöllr. Los hijos de Thor, Magni y Modi, llevaron el martillo de su padre a la llanura, donde se reunieron con los demás: Vidar, Váli, Njord y Hœnir. Algunas fuentes incluso sugieren que la mayoría de las diosas, incluidas Freyja, Frigg y Sif, sobrevivieron a la destrucción arrasadora. De ser así, también se reunieron en Iðavöllr.

Con los reinos destruidos, Baldur, su esposa Nanna y Hod también fueron libres de abandonar Helheim. Juntos, caminaron a través de las tierras estériles para reunirse con los dioses restantes. Hœnir, el compañero del difunto padre de todos, transmitió sus vastos conocimientos a los dioses más jóvenes. Juntos, construyeron una nueva sala llamada Gimle, donde los dioses habitaron y recuperaron su fuerza.

Líf y Lífthrasir, por Lorenz Frølich, 1895.[85]

Pronto, los cielos se curaron y nació otro sol, gracias a la hija superviviente de Sol, que asumió gustosa el papel de su madre. Con el tiempo, las hierbas comenzaron a crecer en las tierras vacías y los árboles se levantaron, formando nuevos bosques y arboledas. Las flores florecieron, adornando las fértiles tierras, y los animales renacieron para ocupar los campos. En cuanto a los humanos, los acontecimientos del Ragnarök los destruyeron a todos, excepto a dos: Líf y Lífthrasir. Al salir de su escondite, ambos reconstruyeron sus vidas en la nueva tierra. El tiempo pasó y los humanos repoblaron la tierra.

Conclusión

No se sabe con certeza si el Ragnarök sucedió o si aún está por llegar. La mitología nórdica está llena de misterio, lo que la hace intrigante y alucinante. A diferencia de las conocidas historias de la mitología griega, los mitos nórdicos resurgieron mucho más tarde. Los vikingos compartían las historias originalmente a través de la tradición oral. A menudo se asocia a los vikingos con incursiones bárbaras y guerras extremas, pero pocos saben que estos antiguos guerreros también eran excepcionales en el arte y la narración. El vínculo entre los vikingos y la mitología nórdica es profundo, ya que eran ellos quienes compartían las historias de los dioses y las leyendas heroicas, la mayoría de las veces en forma de poesía.

Pero por su transmisión oral, la mayoría de estos relatos se perdieron en la historia. No fue hasta mediados del siglo XIII cuando un autor anónimo recopiló estas narraciones y las conservó en el *Codex Regius*. Sin embargo, el códice no se encontró hasta 1643.

La mitología nórdica no empezó a recibir atención de todo el mundo hasta el siglo XIX. Antes, sólo se difundía ampliamente dentro de Escandinavia. Los antiguos poemas se tradujeron a varios idiomas y pronto se convirtieron en una gran fuente de inspiración para poetas modernos, obras de teatro, óperas, películas, novelas y videojuegos.

El escritor y poeta inglés J. R. R. Tolkien produjo sus novelas fantásticas basadas en la mitología nórdica y se convirtió en toda una sensación. El dios nórdico del trueno, Thor, es ahora conocido por muchos gracias a sus representaciones en los cómics y las películas de superhéroes de Marvel. Enormes desarrolladores de videojuegos también han adoptado muchos cuentos y leyendas nórdicas en sus juegos; algunos usan representaciones propias de los dioses, mientras que otros crean personajes e historias totalmente diferentes basándose en los detalles de las leyendas míticas. Incluso los músicos, sobre todo los grupos de metal islandeses, hacen referencia a varios mitos nórdicos en sus letras y canciones. Así, la mitología nórdica ha sobrevivido al paso del tiempo y ha quedado inmortalizada para siempre en la literatura y las artes modernas.

Pero el mundo del espectáculo no es lo único influenciado por los mitos nórdicos. Escandinavia siempre los ha acogido como parte de su cultura y tradición, especialmente Islandia. Pueblos, calles y barrios llevan nombres de dioses nórdicos. Reikiavik no solo es conocida como la capital de Islandia, sino también como el «barrio de los dioses». La ciudad tiene una zona donde las calles llevan el nombre de los dioses y otras figuras nórdicas famosas. Está Óðinsgata («Calle de Odín»), que lleva el nombre del padre todopoderoso; Týsgata («Calle de Týr»), que lleva el nombre del dios manco; Baldursgata; e incluso Lokastígur, en honor al embaucador Loki. Tórshavn, la capital de las Islas Feroe, significa simplemente «puerto de Thor», y en su escudo figura el poderoso martillo del dios del trueno, Mjölnir. Suecia también tiene un barco con nombre de diosa: *Sigyn*. El nombre del barco hace referencia a la historia de cómo Sigyn, la fiel esposa de Loki, recogió el veneno que goteaba de la serpiente colocada sobre su encadenado marido. El barco se utilizó para transportar los residuos nucleares de las centrales nucleares suecas.

Aunque sus raíces nunca se olvidaron, el redescubrimiento de los mitos nórdicos tuvo un gran impacto en la vida de los pueblos escandinavos. Ahora, es posible continuar la educación superior en literatura y mitología nórdica antigua, así como explorar el movimiento de Ásatrú. La religión nórdica antigua se practicó durante la era vikinga antes de ser sustituida por el cristianismo a finales del siglo X. Pero con el redescubrimiento de pruebas arqueológicas y folclóricas, la antigua creencia ha revivido y ahora se conoce como Ásatrú. Reconocida de nuevo como religión en 1973, se ha convertido en la de mayor crecimiento en Islandia, con su primer templo en construcción. Así, las historias y leyendas míticas de Odín y sus dioses compañeros seguirán viviendo.

Vea más libros escritos por Enthralling History

Bibliografía

Primera Parte

Bibliografía de la Primera Sección consultada a partir del 19 de agosto de 2022

https://www.english-heritage.org.uk/visit/places/lindisfarne-priory/History/viking-raid/

https://www.englishmonarchs.co.uk/vikings_8.html.

https://www.followthevikings.com/discover/origins.

https://www.historic-uk.com/HistoryUK/HistoryofBritain/Invaders/

http://www.historyofyork.org.uk/themes/viking-invasion

https://www.jorvikvikingcentre.co.uk/the-vikings/

https://www.lifeinnorway.net/scandinavia-before-the-vikings/

https://www.medievalists.net/2021/11/where-did-the-vikings-go-the-decline-of-norse-piracy/

https://www.norden.org/en/information/history-nordic-region "The history of the Nordic Region"

https://nordicperspective.com/history/vikings/viking-origin-story

http://www.scandinavianarchaeology.com/the-vendel-period-the-golden-age-of-the-norse/

https://scandinaviafacts.com/scandinavia-before-the-vikings/

https://weaponsandwarfare.com/2020/07/06/the-great-raid-of-hastein-and-bjorn-ironsides/

https://www.worldhistory.org/article/1321/william-the-conqueror--the-ely-rebellion/

https://www.worldhistory.org/Vikings/

Lassieur, Allison. *The Vikings*. San Diego: Lucent Books 2001.

Bibliografía de la Segunda Sección consultada de agosto a octubre

https://www.britannica.com/topic/Viking-people

https://en.natmus.dk/historical-knowledge/denmark/prehistoric-period-until-1050-ad/the-viking-age/power-and-aristocracy/

https://www.followthevikings.com/discover/culture/viking-literature-and-the-oral-tradition

https://www.historyonthenet.com/viking-society-nobles-medieval-freemen-slaves

https://www.hurstwic.org/history/articles/society/text/social_classes.htm

Lassieur, Allison. The Vikings. San Diego: Lucent Books 2001.

https://www.legendsandchronicles.com/ancient-civilizations/the-vikings/viking-food-and-diet/

https://skjalden.com/viking-social-classes/

https://smarthistory.org/viking-art/

https://sonsofvikings.com/blogs/history/viking-lore-a-quick-intro-to-norse-eddas-and-sagas

https://www.thingsites.com/what-is-a-thing

http://viking.archeurope.com/runes/the-rok-runestone/

https://www.worldhistory.org/Viking_Art/

Bibliografía de la Tercera Sección consultada de octubre de 2022 a diciembre de 2022

Berger, Melvin and Gilda Berger. *The Real Vikings*. National Geographic 2003 Belgium

https://www.berganza.com/periods_viking.html

https://www.britainexpress.com/History/battles/index.htm

https://en.natmus.dk/historical-knowledge/denmark/prehistoric-period-until-1050-ad/the-viking-age/weapons

https://www.historyonthenet.com/viking-weapons-and-armor

https://www.medievalchronicles.com/medieval-history/medieval-history-periods/vikings/famous-viking-battles/

https://regia.org/research/ships/Ships0.htm

https://www.science20.com/the_conversation/vikings_were_craftsmen_too-153378

https://theconversation.com/vikings-were-pioneers-of-craft-and-international-trade-not-just-pillaging-37599

https://vikingsna.org/viking-crafts/

https://viking-styles.com/blogs/history/viking-battles

https://workingtheflame.com/viking-battles/
Bibliografía Cuarta Sección consultada de diciembre de 2022 a enero de 2023
https://www.celebratepaganholidays.com/general/11-core-nordic-religion-principal-beliefs
Clare, John D. *I Was There – Vikings*. The Bodley Head Children's Books London 1994.
https://englishhistory.net/vikings/viking-burials/
https://www.hurstwic.org/history/articles/mythology/religion/text/practices.htm
https://lufolk.com/blogs/vikings-and-norse-mythology/skidbladnir-best-ship-in-norse-mythology
https://www.newworldencyclopedia.org/entry/Asgard
https://norse-mythology.org/
https://www.su.se/english/news/new-interpretation-of-norse-religion-1.543297
https://thevikingherald.com/article/the-most-important-viking-symbols-a-primer/318
https://vikingr.org/norse-cosmology/yggdrasil
Yasuda, Anita. Explore Norse Myths. White River Junction, VT. Nomad Press, 2015.
https://www.worldhistory.org/article/1836/ten-norse-mythology-facts-you-need-to-know/

Segunda Parte
Batista, J. V. (2020, May 3). *Odin's wives*. Jay Veloso Batista.
https://www.jayvelosobatista.com/blog/odin-s-wives
Birkett, T. (2018). *The Norse Myths: Stories of The Norse Gods and Heroes Vividly Retold*.
Quercus Publishing.
Britannica. (n.d.). *Týr*. https://www.britannica.com/topic/Týr
Britannica Kids. (n.d.). *Sol and Mani*.
https://kids.britannica.com/students/article/Sol-and-Mani/313604
George, J. J. (2019, September 7). *Norse Mythology: The Fenris Wolf*. Owlcation.
https://owlcation.com/humanities/Norse-Mythology-The-Fenris-Wolf
Greenberg, M. (2020, December 29). *Who Was Baldur in Norse Mythology?* Mythology
Source. https://mythologysource.com/baldur-norse-god
Groeneveld, E. (2018, February 19). *Freyja*. World History Encyclopedia.
https://www.worldhistory.org/Freyja

Jay, N. (n.d.). *Who is Gullveig?* Symbol Sage. https://symbolsage.com/gullveig-norse-mythology

Kids Britannica. (n.d.). *Hermod.* https://kids.britannica.com/students/article/Hermod/311662#

Manea, I. (2021, March 15). *Heimdall.* World History Encyclopedia. https://www.worldhistory.org/heimdall

Mark, J. J. (2021, August 27). *Frigg.* World History Encyclopedia. https://www.worldhistory.org/Frigg

Mark, J. J. (2021, August 30). *Sleipnir.* World History Encyclopedia. https://www.worldhistory.org/Sleipnir

McCoy, D. (n.d.). *Ginnungagap.* Norse Mythology for Smart People. https://norse-mythology.org/cosmology/ginnungagap

McCoy, D. (n.d.). *The Binding of Fenrir.* Norse Mythology for Smart People. https://norse-mythology.org/tales/the-binding-of-fenrir

McCoy, D. (n.d.). *The Fortification of Asgard.* Norse Mythology for Smart People. https://norse-mythology.org/tales/the-fortification-of-asgard

McCoy, D. (n.d.). *The Mead of Poetry.* Norse Mythology for Smart People. https://norse-mythology.org/tales/the-mead-of-poetry

McCoy, D. (n.d.). *The Norns.* Norse Mythology for Smart People. https://norse-mythology.org/gods-and-creatures/others/the-norns

New World Encyclopedia. (n.d.). *Týr.* https://www.newworldencyclopedia.org/entry/Týr#Major_Mythic_Tales

New World Encyclopedia. (n.d.). *Yggdrasil.* https://www.newworldencyclopedia.org/entry/Yggdrasill

Norman. (2009, February 14). *Brunhilde.* The Norse Gods. https://thenorsegods.com/brunhilde

Norman. (2012, May 18). *The Building of Asgard's Wall.* The Norse Gods. https://thenorsegods.com/the-building-of-asgards-wall

Norman. (2013a, January 6). *The Necklace of the Brisings.* The Norse Gods. https://thenorsegods.com/the-necklace-of-the-brisings

Norman. (2013b, April 9). *The Lay of Hymir.* The Norse Gods. https://thenorsegods.com/the-lay-of-hymir

Norman. (2013c, November 11). *Loki's Flyting.* The Norse Gods. https://thenorsegods.com/lokis-flyting

Scandinavia Facts. (n.d.). *Svartalfheim (Nidavellir) in Norse Mythology: Elves, Dwarfs and More.* https://scandinaviafacts.com/svartalfheim-nidavellir-in-norse-mythology-elves-dwarfs-and-more

Skjalden. (2011). *The Nine Realms in Norse Mythology.* https://skjalden.com/nine-realms-in-norse-mythology/amp

Skjalden. (2011, June 1). *Alvíss.* https://skjalden.com/alviss

kjalden. (2019). *Social Classes in Viking Society.* https://skjalden.com/viking-social-classes/amp

Skjalden. (2020, July 22). *Ginnungagap.* https://skjalden.com/ginnungagap

Skjalden. (2020, July 28). *Thor's battle with the Giants.* https://skjalden.com/thors-battle-with-the-giants

Skjalden. (2020, September 5). *Thor's Goats.* https://skjalden.com/thors-goats

Skjalden. (2020, September 25). *Nótt & Dagr in Norse mythology.* https://skjalden.com/nott-and-dagr

The Poetic Edda, *Grímnismál,* trans. Henry Adams Bellows (1936). https://www.sacred-texts.com/neu/poe/poe08.htm

The Poetic Edda, *Harbarthsljoth,* trans. Henry Adams Bellows (1936). https://www.sacred-texts.com/neu/poe/poe08.htm

Thor's Hammer Amulets. (n.d.). Sol-Land. http://www.sol-land.org/thors-hammer-amulets.html

What is Niflheim in Norse Mythology? (n.d.). Mythologian.Net. https://mythologian.net/what-is-niflheim-norse-mythology

Wikipedia. (2021, September 23). *Tiwaz (rune).* https://en.wikipedia.org/wiki/Tiwaz_(rune)

Williams, J. A. (2021, September 29). *Nine World of Norse Mythology Explained.* Grunge. https://www.grunge.com/618744/the-nine-worlds-of-norse-mythology-explained

World History Edu. (2021, July 12). *Ask and Embla: the first two humans in Norse mythology.* https://www.worldhistoryedu.com/ask-and-embla-the-first-two-humans-in-norse-mythology

Fuentes de imágenes

[1] https://en.m.wikipedia.org/wiki/File:Scandinavian_Civilization_-_rock_carvings.jpg

[2] https://commons.wikimedia.org/wiki/File:Nordic_Settlements.gif

[3] Ola Myrin/Statens historiska museum, CC BY 2.5 <https://creativecommons.org/licenses/by/2.5>, vía Wikimedia Commons https://commons.wikimedia.org/wiki/File:Vendel_I_helmet_456059.jpg

[4] https://commons.wikimedia.org/wiki/File:Beowulf_Cotton_MS_Vitellius_A_XV_f._132r.jpg

[5] https://unsplash.com/photos/W1FIkdPAB7E

[6] https://pixabay.com/photos/ruins-lindisfarne-priory-lindisfarne-2021105/

[7] Hogweard, CC BY-SA 4.0 <https://creativecommons.org/licenses/by-sa/4.0>, vía Wikimedia Commons; https://commons.wikimedia.org/wiki/File:Map_of_the_Kingdom_of_Northumbria_around_700_AD.svg

[8] Hel-hama, CC BY-SA 3.0 <https://creativecommons.org/licenses/by-sa/3.0>, vía Wikimedia Commons; https://commons.wikimedia.org/wiki/File:England_Great_Army_map.svg

[9] https://commons.wikimedia.org/wiki/File:Eric_the_Red.png

[10] Sharon Mollerus, CC BY 2.0 <https://creativecommons.org/licenses/by/2.0>, vía Wikimedia Commons; https://commons.wikimedia.org/wiki/File:Leif_Erikson_Statue,_Duluth_(15290644106).jpg

[11] https://commons.wikimedia.org/wiki/File:Viking_Expansion.svg

[12] Soerfm, CC BY-SA 4.0 <https://creativecommons.org/licenses/by-sa/4.0>, vía Wikimedia Commons; https://commons.wikimedia.org/wiki/File:Canuto-north-sea-empire.png

[13] Arne Kvitrud, CC BY-SA 4.0 <https://creativecommons.org/licenses/by-sa/4.0>, vía Wikimedia Commons;https://commons.wikimedia.org/wiki/File:Svein_Estridssons_hode.JPG

[14] https://commons.wikimedia.org/wiki/File:Rig_in_Great-grandfather%27s_Cottage.jpg

[15] *Mark Voigt, CC BY 3.0 <https://creativecommons.org/licenses/by/3.0>, vía Wikimedia Commons; https://commons.wikimedia.org/wiki/File:The_Viking_Farm,_Avaldsnes_05.2010_-_panoramio_(1).jpg*

[16] *https://commons.wikimedia.org/wiki/File:Law_speaker.jpg*

[17] *Mark Voigt, CC BY 3.0 <https://creativecommons.org/licenses/by/3.0>, vía Wikimedia Commons; https://commons.wikimedia.org/wiki/File:The_Viking_Farm,_Avaldsnes_05.2010_-_panoramio_(1).jpg*

[18] *https://commons.wikimedia.org/wiki/File:Edda.jpg*

[19] *https://commons.wikimedia.org/wiki/File:Yngre_futharken.svg*

[20] *Alicudi, CC BY-SA 3.0 <https://creativecommons.org/licenses/by-sa/3.0>, vía Wikimedia Commons; https://commons.wikimedia.org/wiki/File:Runesten_i_Jelling.jpg*

[21] *Stefan Bollmann, CC BY-SA 3.0 <http://creativecommons.org/licenses/by-sa/3.0/>, vía Wikimedia Commons; https://commons.wikimedia.org/wiki/File:Kunststile_der_Wikingerzeit.jpg*

[22] *Elisabet Pettersson, Historiska museet/SHM, CC BY 4.0 <https://creativecommons.org/licenses/by/4.0>, vía Wikimedia Commons; https://commons.wikimedia.org/wiki/File:Stora_och_Lilla_Ihre_Grave_174_Pommel_(310203).png*

[23] *Johnbod, CC BY-SA 3.0 <https://creativecommons.org/licenses/by-sa/3.0>, vía Wikimedia Commons; https://commons.wikimedia.org/wiki/File:Brit_Mus_17sept_015-crop.jpg*

[24] *https://commons.wikimedia.org/wiki/File:Viking_axes_Norway.svg*

[25] *Museo Británico, CC0, vía Wikimedia Commons; https://commons.wikimedia.org/wiki/File:British_Museum_Sittingbourne_Seax.jpg*

[26] *https://commons.wikimedia.org/wiki/File:Clinker-carvel.svg*

[27] *Europabild,, CC BY-SA 3.0 <https://creativecommons.org/licenses/by-sa/3.0>, vía Wikimedia Commons; https://commons.wikimedia.org/wiki/File:Modell_Knorr.jpg*

[28] *https://commons.wikimedia.org/wiki/File:Viking_longship.png*

[29] *ArniEin, CC BY-SA 3.0 <https://creativecommons.org/licenses/by-sa/3.0>, vía Wikimedia Commons; https://commons.wikimedia.org/wiki/File:Silfurberg.jpg*

[30] *Briamann MacAmhlaidh, CC BY-SA 4.0 <https://creativecommons.org/licenses/by-sa/4.0>, vía Wikimedia Commons; https://commons.wikimedia.org/wiki/File:Viking_Age_trade_routes_in_north-west_Europe.png*

[31] *EttuBruta, CC BY-SA 4.0 <https://creativecommons.org/licenses/by-sa/4.0>, vía Wikimedia Commons; https://commons.wikimedia.org/wiki/File:Viking_weight_combined_only_reflection.jpg*

[32] *https://commons.wikimedia.org/wiki/File:Ed0048.jpg*

[33] *Mpravink1993, CC BY-SA 4.0 <https://creativecommons.org/licenses/by-sa/4.0>, vía Wikimedia Commons; https://commons.wikimedia.org/wiki/File:Lindholm_H%C3%B8je_Dec08.jpg*

[34] *https://commons.wikimedia.org/wiki/File:Ran_by_Johannes_Gehrts.jpg*

[35] *https://commons.wikimedia.org/wiki/File:%C3%86sir-Vanir_war_by_Fr%C3%B8lich.jpg*

[36] *https://commons.wikimedia.org/wiki/File:The_Wolves_Pursuing_Sol_and_Mani.jpg*

[37] *https://commons.wikimedia.org/wiki/File:The_Ash_Yggdrasil_by_Friedrich_Wilhelm_Heine.jpg*

[38] https://commons.wikimedia.org/wiki/File:%C3%84lvalek.jpg

[39] https://commons.wikimedia.org/wiki/File:WHEATON(1844)_The_Cosmos_in_the_Norse_mythology.jpg

[40] https://commons.wikimedia.org/wiki/File:Aegishjalmr.svg

[41] Ola Myrin, Statens historiska museum/SHM, CC BY 4.0 <https://creativecommons.org/licenses/by/4.0>, vía Wikimedia Commons; https://commons.wikimedia.org/wiki/File:Claes_Kurck_Sk%C3%A5ne_hammer_-_HST_DIG55488_original.jpg

[42] https://commons.wikimedia.org/wiki/File:Freyr_by_Johannes_Gehrts.jpg

[43] https://en.wikipedia.org/wiki/File:Odin_hrafnar.jpg

[44] https://commons.wikimedia.org/w/index.php?curid=639093

[45] https://commons.wikimedia.org/w/index.php?curid=4722868

[46] https://commons.wikimedia.org/w/index.php?curid=5240798

[47] https://commons.wikimedia.org/w/index.php?curid=5163591

[48] https://commons.wikimedia.org/w/index.php?curid=5288741

[49] https://commons.wikimedia.org/w/index.php?curid=4650069

[50] https://commons.wikimedia.org/w/index.php?curid=682765

[51] https://commons.wikimedia.org/w/index.php?curid=225899

[52] https://commons.wikimedia.org/w/index.php?curid=4624484

[53] https://commons.wikimedia.org/w/index.php?curid=4736123

[54] https://commons.wikimedia.org/w/index.php?curid=4736159

[55] https://commons.wikimedia.org/w/index.php?curid=4643348

[56] https://commons.wikimedia.org/w/index.php?curid=4668350

[57] https://commons.wikimedia.org/w/index.php?curid=4657687

[58] https://commons.wikimedia.org/w/index.php?curid=5404472

[59] https://commons.wikimedia.org/w/index.php?curid=4596949

[60] https://commons.wikimedia.org/w/index.php?curid=5734101

[61] https://commons.wikimedia.org/w/index.php?curid=4624357

[62] https://commons.wikimedia.org/w/index.php?curid=4780795

[63] https://commons.wikimedia.org/w/index.php?curid=4782702

[64] https://commons.wikimedia.org/w/index.php?curid=5417783

[65] https://commons.wikimedia.org/w/index.php?curid=5441746

[66] https://commons.wikimedia.org/w/index.php?curid=4663677

[67] https://commons.wikimedia.org/w/index.php?curid=9700367

[68] https://commons.wikimedia.org/w/index.php?curid=4740927

[69] https://commons.wikimedia.org/wiki/File:The_Sacrifice_of_Odin_by_Fr%C3%B8lich.jpg

[70] https://commons.wikimedia.org/wiki/File:Tyr_feeds_Fenrir.gif

[71] https://commons.wikimedia.org/wiki/File:Tyr_and_Fenrir-John_Bauer.jpg
[72] https://commons.wikimedia.org/wiki/File:Fenrir_binded.png
[73] https://commons.wikimedia.org/wiki/File:I_am_the_giant_Skrymir_by_Elmer_Boyd_Smith.jpg
[74] https://commons.wikimedia.org/wiki/File:Skr%C3%BDmir_by_Maydell.jpg
[75] https://commons.wikimedia.org/wiki/File:Ah,_what_a_lovely_maid_it_is!_by_Elmer_Boyd_Smith.jpg
[76] https://commons.wikimedia.org/wiki/File:Thor_Destroys_the_Giant_Thrym.jpg
[77] https://commons.wikimedia.org/wiki/File:Mjollnir.png
[78] https://commons.wikimedia.org/wiki/File:Each_arrow_overshot_his_head_by_Elmer_Boyd_Smith.jpg
[79] https://commons.wikimedia.org/wiki/File:Odin%27s_last_words_to_Baldr.jpg
[80] https://commons.wikimedia.org/wiki/File:Lokasenna_by_Lorenz_Fr%C3%B8lich.jpg
[81] https://commons.wikimedia.org/wiki/File:Loki_taunts_Bragi.jpg
[82] https://commons.wikimedia.org/wiki/File:The_giant_with_the_flaming_sword_by_Dollman.jpg
[83] https://commons.wikimedia.org/wiki/File:Thor_und_die_Midgardsschlange.jpg
[84] https://commons.wikimedia.org/wiki/File:After_Ragnar%C3%B6k_by_Doepler.jpg
[85] https://commons.wikimedia.org/wiki/File:L%C3%ADf_and_L%C3%ADfthrasir_by_Lorenz_Fr%C3%B8lich.jpg

www.ingramcontent.com/pod-product-compliance
Lightning Source LLC
Chambersburg PA
CBHW071148060526
44107CB00133B/421